KB113688

조선의 권력자들

조선의 권력자들

그들은 어떻게 시대를 만들었는가

조민기 지음

전작 『조선의 2인자들』 말미에 『조선의 권력자들』 출간을 예고
한 바 있다. 벌써 4년 전의 일이다. 지난 4년간, 완성하지 못한 『조
선의 권력자들』을 꺼내 볼 때마다 마음이 무거웠다. 오랜 시간을
기다려준 독자들이 지치고 실망할까 전전긍긍했고 항상 죄송한 마
음을 안고 지냈다. 드디어 『조선의 권력자들』을 완성한 지금, 끝까
지 포기하지 않고 격려와 독려를 아끼지 않은 책비 출판사와 인내
심을 가지고 기다려준 독자들에게 감사한 마음뿐이다.

이번 책은 임진왜란 이후 시점에서 시작된다. 학창시절, 임진왜
란 이후의 조선 역사는 '외워야 할 건 많은데 재미는 없는' 부분이
었다. 머릿속에 각인된 이 오랜 편견과 한번 정면으로 맞서보기로
했다.

한 시대를 쥐락펴락했던 권력자들을 찾는 것은 어렵지 않았으
나 인물과 시대를 이해하는 과정은 어려웠다. 어느 나라나 그러하
듯 조선 왕조 500년 또한 꽃길만 있었던 것은 아니다. 가시밭길과
험한 자갈길도 많았고 또 길었다. 임진왜란과 병자호란 등은 되짚
어보는 것만으로도 답답하고 화가 나서 그냥 넘겨버리고 싶은 마
음이 들 정도였다. 하지만 그런 마음을 억누르고 수십, 수백 년의

역사를 다시 읽고 보고 느끼려 노력했다.

시대를 만든 주인공들에게는 공통점이 있었다. 태평성세가 아니라 극한까지 가버린 '헬조선' 속에서 성공을 이루었다는 것이다. 또한 그들의 성공은 다른 누군가의 괴로움과 연결되어 있었고, 백성의 고통으로 이어지기도 했다. 옳지 않은 선택을 한 사람, 바르지 못한 삶을 살았던 사람의 이야기를 그려가는 것은 힘든 일이었다. 부정적인 이미지가 강한 역사 속 인물들에게는 흥미로운 서사도 많았으나 결국은 환영받지 못할 이야기라는 생각이 불쑥불쑥 들기도 했다.

하지만 다시 생각해보니 정치가와 관료들이 옳고 바르기를 바라는 것은 우리의 마음일 뿐, 그런 인물을 만나기란 쉽지 않다. 책을 쓰는 내내 옳다고 믿고 싶은 선조들에게 배신을 당하기도 했고, 바르다고 믿어왔던 선조들에게 허를 찔리기도 했다. 당쟁이 격화된 시대는 지금과 놀라울 만큼 흡사한 이중 잣대가 넘쳐났다. 어려운 한자로 고상하게 기록하고 포장했으나 핵심은 민망할 정도로 유치찬란할 때도 많았다.

이이첨의 이야기를 쓸 때는 권력과 성공에 대한 갈망과 초조함을 발견했고, 김자점의 이야기에서는 기득권을 누리고 있는 정치가들에게서 자주 발견되는 뻔뻔함이 보였다. 80년이 넘는 긴 일대기를 지닌 송시열의 이야기를 쓰면서는 파고 또 파도 끝이 없는 에피소드에 두 손 두 발을 다 들기도 했다. 홍국영 이야기에서는 남자들의 의기투합에 대해 생각해보기도 했다. 정조와 홍국영은 서른이 채 되지도 않은 청년들이었다. 연로하고 노회한 대신들이 보기에 이 젊은 군주와 신하의 의리는 일견 하찮아 보였을지도 모른다. 어쩌면 우리는 필요 이상으로 선조들을 완벽한 존재라 믿고 싶어

한 것은 아닐까 하는 생각도 문득 들었다. 세도정치 시대를 연 안동 김씨 가문의 수장 김조순 이야기를 쓰면서는 순조의 결핍에 눈과 마음이 갔다. 순조가 끝까지 김조순을 놓지 못했던 나름의 이유를 찾고서는 이 임금을 조금은 이해할 수 있었다. 흥선대원군과 명성황후의 이야기를 쓰면서는 사이다나 김치 없이 고구마를 몇 개나 먹는 기분에 한숨이 나왔고, 김홍집의 이야기에서는 '책임'이란 무엇인가를 생각하게 됐다. 무엇보다 책을 펴놓고 달달 외우기만 했던 인물들을 만나면서 참으로 즐겁고 행복했다.

『조선의 권력자들』을 쓰는 동안 현실의 정치가들과 역사 속 권력자들을 비교하게 됐다. 우리 선조들은 당장 현실에 대입해도 좋을 생생한 기록들을 우리에게 남겨주었다. 놀라운 기록을 남겨준 선조들과 실록을 바탕으로 쓴 역사책을 찾아 읽어주시는 독자 여러분께 정말 감사한 마음이다.

특히 이번 책을 쓰면서 권력에 대해 생각해보는 시간을 가질 수 있었다. 권력이란 요물이자 마물이며 또 정의다. 권력은 사람을 홀리고 미치게 한다. 하지만 정의가 바로 서는 것도 권력이 있어야 가능하다. 그러니 권력을 원하는 것은 지극히 자연스럽고 당연하다. 중요한 것은 권력을 제대로 쓸 수 있는 사람을 선택하는 지혜다.

독자 여러분이 이 책 『조선의 권력자들』에서 역사를 통해 권력을 알아가는 재미를 느끼고 도움을 받을 수 있다면 나로서는 더없이 감사하고 행복할 것이다.

조민기

1장

승전국 조선의 임금 광해군 vs 패전국 조선의 임금 인조
사납고 어리석은 임금을 만든 것은 시대인가 아니면 신하인가?
임금을 어둠으로 이끈 간신의 실체를 만난다!

간신의 등장

전쟁과 평화 편

이이첨

"권력과 명예를 함께
얻고자 했던 간신!"

이름 **이이첨**

당적 **대북(동인 강경파: 동인-북인-대북)**

인생을 바꾼 순간 **임진왜란. 정확히는 불타는 봉선사에서 구해낸**

세조의 어진을 개경으로 피난 온 선조에게 바쳤을 때

결정적 실수 **"내 결정에 실수는 없었소."**

애증의 대상 **광해군. 임금이 가장 두려워하는 것이 역모인 줄 알았는데 전쟁이었다니!**

한 줄 평 **역모로 흥한 자, 반정으로 망하리라!**

1592 년 5월 개경

"어찌 남양주로 가시겠다는 겁니까? 개경도 안전하지 않습니다. 왜군이 언제 들이닥칠지 모릅니다!"

이이첨은 만류하는 노복을 뒤로한 채 옷차림을 점검했다. 죽음을 각오한 그의 표정은 단호하고 비장했으나 온몸은 긴장으로 떨렸다.

"그래도 가야 한다. 광릉을 지키는 것이 나의 임무다."

"세상이 뒤집혀 난리가 났는데 임무가 무슨 소용입니까? 나라님도 한양을 버리셨는데 어찌 왜놈들이 득실대는 곳으로 가시려 합니까!"

주인의 뜻을 바꿀 수 없음을 안 노복의 목소리가 젖어들었다.

"…다녀오마."

말을 마친 이이첨은 뒤도 돌아보지 않고 집을 나섰다. 검은 도포를 입은 이이첨의 모습이 순식간에 어둠 속으로 사라졌다.

밤새 쉬지 않고 길을 재촉한 그는 새벽녘에 광릉 근처에 도착할 수 있었다. 한데 잠시 숨을 고르는 순간, 봉선사에서 검은 연기가 피어올랐다.

"저놈들이 불을 질렀단 말인가! 미개한 것들 같으니!"

이이첨이 봉선사로 달려들려는 순간, 누군가가 그를 잡았다. 이이첨은 '이제 끝이로구나' 하는 생각에 머리카락이 쭈뼛했다.

"참봉 나리, 소승 삼행입니다."

하지만 다행히 그를 붙잡은 사람은 왜적이 아니라 봉선사의 젊은 승려였다. 짧은 순간 죽음의 문턱까지 갔다 온 이이첨은 안도의 한숨을 내쉬며 가슴을 쓸었다.

"일단 이쪽으로 오시지요."

그들은 나무가 빽빽한 곳으로 몸을 숨겼다.

"어찌 된 일입니까?"

"어젯밤부터 난리도 아니었습니다. 오자마자 대웅전에 들이닥쳐 보물을 내놓으라고 협박을 하더니 공양간의 그릇 하나 남기지 않고 죄다 가져가고는 불을 놓더이다."

스님의 말에 이이첨은 두 눈을 질끈 감았다. 200년을 이어온 종묘 사직이 무너지고 있었다.

"다행히 광릉전하의 영정은 놈들에게서 지켜냈습니다."

"그게 정말이오?"

스님은 등에 짊어지고 있던 기다란 보따리를 이이첨에게 건네주었다.

"가지고 가십시오."

"이곳은 위험하니 스님도 함께 가시지요."

"아닙니다. 부처님이 내쫓지 않는 이상 중이 절을 떠나는 법은 없지요. 저는 여기 남겠습니다."

"스님……."

"지체하면 더 위험해집니다. 어서 가십시오."

"…알겠소. 광릉전하의 영정은 내가 목숨을 걸고서라도 지키겠소. 스님도 몸조심하시오."

이이첨은 삼행스님을 향해 정중히 합장하며 고개를 숙인 뒤 개경으로 발걸음을 옮겼다.

광해군은 중립 외교를 추구한 군주로 재평가 받고 있는 임금이다. 하지만 이 점을 제외하면 실패한 군주다. 광해군 시대는 온갖 역모로 얼룩졌고 숙청의 피바람이 끊이지 않았으며 임금은 역모 사건을 추국(推鞫)하는 시간 이외에는 궁궐 공사와 후궁 간택에 집중했다. 소수의 신하가 임금의 신임과 권력을 독점한 조정은 비정상적일 수밖에 없었다.

광해군이 실패한 군주가 된 데에 가장 큰 책임은 본인에게 있으나 막강한 권력을 휘두르며 조정을 장악했던 신하들의 책임 또한 적지 않다. 〈실록〉에는 실패한 정권의 치부가 낱낱이 기록되어 있는데, 이를 통해 광해군 시대를 망친 인물 중 한 명을 꼽자면 단연 이이첨을 들 수 있다. 이이첨은 당시 조정을 장악했던 권력자로 철저한 정치공작을 통해 권력을 손에 넣었다. 그는 역모를 조작하고 옥사를 일으켜 정적을 숙청했다. 조작할 옥사가 없자 인목대비 폐모론을 주도하며 국정을 농단하고 광해군의 폭정을 이끌기도 했다. 아무도 믿지 않는 광해군의 불안한 심리를 이용해 임금 곁의 인물들을 하나씩 제거하며 권력을 거머쥐었다.

그런데 이이첨에게는 특이한 점이 있다. 분명 온갖 비리와 부정부패의 중심에 선 인물이었음에도 무척 청렴했다는 기록이 남아 있는 것이다. 권력자가 사생활에서 공격 받을 여지를 남기지 않았다는 것은 매우 드문 일이다.

이처럼 실패한 군주 광해군 시대의 최대 수혜자이자 최악의 가해자였던 이이첨, 그는 도대체 어떤 인물일까?

광릉참봉 이이첨,
임진왜란 중 선조의 마음을 사로잡다

전국을 통일한 도요토미 히데요시는 명나라와의 전쟁을 선언했다. 전투로 단련된 왜군 병사들은 전쟁을 두려워하지 않았고, 단 3시간 만에 부산진을 함락했다. 이어서 모든 전투를 압도적으로 승리하며 한양으로 진격했다.

전쟁 시작 나흘 후에야 한양에서 부산 함락 소식과 임진왜란에 대한 보고를 받은 선조는 가장 신뢰하던 장군 신립에게 손수 보검을 하사하며 출정을 명했다. 왜군의 대규모 병력을 맞은 신립은 탄금대에서 배수진을 친 채 죽음을 각오하고 전투에 임했으나 결국 패퇴했다.

패전 소식이 전해지자 즉위 후 25년이 지나도록 후계자를 세우지 않았던 선조는 재빨리 차남 광해군을 세자로 삼고는 통곡하는 한양 백성들을 뒤로한 채 피난을 떠났다. 임진왜란이 발발한 지 고작 보름 만의 일이었다.

임금이 떠난 경복궁에는 화재가 발생했다. 왕실과 임금의 행태에 분노한 백성들이 불을 지른 것이다.[1]

이후 한양을 점령한 왜군은 보물을 약탈하기 위해 제9대 성종의 능인 선릉과 제11대 중종의 능인 정릉을 파헤쳤다. 이어서 남양주까지 들이닥쳐 광릉[2]과 봉선사를 약탈하고 은밀한 곳에 숨겨둔 세

---

1   이때 경복궁에 소장되어 있던 역대 군주들의 영정 대부분이 소실됐다.
2   제7대 세조의 왕릉. 세조의 영정은 광릉 인근 봉선사에 보관되어 있었다.

조의 영정을 훼손하려 했다. 개경으로 몸을 피했던 광릉참봉(광릉을 관리하던 종9품 관리) 이이첨은 이 소식을 듣자마자 밤을 틈타 봉선사로 향했고, 아슬아슬하게 세조의 영정을 손에 넣었다. 다음 날, 봉선사와 광릉은 잿더미가 되어버렸다.

경복궁은 불타고 왕릉은 왜군의 손에 파헤쳐졌다는 비보에 망연자실했던 선조는 세조의 영정을 품에 안고 밤을 새워 90리 길을 걸어온 이이첨에게 매우 감동했다. 그리고 이는 이이첨의 출세로 이어졌다.

훈구파의 후손,
대북의 수장 정인홍의 수제자가 되다

이이첨의 5대조 조상은 성종과 연산군 시대의 대표적인 훈구파 이극돈이다. 〈성종실록〉 제작 당시 실록청 당상관이었던 이극돈은 무오사화의 장본인으로 사림에게는 원흉과도 같았다. 그러니 이이첨은 과거 급제 후에도 당적을 갖지 못했고, 사림이 조정을 장악한 후로는 기댈 곳도 찾을 수 없었다. 그는 선조15년(1582년) 스물셋의 나이로 진사시와 생원시에 잇따라 합격했으나 10여 년 만에 겨우 종9품 광릉참봉에 임명된 것이 전부였고, 선조와 조정 대신 대부분은 그의 존재조차 알지 못했다.

그러나 세조의 영정을 지킨 것이 그의 삶을 극적으로 바꿨다. 개경의 백성들과 조정의 대신들은 목숨을 걸고 적진으로 달려간 그의 기개와 의로움을 찬탄하기 시작했다. 이이첨은 이후 전쟁 중

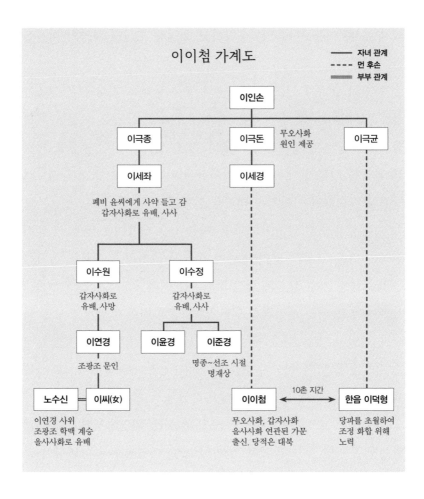

이이첨 가계도

범례:
— 자녀 관계
---- 먼 후손
═══ 부부 관계

이인손

이극종 — 이극돈 (무오사화 원인 제공) — 이극균

이세좌 — 이세경

이세좌: 폐비 윤씨에게 사약 들고 감
갑자사화로 유배, 사사

이수원 — 이수정

이수원: 갑자사화로 유배, 사망
이수정: 갑자사화로 유배, 사사

이연경 — 이윤경 이준경

이연경: 조광조 문인
이준경: 명종~선조 시절 명재상

노수신 = 이씨(女)

노수신: 이연경 사위 조광조 학맥 계승 을사사화로 유배

이이첨 ←10촌 지간→ 한음 이덕형

이이첨: 무오사화, 갑자사화 을사사화 연관된 가문 출신. 당적은 대북
한음 이덕형: 당파를 초월하여 조정 화합 위해 노력

이던 선조27년(1594년) 치러진 별시 문과에서 2등으로 합격했고, 피난 기간 내내 선조를 호종(扈從)했으며, 선조는 그를 중용했다.

선조30년(1597년) 서른여덟 살의 이이첨은 성균관 전적을 거쳐 병조좌랑, 사간원 정언 등을 차례차례 역임하며 출세의 기반을 다졌다. 그리고 그해 12월, 세자의 교육을 담당하는 시강원 사서로 임명되어 광해군을 만났다. 임진왜란 발발 당시 열일곱의 어린 나이로 분조[3]를 이끈 광해군은 용감하고 유능해 오히려 선조의 미움을 받고 있었다.

전쟁이 끝나자 선조와 광해군의 갈등은 더욱 깊어졌다. 선조는 광해군만이 아니라 임진왜란 때 진정으로 공을 세운 이들을 외면함으로써 군주의 자존심을 세우려 했다. 선조의 이런 마음을 가장 잘 파악한 신하가 대북의 수장 이산해였다. 그리고 중앙 관리로서 당적이 필요했던 이이첨은 대북을 선택했다.

이이첨이 소수 당파인 대북을 택한 것은 대북이 온건 노선을 지향하는 다른 당파와 달리 당론이 강경해 조정의 주도권을 장악하는 방식에서 그의 성격과 잘 맞았기 때문이다.

이이첨은 뒤늦게 당적을 얻은 만큼 당에 대한 충성심을 보일 필요가 있었다. 선조31년(1598년) 서른아홉 살의 이이첨은 남인의 영수 유성룡을 탄핵하는 차자(간단한 서식의 상소문)를 올렸다. 그 결과 유성룡은 삭탈관직[4]됐다. 대북의 승리였다.

유성룡이 조정을 떠나고 선조33년(1600년) 의인왕후가 승하하자 광해군은 기댈 곳을 잃었다. 반면 선조는 의인왕후의 삼년상이 끝나자마자 열아홉 살의 인목왕후를 계비로 맞았다. 자식이 없던 의인왕후와 달리 인목왕후는 혼인 이듬해인 선조36년(1603년) 첫 딸 정명공주를 낳았고, 3년 후에는 영창대군이 태어났다. 왕위에 오른 지 40여 년 만에 적통 대군을 품에 안은 선조는 기뻐했고, 이때부터 더욱 노골적으로 세자 광해군을 박대했다. 조정은 이런 선조의 어

---

3   조정을 둘로 나눈 것을 의미
4   벼슬과 품계를 빼앗고 벼슬아치 명부에서 삭제하던 일

심에 따라 영창대군을 지지하는 소북과 광해군을 지지하는 대북으로 갈렸다. 대북의 수장은 이산해와 정인홍, 소북의 수장은 영의정 유영경이었다.

선조의 의중을 매우 잘 파악해 출세를 거듭한 유영경은 영창대군이 태어나자 백관을 거느리고 하례를 올렸다. 이는 명백히 세자를 무시하는 태도였으나 유영경과 그를 따르는 '유당' 무리 뒤에는 선조의 총애가 있었다.

광해군이 살얼음판을 걷는 듯한 하루하루를 보내던 선조40년 (1607년) 10월, 선조가 갑자기 쓰러졌다. 당시 선조의 나이는 쉰여섯, 영창대군은 고작 두 살이었다. 병석에 누운 선조가 비망기를 내려 전위 혹은 섭정의 뜻을 신하들에게 고하면서 조정은 순식간에 긴장에 휩싸였으나 얼마 후 선조가 기력을 회복하면서 이는 없던 일이 됐다. 그런데 선조41년(1608년) 1월, 대북의 수장 정인홍의 상소가 올라오면서 조정은 다시 폭풍전야의 긴장 상태로 돌아갔다. 정인홍은 상소에서 광해군에게 전위하려던 선조의 뜻에 반대했던 영의정 유영경을 매섭게 비난했다.

당시 낙향해 지방에서 산림[5]의 한 사람으로 영향력을 행사하고 있던 정인홍이 조정의 주요 소식을 자세히 접할 수 있었던 것은 이이첨 덕분이었다. 이이첨은 정인홍의 정식 제자는 아니었으나 대

---

5 조선시대, 향촌에 은거해 있으면서 학문적 권위와 세력을 바탕으로 정치에 참여한 인물들. 정계를 떠나 있어도 정치에 무관심하거나 학문에만 몰두한 재야학자가 아닌, 조선 후기 특유의 존재였다. 선비들로부터는 존경을 받고 국가로부터는 관직의 제수를 비롯해 온갖 특별대우를 받았다. 16세기 말 성혼, 정인홍 등이 정치와 긴밀한 연결을 가지면서부터 '산림'이 역사적인 용어로 정착됐다.

북의 당원으로서 선배인 그를 깍듯하게 스승으로 대접했고 조정의 주요 사안들을 알리며 조언을 구하곤 했다. 덕분에 정인홍은 낙향 후에도 조정에 강력한 존재감을 과시했다.

이 사건으로 정인홍은 광해군의 마음을 얻었고, 이이첨은 대북의 수장인 정인홍의 마음을 얻었다. 일설에 따르면 정인홍은 평생 제자를 거두지 않았으나 뜻이 맞는 사람들의 이름을 적은 '제자록'을 만들었는데 여기에 이이첨의 이름이 가장 먼저 올라 있다고 한다.

광해군의 즉위와
임해군의 옥사

정인홍의 상소는 조정을 뒤흔들었다. 선조는 불쾌감을 표했고, 소북 세력의 주장에 따라 정인홍은 영변으로, 이이첨은 갑산으로 유배됐다. 소북의 승리였지만, 선조41년(1608년) 초 갑자기 위독해진 선조가 그해 2월 1일에 쉰일곱의 나이로 승하하면서 상황은 소용돌이친다.

한양에 남아 있던 이산해는 원상으로서 조정의 정무를 주관하며 영창대군을 옹립하려던 소북의 음모를 차단했다. 스물다섯의 젊은 나이로 '대비'가 된 인목왕후는 급변하는 조정의 상황에 세자의 즉위를 서둘렀고, 바로 다음 날인 2월 2일, 장장 17년이나 숨죽이며 힘겨운 시간을 보내온 광해군은 마침내 왕위에 올랐다.

광해군의 즉위 과정에서 대북은 큰 공로를 세웠으나 이들은 소수 당파에 불과했고, 공을 세운 당사자인 이산해는 일흔, 상소를 올린 정인홍은 일흔넷으로 연로한 상태였다. 이에 마흔아홉 살인 이이첨이 조정에서 대북을 대표하는 인물이 됐다.

2월 24일, 이이첨과 정인홍은 유배에서 풀려나 조정으로 복귀해 각각 병조정랑과 대사헌에 임명됐다. 사법권과 병권의 실무를 맡은 이들은 곧바로 영의정 유영경을 탄핵했다. 불과 며칠 전까지 실세 중의 실세였던 유영경은 유배당하는 신세가 됐다. 오직 선조의 총애에 기대어 노골적으로 영창대군을 지지했던 대신의 최후였다.

남은 소북 소속 대신들은 자신들이 유당과 다르다는 것을 증명하기 위해 유당 인물들의 탄핵에 가담했다. 하지만 이것만으로는 부족했다. 광해군에 대한 충성심을 증명해야만 했다.

소북 세력이 위기를 극복하기 위해 택한 방법은 '역모'였다. 직접 역모를 했다는 것이 아니라 선조의 장남이자 광해군의 친형인 임해군이 역모를 꾀했다고 고변한 것이다.

사실 자질이 부족하고 성품이 포악해 일찌감치 세자 후보에서 제외된 임해군은 온갖 악행을 저질렀으나[6] 정작 역모는 입증되지 않았다. 그럼에도 상소가 올라온 당일 절도 유배가 결정됐고, 사흘 만에 임해군과 그의 노비들은 물론 그를 따르던 자들까지 추국이

---

6 임해군의 대표적인 악행은 선조36년(1603년) 도승지 유희서의 첩이 예쁘다는 소문을 들고 그녀를 빼앗은 후 도적을 시켜 유희서를 살해한 것이다. 조사 결과 임해군이 살인을 교사한 것이 밝혀졌으나 선조는 오히려 왕자를 모함했다는 이유로 사건을 조사한 포도대장 변양걸과 아버지의 억울함을 호소한 유희서의 아들 유일을 유배했다. 유희서는 당시 영의정 이덕형의 외사촌이었다. 선조는 매번 임해군을 감쌌는데, 심지어 대신을 살해한 죄도 덮어버린 것이다.

시작됐으며, 일주일 만에 강화도 교동으로 유배됐다.[7]

얼마 후, 광해군은 아들을 세자로 책봉한다는 교서를 내렸다. 임해군이든 영창대군이든 차후 왕위를 위협하는 행위를 용납하지 않겠다고 선언한 것이다.

그러나 이후로도 사간원과 사헌부에서는 하루도 거르지 않고 임해군의 처벌을 청했다. 사간원의 사간이었던 이이첨은 임해군의 사형을 주장하며 "역적과 같은 하늘 아래 살 수 없다"는 이유로 파직을 청했다. 사헌부의 수장인 대사헌 정인홍은 '역모의 수괴' 임해군은 왕법이 용서할 수 없는 자이며, 은혜를 베풀어야 한다는 주장은 역적을 비호하는 것과 같다는 강력한 상소를 올렸다. 광해군은 임해군의 처형을 윤허하지는 않았으나 정인홍의 상소에 매우 감동했다.

광해군1년(1609년) 1월, 이이첨은 동부승지로 임명됐다. 왕명을 출납하는 승지는 임금을 매일 볼 수 있을 뿐 아니라 어심을 가장 잘 파악할 수 있는, 출세와 직결되는 자리였다. 그리고 같은 해 4월, 임해군은 강화도에서 사체로 발견됐다. 선조가 영창대군을 총애하는 것으로 자신의 뜻을 보인 것처럼 광해군도 임해군 사망 사건을 조사하지 않음으로써 자신의 뜻을 드러냈다.

〈실록〉에도 임해군의 죽음은 짧게 기록됐을 뿐이다.

---

7 당시 상황을 보면 당파를 초월해 거의 모든 대신이 임해군의 처벌에 찬성했다. 상소를 올린 것은 소북이었지만 대북의 이상해와 그의 사위이자 당색이 거의 없었던 이덕형, 남인인 이원익, 서인인 이항복과 심희수 등이 임해군의 처벌을 지지했다.

임해군을 위소[8]에서 죽였다. 임해군이 위장[9] 안에 있을 때 다만 관비 한 사람만이 그 곁에 있으면서 구멍으로 음식을 넣어주었는데, 이때에 이르러 수장 이정표가 핍박해 독을 마시게 했으나 따르지 않자 목을 졸라 죽였다.

임해가 죽은 것을 사람들이 능히 밝히지 못하고 또 죽은 날도 알지 못했다. 무신년 반정 후 임해군의 가족이 그 관비를 불러 묻고서야 비로소 그 실상을 알았다. 부인 허씨가 관을 열어보니 피부가 살아 있을 때와 같았는데, 그 목에 아직 새끼줄을 감았던 붉은 흔적이 있었다.

- 광해1년 4월 29일, 임해군 이진의 졸기(卒記)[10]

왕실의 외척이 되다

광해군은 혈육에게 놀랍도록 냉정한 모습을 보였다. 이런 광해군을 옆에서 지켜본 이이첨은 어심을 파악하며 권력의 밑그림을 그려나갔고, 그해 7월에는 좌부승지로 승진하기도 했다. 그러나 유희분과의 알력다툼으로 외직인 의주 부윤[11]으로 임명돼 잠시 조정을 떠나야 했다.

혈육을 믿지 못한 광해군에게는 왕비의 친정인 외척이 오히려

---

8 위리안치(圍籬安置)한 유배 장소. 위리안치는 유배된 죄인이 거처하는 집 둘레에 가시로 울타리를 치고 그 안에 가둔 것을 뜻한다.

9 위리안치한 집

10 돌아가신 분에 대한 마지막 평가. 〈조선왕조실록〉에서는 당대 주요 인물이 숨지면 생애에 대한 평가를 간략하게 작성한 졸기를 실었다.

11 조선시대 지방관청인 부의 우두머리. 종2품 문관의 외관직으로, 관찰사와 동격이다.

더 믿음이 가는 존재였고, 유희분은 바로 왕비의 오빠였다. 게다가 광해군은 즉위 초부터 당파를 아우르는 연합정국을 구상했으나 실제 지지기반은 유영경의 탄핵과 임해군의 옥사를 주도한 소북이었는데, 유희분은 그 소북의 수장이었다. 또한 광해군이 분조를 이끌던 세자 시절부터 동고동락한 신하이기도 했다. 즉, 유희분은 함께해온 세월에 대한 유대감과 외척에 대한 믿음, 지지기반의 수장이라는 위치로 인해 광해군의 신임을 받은 것이다.

그런 유희분과의 알력다툼에서 밀려 1년간 외직으로 물러나 있던 이이첨은 쉰한 살이 되던 해인 광해군2년(1610년) 광해군의 허락하에 관직에서 물러났다. 하지만 이러한 경험과 관직에서 물러났던 1년의 시간을 통해 권력을 장악하기 위해 필요한 것이 무엇인지 깨달았고, 철저한 계획을 세웠다.

이이첨이 조정을 떠나 있는 동안 광해군은 소북의 지지를 받으며 생모 공빈 김씨를 추숭(追崇)했고 세자를 책봉했다. 공빈 김씨의 추숭이 '아들' 광해군의 숙원이었다면 세자 책봉은 '아버지' 광해군의 사랑이었다. 바로 이 지점을 이이첨은 파고들었다.

공빈 김씨는 이미 세상을 떠난 사람이었고 세자는 미래의 권력이었다. 이이첨은 공석이 된 세자빈 자리에 주목했다. 광해군은 많은 후궁을 두었으나 자식은 왕비와의 사이에서 태어난 세자 한 명뿐이었다. 광해군3년(1611년) 광해군은 박승종의 손녀딸을 세자빈으로 간택했다. 이 세자빈 간택의 숨은 수혜자는 바로 이이첨이었다. 박승종은 유희분과 같은 소북이었으나 이이첨과는 사돈 관계로 세자빈 박씨는 이이첨의 외손녀였기 때문이다.

광해군3년(1611년) 10월, 광해군은 전쟁이 끝난 뒤 줄곧 머물던

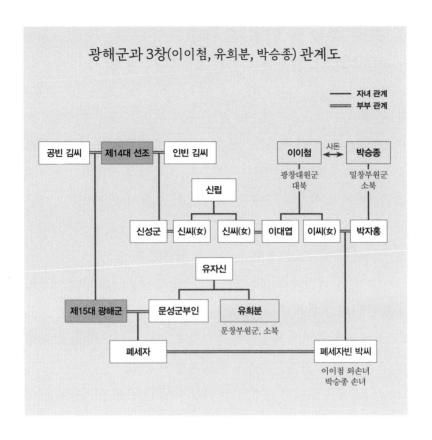

광해군과 3창(이이첨, 유희분, 박승종) 관계도

─── 자녀 관계
═══ 부부 관계

공빈 김씨 ═ 제14대 선조 ═ 인빈 김씨

이이첨 ◄─사돈─► 박승종
광창대원군
대북
밀창부원군
소북

신립

신성군 ═ 신씨(女) 신씨(女) 이대엽 이씨(女) ═ 박자흥

유자신

제15대 광해군 ═ 문성군부인 유희분
문창부원군, 소북

폐세자 ═ 폐세자빈 박씨
이이첨 외손녀
박승종 손녀

정릉동 행궁을 '경운궁(지금의 덕수궁)'으로 명명하고, 중건을 마무리한 창덕궁으로 거처를 옮겼다. 세자와 세자빈의 혼인은 새로 단장한 창덕궁에서 치러졌다. 광해군4년(1612년) 1월, 세자빈의 할아버지 박승종은 숭정대부(종1품 문신의 품계. 정실은 정경부인), 세자빈의 외할아버지 이이첨은 가선대부(종2품 문무관의 품계. 정실은 정부인)로 임명됐다. 대북의 수장인 이이첨은 소북과 정치적으로 대립 관계였으나 소북인 박승종, 유희분과 왕실 외척이라는 점에서 같은 입장이 된 것이다.

권력 확보를 위한 옥사 1:
봉산옥사(김직재의 옥사)와 공신책봉

광해군4년(1612년) 1월, 이이첨은 사헌부의 수장인 대사헌으로 임명됐고, 그로부터 한 달도 채 지나기 전에 봉산군수 신율이 장계를 올려 김직재를 고변했다. 광해군은 추국청을 설치하고 곧바로 친국(親鞠)에 들어갔다. 고문을 참지 못한 이들이 관련자들의 이름을 대면서 옥사는 걷잡을 수 없이 커졌다. 이들은 진릉군[12]을 왕으로 추대하려 했다고 주장했다. 당연히 역모였다.

광해군은 민감하게 반응했다. 증거도 불충분하고 가담 여부도 불투명한 사람들이 계속 체포되어 끌려왔는데, 무려 340명에 달했다. 광해군은 하루도 빠짐없이 추국장에 나와 모든 사람을 고문했고, 그렇게 얻은 자백을 추호도 의심하지 않았다.

추국장에는 영의정 이원익, 좌의정 이덕형, 우의정 이항복과 대사헌 이이첨도 함께했다. 가혹한 고문이 계속되면서 거짓 자백이 잇따르고 무고한 사람들이 연루되자 정승들은 추국을 잠시 중단할 것을 청했다. 이원익, 이덕형, 이항복은 선조 시절 기축옥사[13]를 직접 겪은 인물들이었기에 고문을 통해 마구잡이로 사건이 확대되는 것을 막고자 한 것이다. 이들은 밤이나 비가 오는 날에는 사형

---

12 선조의 친형 하원군의 손자. 선조와 순빈 김씨의 아들인 '순화군'의 양자로 입적됐다.
13 선조22년(1589년) 정여립이 반란을 꾀하고 있다는 고변에서 시작해 선조24년(1591년)까지 3년 동안 계속된 국문을 통해 동인 1,000여 명이 화를 입고 서인이 정국을 주도한 사건. 옥사를 주도한 인물은 서인 정철로, 서인의 세력 확대를 경계한 선조가 정철을 파직함으로써 마무리됐다.

을 거행하지 않는 것이 법이었다는 점을 들어 광해군을 설득했다. 이때 대사헌 이이첨은 끝까지 추국하고자 했던 광해군을 지지하는 발언으로 환심을 얻었다.

"역적을 토벌할 때는 마땅히 추대하는 자를 물어야 하니 이 사실을 끝까지 형문[14]하는 것이 옳습니다."

바로 광해군이 기다렸던 말이었다.

"그의 말이 옳다. 내가 묻고자 한 것도 그 말이다."

광해군은 자신의 마음을 헤아린 이이첨을 더욱 신임하게 됐다.

추국은 장장 7개월이나 이어졌다. 수백 명이 혹독한 고문으로 목숨을 잃고 100여 가문이 풍비박산됐으며 절도에 위리안치된 진릉군이 사사(賜死)되는 것으로 옥사는 마무리됐다.

김직재의 옥사에서 거론된 이들 중에는 유영경의 자식들을 비롯해 그와 관련된 소북 세력 인물들이 많았다. 이때 이이첨은 시종일관 강경론을 펼치며 분위기를 주도했고 유영경에 대한 추가 형 집행을 주장했다. '역적' 유영경에 대한 단죄가 제대로 이루어지지 않아 이러한 '역모'가 일어났다는 논리였다. 이미 광해군 즉위년(1608년)에 유배지에서 사사된 유영경은 결국 부관참시됐다.

김직재의 옥사를 마무리한 광해군은 백관을 거느리고 하례를 받았고, 이듬해 3월, 위성공신, 익사공신, 정운공신, 형난공신을 한꺼번에 책봉했다. 공신으로 책봉된 이들은 모두 166명으로 이는 건국 이후 최대 규모였고, 네 종류의 공신을 동시에 책봉하는 것 또한 처음 있는 일이었다. 위성공신은 광해군이 세자였던 시절 분조

---

14 고문을 가하며 취조하는 것

를 따라다닌 이들이었고, 익사공신은 즉위 직후 임해군의 역모를 밝혀내는 데 공을 세운 이들이었으며, 정운공신은 정인홍의 유영경 배척 상소에 기여한 이들, 형난공신은 김직재의 옥사(봉산옥사)를 처리하는 데 공을 세운 이들이었다. 이이첨은 광해군의 분조를 따라다녔던 위성공신을 제외한 3개 공신에 모두 봉해지면서 단숨에 조정의 주요 인물로 부상했다.

김직재의 옥사를 통해 이이첨은 자신과 대북의 충성심을 증명했을 뿐만 아니라 정적을 제거하는 최고의 수단을 찾아냈다. 바로 수십, 수백 명을 연루시킬 수 있는 역모였다. 광해군은 역모를 두려워했고 추국과 이를 통한 자백, 처형에 집착했다. 그러니 역모의 처벌을 주도하는 것은 권력을 장악하는 기회였다. 하지만 역모는 자주 일어날 수가 없는 사건이었기에 이이첨은 작은 사건을 역모로 조작하기 시작했다.

권력 확보를 위한 옥사 2: 계축옥사(칠서의 변)와 영창대군의 죽음

대북과 소북은 봉산옥사(김직재의 무옥) 이후 서로를 견제하며 광해군의 환심을 사기 위해 경쟁했다. 그러던 중 광해군5년(1613년) 4월, 문경 새재 길목에 숨어 있던 괴한들이 은을 거래하던 상인을 죽이고 수백 냥의 은을 훔쳐 도주한 사건이 발생했다. 관련자 한 명이 덜미를 잡히면서 범인들의 정체가 밝혀졌는데, 놀랍게도 무려 일곱 명에 달하는 이들의 정체는 남부러울 것 없는 명문가의 서자들이었다.

이 일곱 명은 박응서, 박치의, 서양갑, 심우영, 허홍인, 김평손, 김경손이다. 그중 박응서는 영의정을 역임했던 박순의 서자, 심우영은 명종의 왕비 인순왕후의 5촌 당숙이었던 심전의 서자였다. 〈광해군일기〉에 따르면 이이첨은 이 사건을 역모로 확대하기 위해 포도대장 한희길을 통해 박응서를 회유했다. 회유에 넘어간 박응서는 감옥에서 상소문을 올렸는데, 7년 전 서양갑이 가장 먼저 역모를 주장하자 뜻을 함께하는 이들이 모였고 반란 자금을 위해 은상(銀商)을 살해하고 은을 도적질했다는 내용이었다. 또한 먼저 무관들과 친분을 쌓은 뒤 300명을 동원해 궁궐을 습격한 후 인목대비에게 수렴청정을 청하고, 서양갑이 영의정을, 나머지 여섯 명은 다른 주요 관직을 차지하려 했다고 털어놓았다. 박응서의 상소는 조정을 뒤흔들었다.

상소에 언급된 여러 인물 중 가장 중요한 인물은 바로 '인목대비'였다.

광해군은 곧바로 추국청을 설치해 친국에 나섰다. 고문을 받던 심우영은 서양갑이 역모를 주장했다고 자복했고, 완강하게 부인하던 서양갑은 이어진 고문으로 어머니와 형이 세상을 떠나자 말을 바꿔 부원군 김제남(인목대비의 아버지)을 역모의 진짜 우두머리로 지목했다. 이때 서양갑은 '광해가 내 어미를 죽였으니 나도 그의 어미(인목대비)를 죽이겠다'고 다짐했다고 한다.

역모를 고변한 박응서는 사면됐으나 서양갑은 능지처참 됐고, 김제남 등이 고문 끝에 처형된 이 사건을 계축옥사, 이른바 '칠서(七庶)의 변'이라 한다.

이이첨의 목표는 처음부터 김제남이 아닌 영창대군이었다. 이이첨은 자신이 장악하고 있던 언론 삼사를 동원해 '화의 근원'인 영창대군을 처형해야 한다고 주장했다.

5월 29일 영창대군은 폐서인(廢庶人)¹⁵됐고, 6월 21일 궁궐에서 쫓겨나 7월 26일 강화도에 유배됐다. 이때 영창대군은 여덟 살에 불과했다. 숙청의 피바람 속에서 이덕형은 '혈육의 정'을 생각해 영창대군의 목숨을 살려줄 것을 청했으나 삭탈관직됐고, 그해 10월 세상을 떠났다.

12월, 계축옥사를 마무리한 광해군은 의금부도사 허경의 딸을 숙의(淑儀)¹⁶로 간택했다. 계축옥사 이후 광해군은 후궁을 뽑는 일에 집착했고, 간택되어 입궁한 후궁의 가족들에게 권력과 관직을 나눠주고 충성을 약속받았다. 배신과 역모에 대한 두려움이 광해군의 심신을 좀먹은 것인데, 그럴수록 이이첨의 권력은 커졌다. 언론을 장악한 그는 유생들을 동원해 영창대군을 살려두어서는 안 된다는 강경한 상소를 올렸다.

광해군은 끝내 처형을 윤허하지 않았으나 광해군6년(1614년) 2월 10일 영창대군은 위리안치된 강화도에서 세상을 떠났다. 영창대군을 담당했던 이정표는 강화부사 정항과 논의해 영창대군에게 음식을 주지 않았고, 쉴 새 없이 아궁이에 불을 지폈다. 기력이 쇠해진 영창대군은 뜨거운 방바닥에 서서 창살을 붙들고 울다가 목숨이 끊어졌다.

---

15 벼슬이나 신분적 특권을 빼앗아 서민이 되게 하는 일 또는 그렇게 된 사람
16 조선시대에 후궁에게 내리던 종2품 내명부의 품계

영창대군의 사망 소식을 들은 광해군은 애도를 표했으나 이정표와 강화부사 정항을 처벌하지는 않았다. 영창대군의 죽음으로 사람들은 비로소 광해군의 마음을 알았다. 그리고 진작부터 광해군의 마음을 알고 있었던 이이첨은 본격적으로 권력을 장악하기 시작했다.

신경희의 옥사 그리고 허균과의 연합

공포를 권력 유지 수단으로 이용한 이이첨은 인목대비를 폐하자는 여론을 일으켰다. 인목대비는 계모였지만, 어쨌거나 광해군의 어머니였다. 성리학이 통치 이념인 국가에서 자식이 부모를 폐하는 것은 하극상이었다. 신하들은 작은 사건도 역모로 둔갑시켜 정적을 숙청하는 이이첨과 척을 지면 죽은 목숨과 다름없음을 알면서도 대비를 폐하는 문제만큼은 격하게 반발했다.

광해군7년(1615년) 2월, 사직해 물러났던 이원익이 폐비와 관련한 소문에 대해 우려를 표하는 상소를 올렸다. 광해군은 분노했고 이원익은 삭탈관직 후 유배됐다. 그러자 폐비를 주도하던 이이첨에 대한 비난이 폭주했다. 임금인 광해군을 비난할 수는 없으니 모든 것을 이이첨의 탓으로 돌린 것이다. 그러나 광해군은 자신을 대신해 욕을 먹는 이이첨을 더욱 신임했고, 자신의 사람을 늘리기 위해 후궁 간택을 서둘렀다.

그러던 중 이이첨의 입지에 치명적인 문제가 될 만한 사건이 터졌다. 신경희라는 인물이 있었는데, 그의 사촌인 신경진과 이이첨의 아들인 이대엽은 처남과 매부로 둘은 가까운 사이였다. 그런데 신경희가 능창군을 왕으로 옹립하려 했다는 고변이 올라온 것이다. 역모를 꾸며내 입지를 다져온 이이첨으로서는 자신이 꾸며내지 않은 역모 사건의 중심인물과 가까운 사이였으니 타격이 클 수밖에 없었다.

결국 이 사건은 이이첨을 대신해 박승종이 추국을 맡았다. 그는 연이은 옥사로 위축된 소북의 위상을 높이기 위해 의욕적으로 추국을 진행했다. 하지만 신경희가 추국을 받던 중 사망했고, 강화도에 유배된 능창군이 자살하면서 이 사건은 흐지부지 종결됐다.

신경희의 옥사는 봉산옥사나 계축옥사에 비하면 시시할 정도로 가볍게 끝났으나 이이첨은 위기를 느꼈다. 옥사를 통해 권력을 키운 자신도 역모 당사자가 되어 숙청될 수 있다는 사실에 간담이 서늘해진 것이다. 이에 이이첨은 위험부담을 줄이기 위해 자신을 대신해 장기말처럼 움직일 인물을 찾았으니, 그가 바로 허균이다.

허균은 동인 명문가 출신으로 그의 부친인 허엽은 동인의 중진이었고, 이복매형 우성전은 유성룡과 함께 남인의 수장이었으며, 율곡 이이를 탄핵했던 허성이 그의 친형이었다. 또한 열일곱에 초시에 합격하고 스물한 살에 생원시에 합격한 허균은 선조27년(1594년) 정시 문과에 우수한 성적으로 급제해 승문원[17]에서 관직 생활을 시작한 수재로 인맥과 능력이 출중했다.

이처럼 남부러울 것 없던 허균이 어째서 이이첨의 행동대장이

17　조선시대에 외교문서를 담당한 관청

되기를 자처한 것일까?

허균은 학문과 재주가 빼어났지만, 서얼이나 천민과도 교류하고 부임지에 기생을 대동하는 등 거침없는 행동으로 자주 탄핵을 받았고, 구설수와 비난을 달고 살았다. 광해군2년(1610년)에는 시험 감독관이 됐는데, 이때 그의 조카와 조카사위가 동시에 급제하자 탄핵을 받아 유배됐다. 그러나 유배지에서도 반성하기는커녕 신분과 상관없이 여러 사람과 어울렸고, 이때 계축옥사와 관련된 서자들과 깊은 친분을 쌓았다고 한다. 이 시기 허균이 소일거리 삼아 집필한 것이 바로 최초의 한글 소설인 〈홍길동전〉이다.

그로부터 얼마 후 계축옥사가 일어나 자신과 친분 깊던 서자들이 줄줄이 역모죄로 처형당하자 허균은 '만약 나 또한 서자였다면 억울하게 죽었을 것'이라는 생각에 두려움을 느꼈다. 억울하게 당하지 않으려면 권력이 필요했다. 권력이 있으면 무고한 사람을 억울하게 만들 수도, 마음에 안 드는 사람을 제거할 수도 있지 않은가.

그때 마침 허균을 눈여겨보고 있던 이이첨이 손을 내밀었다. 이이첨은 능력은 있으나 인맥과 학연이 없는 인재를, 몰락한 가문 출신에 당적조차 없어 출세가 어려웠던 자신과 닮은 이들을 곁에 두고 중용했다. 그런 이이첨이었기에 내키는 대로 행동하는 분방한 성격으로 주류 사회에서 따돌림 받는 허균을 눈여겨보았고, 손을 내민 것이다. 허균은 이이첨이 내민 손을 잡았고, 형조판서[18]에 임명됐다.

---

18 조선시대 법률·소송·형옥 등을 관장한 형조의 으뜸 관직. 정2품으로 오늘날의 장관에 해당한다.

이 무렵, 북방에서는 누르하치[19]가 후금을 건국했고, 조정에서는 폐모론에 다시 불이 붙었다. 신경희의 옥사 이후 이이첨이 다시 인목대비 폐위 문제를 제기한 것이다. 이미 무마된 사안이지만 인목대비를 폐하고 싶은 광해군의 어심을 이이첨은 정확하게 알고 있었다.

유생들은 물론 종친들까지 나서서 반대했으나 결과는 이이첨의 승리였다. 폐비에 반대하는 강력한 상소를 올렸던 유생 윤선도는 절도에 유배됐고, 종친 귀천군과 금산군은 중도부처[20] 되었다. 이제 허균이 나설 차례였다.

폐모론
그리고 절대적인 권력

광해군8년(1616년) 허균은 '영의정 기자헌이 박승종, 유희분과 함께 인목대비를 모셔 역모를 꾀한다'는 격문을 써서 익명으로 내약방(왕이 쓰는 약재를 관장하는 부서)에 은밀하게 던져 놓았다. 격문을 발견한 사람은 당시 임금에게 올리는 약을 감독하던 약방제조(藥房提調) 이이첨이었다. 말하자면 합동 작전이었다.

---

19 누르하치(Nurhachi, 1559~1626)는 후금(後金)의 초대 황제로, 여진족의 추장에서 칸(khan)의 자리에 올라 후금이라 칭했다. 여진족을 통합하고 만주 문자를 제정해 청나라 발전의 기틀을 세웠다.
20 유배시킬 때 중간 지점을 지정해 거기에 머물게 하는 것으로, 귀향(歸鄕)을 허하지 않는 대신 유배지에서 가족과의 동거는 묵인했다.

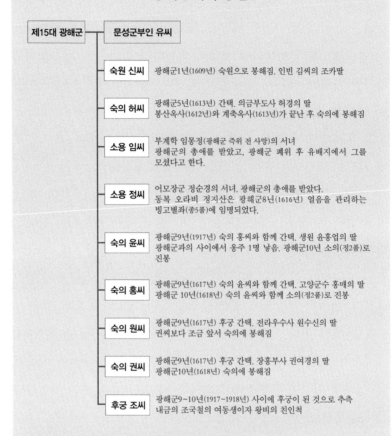

광해군의 후궁들

제15대 광해군	문성군부인 유씨	
	숙원 신씨	광해군1년(1609년) 숙원으로 봉해짐. 인빈 김씨의 조카딸
	숙의 허씨	광해군5년(1613년) 간택. 의금부도사 허경의 딸 봉산옥사(1612년)와 계축옥사(1613년)가 끝난 후 숙의에 봉해짐
	소용 임씨	부계학 임몽정(광해군 즉위 전 사망)의 서녀 광해군의 총애를 받았고, 광해군 폐위 후 유배지에서 그를 모셨다고 한다.
	소용 정씨	어모장군 정순경의 서녀. 광해군의 총애를 받았다. 동복 오라비 정지산은 광해군8년(1616년) 얼음을 관리하는 빙고별좌(종5품)에 임명되었다.
	숙의 윤씨	광해군9년(1917년) 숙의 홍씨와 함께 간택. 생원 윤홍업의 딸 광해군과의 사이에서 옹주 1명 낳음. 광해군10년 소의(정2품)로 진봉
	숙의 홍씨	광해군9년(1617년) 숙의 윤씨와 함께 간택. 고양군수 홍매의 딸 광해군 10년(1618년) 숙의 윤씨와 함께 소의(정2품)로 진봉
	숙의 원씨	광해군9년(1617년) 후궁 간택. 전라우수사 원수신의 딸 권씨보다 조금 앞서 숙의에 봉해짐
	숙의 권씨	광해군9년(1617년) 후궁 간택. 장흥부사 권여경의 딸 광해군10년(1618년) 숙의에 봉해짐
	후궁 조씨	광해군9~10년(1917~1918년) 사이에 후궁이 된 것으로 추측 내금의 조국철의 여동생이자 왕비의 친인척

* 이외에도 광해군은 상궁 김씨(김개시) 등을 비롯해 측근의 여러 궁인들을 총애하였다. 광해군의 후궁 간
택은 재위 5년과 9년에 집중되어 있다. 광해군5년은 봉산옥사와 계축옥사가 마무리된 시기이고, 광해군
9년은 폐모론이 적극적으로 대두되기 시작한 시기이다. 광해군은 주로 간택을 통해 후궁을 뽑았는데, 외
직에 있거나 관직이 낮은 인물들의 딸 혹은 임금의 경호 및 대궐의 치안을 담당하는 인물들의 딸을 간택
했다. 계속된 역모와 옥사 등으로 인해 불안해진 광해군의 심리를 보여주는 것이라는 평이 많다.

이이첨은 이 사건을 대비를 지지하는 세력의 소행으로 조작해
소북을 견제하고 권력을 독점할 계획이었다. 그러나 허무하게도 사

건 조사 과정에서 허균의 소행이라는 진술이 나왔다. 그러자 광해군은 급히 사건을 덮었다. 이는 허균을 처벌하지 않겠다는 뜻이자 광해군이 이미 이 사건의 배후를 알고 있었다는 뜻이기도 하다.

인목대비를 압박하려던 계획이 어긋나자 광해군은 궁궐 공사에 박차를 가했고, 또다시 후궁을 간택했다. 왕기가 서려 있다는 이유로 빼앗은 정원군[21]의 집터에 경덕궁(지금의 경희궁)을 새로 지었고, 숙의 윤씨와 숙의 홍씨, 숙의 권씨가 연달아 입궁했으며, 폐모 문제에 의견을 제시한 원수산의 딸도 숙의에 봉해졌다.

11월, 다시 폐모 문제에 대한 상소가 쏟아지기 시작했다. 허균이 초고를 쓴 상소는 대부분 속히 대비를 궁에서 폐출해야 한다는 내용이었다. 광해군은 이 문제를 이이첨에게 위임했는데, 임금의 뜻을 누구보다 잘 알고 있던 이이첨은 폐모를 더욱 강력하게 밀고 나갔다. 이어서 정인홍이 직접 상소를 올려 대비의 존호와 각종 예우를 폐해야 한다고 주장하며 이이첨의 행보에 힘을 실어주었다. 그럴수록 조정은 조용해졌다. 이이첨을 두려워한 이들은 침묵했다. 영의정 기자헌과 중풍에 걸려 살날이 얼마 남지 않은 이항복만이 목숨을 걸고 반대했다. 12월, 이항복은 용강으로, 기자헌은 정평으로 유배됐다. 이이첨은 이항복과 기자헌의 탄핵에 가담하지 않은 사람까지 공격하기 시작했다.

이때 기준격이 허균의 역모를 고변했다. 기준격은 기자헌의 아들이자 허균의 제자로, 평소 허균과 친분이 두터웠던 기자헌이 아들을 허균의 제자로 보냈던 것이다. 결국 제자가 스승을 고변한 격

---

21 선조와 인빈 김씨의 아들. 선조의 서5남으로 광해군에게는 이복동생이다.

인데, 사제지간인 만큼 기준격은 허균의 평소 언행을 잘 알고 있었으니 고변은 상세할 수밖에 없었고, 문제가 될 만한 내용도 많았다. 자연히 논란의 불씨는 허균에게로 옮겨갔고 신하들은 허균을 조사해야 한다고 주장했으나 이번에도 광해군은 기준격의 고변을 덮었다. 이러한 편파적인 행동은 폐모를 바라는 광해군의 마음을 고스란히 내보인 것이었다.

그러나 폐모에 대한 논의가 아무리 뜨거워져도 조선의 시작과 함께 뿌리를 내린 성리학 때문에 실행은 요원했다. 폐모를 찬성하는 이이첨과 반대하는 유희분, 박승종 사이에는 점점 균열이 생겼고, 폐모를 주도해온 대북 내에서도 반대 목소리가 나오기 시작했다. 하지만 이이첨은 흔들리지 않았다. 광해군의 생각이 변치 않는 이상 먼저 포기할 이유가 없었기 때문이다. 이 일을 성사시킨다면 광해군의 신임과 총애는 더욱 견고해질 터였기에 이이첨은 '부모 자식 사이의 효(孝)도 중요하나 군신 사이의 충(忠)이 더 중요하다'는 명분을 내세웠다.

광해군10년(1618년) 1월, 유희분과 박승종이 마지못해 폐모에 동의하자 광해군은 마침내 인목대비를 폐하고 모든 특권과 대우를 박탈했다. 1월 28일, 인목대비는 정명공주와 함께 경운궁(지금의 덕수궁)에 유폐됐고, 경운궁의 명칭은 서궁으로 격하됐다. 이이첨의 위세와 권력은 하늘을 찔렀고, 폐모에 반대하던 신하들은 슬그머니 사라졌다. 조정에는 오직 이이첨을 따르는 대북과 생존을 위해 이이첨과 손을 잡은 소수의 소북만 남아 있을 뿐이었다.

허균의 죽음과
명나라의 파병 요구

같은 해 5월, 광해군은 허균의 딸을 세자의 후궁으로 간택했다. 광해군은 외척을 자신의 지지기반으로 삼았기에 왕실과 혼인을 맺는다는 것은 곧 신임을 받는다는 의미였다. 당대의 권력자인 유희분, 박승종, 이이첨 세 사람이 대표적이었다.

당시 세자는 세자빈과의 사이에서 아직 자식이 없었다. 만약 세자의 후궁으로 간택된 허균의 딸이 아들을 낳게 되면 권력의 서열은 얼마든지 바뀔 수 있었다. 이에 자신감을 얻은 허균은 이이첨과 관계없이 독단적으로 일을 벌였다. 서궁을 습격하려 한 것이다. 그러나 허균의 야망은 그의 행보를 예의 주시하고 있던 유희분과 박승종에 의해 좌절됐고, 허균은 오히려 역모에 연루되고 만다.

유희분과 박승종은 허균이 조카사위 의창군[22]을 왕으로 추대하려는 역모를 꾀했다고 고변했다. 광해군은 이를 믿지 않았고 허균을 처벌할 생각도 없었다. 그러나 이때 이이첨이 나서서 처형을 주장했다. 〈광해군일기〉에 따르면 이이첨은 허균에게 사람을 보내 안심하고 추국을 받도록 유도했다고 한다. 하지만 추국장에 도착한 허균은 이이첨에 의해 말 한마디 못 하고 처형됐다.

딸이 세자의 후궁으로 간택되어 한창 광해군의 신임을 받던 허균으로서는 반역을 도모할 이유가 없었다. 더구나 역모 사건임에도 불구하고 제대로 된 조사와 진술도 없이 수많은 의혹을 남긴 채 이

---

22 선조와 인빈 김씨의 아들. 선조의 서8남으로 허균의 이복형 허성의 딸과 혼인했다.

이첨의 강력한 주장에 따라 광해군은 허균을 처형했다. 권력만을 위해 손을 잡았던 이들의 허무한 결말이었다.

허균의 죽음 이후에야 광해군은 이이첨을 의심하기 시작했다. 그때까지 이이첨의 손을 빌려 정적을 처단해 왔기에 광해군은 그를 신임했다. 하지만 허균까지 처형하고 나니 이이첨의 권력이 임금인 자신을 넘어설 수도 있다는 생각이 든 것이다. 이후 후금과의 전쟁을 앞둔 명나라에서 파병을 요구해오고, 이에 이이첨이 찬성하자 의심은 확신으로 굳어졌다.

이이첨은 '명나라는 부모의 나라이며 재조지은[23]의 망극함이 있으니 요구하기 전에 먼저 나아가 싸워야 마땅하나 이제라도 요구가 왔으니 한시라도 빨리 파병을 해야 한다'고 외쳤다. 이이첨뿐만 아니라 조정 대신들은 당파를 초월해 만장일치로 파병에 찬성했다. 하지만 광해군의 생각은 달랐다. 파병에 반대한 광해군은 전란(임진왜란)을 아직 복구하지 못했다는 이유로 파병을 최대한 늦추거나 회피하고자 했다. 그러나 결국 조정의 여론을 견디지 못해 강홍립을 5도 도원수로 삼아 1만3천의 군사를 모집해 명나라로 보냈다.

광해군11년(1619년) 3월, 조명 연합군은 심하에서 후금 군대에 대패했다. 선봉에 선 조선군이 압도적인 병력 차이로 전멸 위기에 처했을 때 후금이 강홍립에게 누르하치와의 만남을 제안했다. 누르하치와 만난 강홍립은 남은 병사를 이끌고 투항했다. 이 소식이 조선에 전해지자 조정에서는 당장 강홍립을 처벌해야 한다는 주장이

---

23 거의 망하게 된 것을 구원하여 도와준 은혜. 여기서는 임진왜란 당시 명나라의 도움을 받았던 것을 뜻한다.

쏟아졌으나 광해군은 끝내 강홍립과 그의 가족에게 아무런 처벌도 내리지 않았다.[24]

파병 문제부터 강홍립의 처벌 문제까지 광해군과 이이첨은 처음으로 첨예하게 대립했다. 광해군은 폐모에 찬성한 이이첨이 사대의 의리를 지켜야 한다고 주장하는 모습을 냉정하게 바라보았다. 이에 광해군의 신임을 잃을 위기에 처하자 이이첨은 재빨리 소북과 손을 잡았다. 그토록 강경하게 지켜온 정치 노선을 하루아침에 바꾼 것이다.

인조반정 그리고 비참한 죽음

연달아 명나라와의 전투에서 승리한 후금은 조선에 화친을 요구했다. 국방과 외교의 주요 사안이 연일 올라왔으나 오랑캐와 화친을 주장했다는 오명을 듣고 싶지 않았던 조정의 신하들은 후금과 관련된 일을 외면하려 했다. 이이첨은 화친에 강경하게 반대하며 '명나라의 은혜를 갚기 위해 후금에 맞서야 한다'고 주장했다. 영의정 박승종은 광해군의 외교정책을 지지하는 유일한 인물이었으나 인사권과 비변사[25]를 장악한 이이첨에게 맞서는 대신 칩거했

---

24 투항한 강홍립은 후금 내부의 정보를 취합해 조선에 알리기 위해 힘썼다. 광해군이 후금과 명 사이에서 펼쳤던 실리외교의 배경에는 이러한 강홍립의 노력이 있었다.

25 조선시대에 군국의 사무를 맡아보던 관아. 임진왜란 이후에는 의정부를 대신해 정치의 중추 기관이 됐다. '비국'이라고도 불렸다.

다. 이에 광해군은 박승종에게 화가 났고, 그동안 이이첨의 전횡을 방임한 것을 후회했다.

임금의 태도가 바뀐 것을 체감한 이이첨은 마지막 승부수를 띄웠다.

광해군14년(1622년) 12월, 이이첨은 굿을 빙자해 서궁에 사람을 보냈다. 인목대비를 시해해 충성심을 보이려 한 것이다. 하지만 미리 눈치챈 박승종의 저지로 실패했고, 돌아온 것은 광해군의 냉랭함이었다.

얼마 후, 이귀와 김자점 등이 능양군[26]을 왕으로 추대하기 위해 역모를 꾀하고 있다는 고변이 올라왔다. 하지만 역모와 옥사가 이이첨의 권력을 비대하게 만든 도구로 사용됐음을 안 광해군은 풍문만으로 옥사를 일으킬 수는 없다며 무시했다. 하지만 지금까지와 달리 이번 역모는 정치공작이 아니라 사실이었다.

한편, 반정을 계획한 이들은 고변이 올라갔다는 소식에 우왕좌왕했다. 지금까지 옥사에서 살아남은 사람이 없었기 때문이다. 그러나 다행히 체포 명령이 떨어지지 않자 이들은 서둘러 광해군의 최측근인 상궁 김씨(김개시)에게 거액의 뇌물을 건네며 살길을 도모했다.

김씨는 광해군의 승은을 입었으나 후궁이 되기를 거부하고 상궁이라는 신분을 이용해 국정에 깊이 관여해 온 문고리 권력이었다. 뇌물을 받은 김씨가 역모의 근거가 없다고 전하자 광해군은 그녀의 말을 그대로 믿었다. 이이첨과의 어긋난 관계, 상궁 김씨에게

---

26 선조와 인빈 김씨의 아들 정원군(선조의 서5남)의 장남. 제16대 인조

건네진 거액의 뇌물로 인해 고변은 묻혀버렸다. 그리고 광해군15년 (1623년) 3월 13일, 마침내 인조반정이 일어났다.

인조반정은 시작하기도 전에 두 번이나 위기를 맞았다. 첫 번째는 고변이 올라간 것이고, 두 번째는 반정 당일 모인 군사들의 움직임이 광해군의 귀에 들어간 것이다.[27] 평생을 역모와 싸워온 광해군은 시큰둥한 반응을 보였으나 유희분과 박승종의 거듭된 재촉에 궁궐 수비를 강화하는 등 대비를 했다. 광해군에게 들킨 것을 안 반란군은 갈팡질팡하다가 늦은 밤에야 군사를 이끌고 궁으로 향했다. 그러나 걱정과 달리 궁에 진입한 지 단 두 시간 만에 반란은 성공했고, 다음 날 광해군은 폐위됐다.

양주에서 군사를 일으키려던 박승종은 반란이 성공했다는 소식에 아들과 함께 자결했고, 상궁 김씨는 받은 뇌물을 다 쓰기도 전에 목이 잘렸다. 가족을 데리고 이천에 숨어 있다가 발각된 이이첨도 아들들과 함께 참수됐다. 이이첨은 처형되기 전 "하늘은 나의 무죄를 알 것이다. 나는 살아서는 효자고, 죽어서는 충신이다"라고 외쳤다고 한다. 비장한 외침이었으나 하늘은 무심했다. 이이첨의 목이 떨어지자 지켜보던 백성들이 달려들어 그의 시신을 찢었다. 죄 없는 사람을 수없이 죽인 권력자에게 어울리는 죽음이었다. 이것이 바로 조선왕조 역사상 두 번째 반정인 인조반정이다.[28]

광해군과 문성군부인 유씨, 폐세자와 폐세자빈 박씨는 강화도에 유배됐다. 폐세자는 몇 달 후 땅을 파 탈출을 시도하다가 발각

---

27 반란 소식을 전해 들은 광해군은 가장 먼저 이이첨을 의심했다고 한다.
28 능양군의 반란은 성공했기에 역모가 아닌 '반정'으로 역사에 기록됐다.

됐고, 3일 후 폐세자빈 박씨는 스스로 목숨을 끊었다. 두 달 후 폐세자는 처형됐고, 아들의 죽음을 알게 된 문성군부인 유씨도 그해 10월 세상을 떠났다. 임해군, 영창대군, 능창군이 숨을 거둔 강화도에서 광해군의 아내와 아들, 며느리도 목숨을 잃었으니 목숨을 목숨으로 갚은 셈이다.

광해군은 폐위된 후 20년 가까이 유배지를 전전하다가 인조19년(1641년) 7월, 67세의 나이로 눈을 감았다.

시간이 흐르면서 광해군과 허균에 대한 평가는 많이 달라졌다. 특히 광해군이 재평가를 받게 된 것은 외교정책 때문이다. 명나라와 청나라가 교체되는 중요한 시기, 광해군이 사대의 명분에 사로잡히기보다는 상황을 정확하게 예측해 대응하고자 했던 노력의 흔적이 분명하게 남아 있다.

하지만 몰락한 훈구파의 자손으로 태어나 끝내 성공을 이룬 입지전적인 인물임에도 이이첨은 재평가되지 않았다. 그는 뛰어난 현실 감각과 처세술로 권력을 장악했고, 더 큰 권력을 위하여 임금의 불안한 심리를 악용해 정적을 숙청하는 등 조정을 파탄으로 몰아갔다. 또한 광해군의 가장 큰 업적이 될 수 있었던 외교에 강력하게 반대했고, 정치적 동지였던 허균을 철저하게 배신했다. 섬기던 임금을 혼군(昏君)으로 이끈 장본인이자 간신으로 기록된 이이첨은 권력욕의 추악함을 보여주는 거울로, 오늘날을 살아가는 권력자들이 반드시 기억해야 할 인물이다.

이이첨 출세의 기록

연대	주요 사건	나이	비고
명종15년(1560년)	탄생	1세	
선조15년(1582년)	사마시 합격	23세	
선조25년(1592년)	임진왜란, 광릉참봉	33세	출세의 기회로 삼다
선조27년(1594년)	별시 문과 을과 급제	35세	
선조31년(1598년)	홍문관 수찬 유성룡 삭탈관직 요청 상소	39세	대북 당원이 되다
선조33년(1600년)	이산해 파직, 이이첨 삭탈관직	41세	대북의 위기
선조38년(1605년)	부친상	46세	삼년상
선조41년(1608년)	문과 중시(현직 관리 대상 승진 시험) 장원 선조 승하, 광해군 즉위	49세	실력 입증하며 복귀
광해군1년(1609년)	동부승지, 좌부승지, 의주부윤	50세	승진과 좌천
광해군3년(1611년)	병조참지, 이조참의	52세	재기
광해군4년(1612년)	세자빈의 외조부, 가선대부 김직재의 무옥 주도	53세	역모를 통한 권력 확보 무자비한 숙청
광해군5년(1613년)	계축옥사 주도 김제남(인목대비 부친) 사사 요구 예조판서	54세	
광해군6년(1614년)	영창대군 사망	55세	
광해군8년(1616년)	누르하치 후금 건국, 허균과 연합	57세	
광해군10년(1618년)	인목대비 서궁 유폐 허균 딸 세자의 후궁으로 발탁 허균 처형	59세	정적 허균 제거
광해군11년(1619년)	명나라 파병 심하전투에서 조명 연합군 패배	60세	파병 찬성
광해군15년(1623년)	인조반정 도주 중 참형	64세	사망

인조정권과
서인 세력의 분열

공신들이 주도하는 정권의 수명은 대부분 그들이 옹립했거나 정권을 수립한 임금의 승하와 함께 끝난다. 공신의 자손은 대부분 선대가 마련한 권력의 그늘에서만 능력을 발휘할 뿐 아버지보다 큰 권력을 거머쥐는 인물은 드물다. 이처럼 한 세대를 넘지 못하는 권력은 공신 정치의 한계이자 유일한 장점이다. 반면 학문에 근본을 둔 집단은 스승과 제자, 동문으로 구성된 뿌리 깊은 생명력을 갖는다.

① 공서 vs. 청서

인조반정으로 정권을 장악한 서인 세력은 분열을 일으켰다. 시작은 공신 내부의 분열이었다.

서인의 정통 학맥을 계승한 이귀와, 당파는 서인이지만 학문적 유대가 없는 김류 사이의 갈등이 일었고 주도권 다툼이 생겼다. 그 사이 광해군 시절 재야에 묻혀 있던, 반정에 참여하지는 않은 서인 세력이 조정에 진출했다. 이들은 요직에 임명되지는 않았으나 인재가 부족한 인조정권에서 중요한 세력으로 자리매김했다. 공신 출신의 서인들은 공서(功西), 재야 산림학자 출신의 서인들을 청서(淸西)[29]라 했는데, 병자호란 전까지 인조정권은 다수의 공서와 소수의 청서가 공존했다.

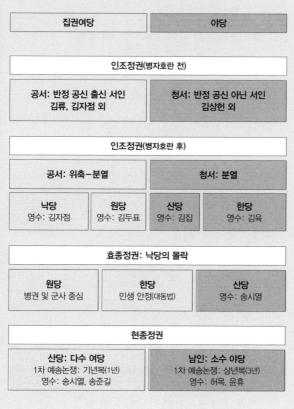

인조반정 이후 조선의 당파 대립 1: 공서 vs. 청서

집권여당	야당

인조정권(병자호란 전)	
공서: 반정 공신 출신 서인 김류, 김자점 외	청서: 반정 공신 아닌 서인 김상헌 외

인조정권(병자호란 후)	
공서: 위축-분열	청서: 분열

낙당 영수: 김자점	원당 영수: 김두표	산당 영수: 김집	한당 영수: 김육

효종정권: 낙당의 몰락		

원당 병권 및 군사 중심	한당 민생 안정(대동법)	산당 영수: 송시열

현종정권	
산당: 다수 여당 1차 예송논쟁: 기년복(1년) 영수: 송시열, 송준길	남인: 소수 야당 1차 예송논쟁: 삼년복(3년) 영수: 허목, 윤휴

공서를 대표하는 인물은 단연 이귀와 김류, 최명길 등이었고, 청서를 대표하는 인물은 김상용, 김상헌 형제와 강문기 등이었다.

청서는 다시 둘로 나뉜다. 김육을 영수로 하는 한당(漢堂), 김집

---

29 조선시대 서인 중 김상헌을 중심으로 한 분파. 인조반정에 소극적인 태도를 취했다.

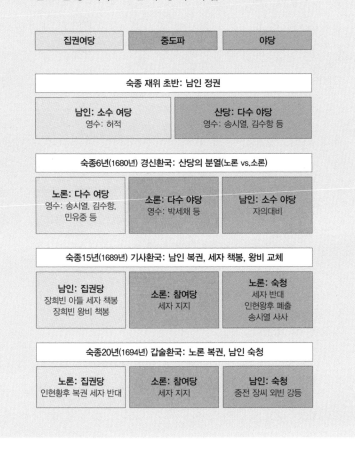

인조반정 이후 조선의 당파 대립 2: 노론 vs. 소론

집권여당	중도파	야당

숙종 재위 초반: 남인 정권

남인: 소수 여당	산당: 다수 야당
영수: 허적	영수: 송시열, 김수항 등

숙종6년(1680년) 경신환국: 산당의 분열(노론 vs.소론)

노론: 다수 여당	소론: 다수 야당	남인: 소수 야당
영수: 송시열, 김수항, 민유중 등	영수: 박세채 등	자의대비

숙종15년(1689년) 기사환국: 남인 복권, 세자 책봉, 왕비 교체

남인: 집권당	소론: 참여당	노론: 숙청
장희빈 아들 세자 책봉 장희빈 왕비 책봉	세자 지지	세자 반대 인현왕후 폐출 송시열 사사

숙종20년(1694년) 갑술환국: 노론 복권, 남인 숙청

노론: 집권당	소론: 참여당	남인: 숙청
인현황후 복권 세자 반대	세자 지지	중전 장씨 외빈 강등

과 송시열을 영수로 하는 산당(山黨)[30]이다. 그러나 김육과 송시열은 모두 김장생의 제자로, 두 당은 학문의 뿌리가 같았다.

---

30 율곡 이이를 계승한 김장생과 김집의 제자들로 이루어진 당파. 인조반정에 직접 동참 하지 않은 서인들로 이루어진 청서의 한 갈래로, 효종 때 송시열을 우두머리로 해 세 력을 떨쳤다.

김장생은 율곡 이이와 우계 성혼, 구봉 송익필 등의 직전제자[31]로 평생 과거에 응시하지 않았으나 조정으로부터 수차례 부름을 받은 산림의 종주였다. 또한 학문에 일가를 이루어 많은 제자를 키워냈다. 그는 아들 셋을 두었는데 장남 김은이 임진왜란 중 실종되자 차남 김집이 아버지의 학문을 계승해 송시열 등의 제자를 두었다. 송시열은 이후 스승의 뒤를 이어 산당의 영수가 된다.

효종 즉위 후 공서는 점차 위축되고 청서가 조정의 주도권을 장악했다. 이때 효종은 산당에 끊임없이 러브콜을 보내면서도 민생과 경제를 중시하는 한당을 파트너로 삼았다. 하지만 효종 말년, 한당의 영수 김육이 세상을 떠나자 산당이 점차 여당의 자리를 굳혀갔다. 현종이 왕위를 계승할 당시 인조반정의 공신은 거의 남아 있지 않았고, 산당은 명실상부한 집권여당이 됐다.

② 노론 vs. 소론

현종은 재위 말년, 제2차 예송논쟁을 주도하며 산당이 아닌 남인에게 힘을 실어주었다. 얼마 지나지 않아 현종이 승하하고 숙종이 즉위하자 조정은 남인과 산당이 주도권 경쟁을 벌였다. 이때 산당이 압박을 가해오자 어린 임금이었던 숙종(즉위 당시 15세)은 산당을 조정에서 축출하고 집권여당 자리를 남인에게 주었다. 이후 숙종은 경신환국을 통해 다시 산당에게 조정의 주도권을 돌려줬는데, 집권여당 자리를 굳히려던 산당은 무리하게 남인을 제거하려다가 노론과 소론으로 분열하게 된다. 노론은 산당의 기득권을 지키고자

---

31 스승과 제자 관계를 맺고 학문을 직접 전수한 적통 제자

한 원로들이, 소론은 보복이 아닌 양심적 정치를 요구하는 젊은 관리들이 중심이었다.

노론이 집권한 후에도 숙종은 두 차례 더 환국을 일으켜 정권을 교체했는데, 결국 최후의 승자는 노론이었다.

김자점

**"나라와 조정과 임금을
농락한 희대의 간신"**

이름 **김자점**

당적 **서인: 공서파 – 낙당의 영수**

인생을 바꾼 순간 **인조반정, 병자호란**

결정적 실수 **"너무 많아서 셀 수가 없소."**

애증의 대상 **봉림대군. "당신이 누구 덕에 세자가 되고 왕위에 올랐는데
나를 이리 박대하는가!"**

한 줄 평 **난세와 혼군(昏君)을 만드는 자, 명군(明君)의 치세에 처형되리라!**

광 해군15년(1623년) 3월 13일 밤

이괄은 답답한 얼굴로 능양군을 재촉했다.

"결단을 내려 주십시오. 하명하시면 신이 군사들을 이끌겠습니다."

능양군은 하얗게 질린 얼굴로 입술을 깨물었다. 반정에 대한 정보가 광해군의 귀에 들어간 게 벌써 두 번째였다. 한데 역모라면 관련자들의 씨를 말릴 듯 추국과 숙청을 반복해온 광해군이 어쩐 일인지 조용했다.

"신이 어제 여동생을 만났는데, 김 상궁이 아무 걱정 말라 했답니다. 반정은 시기를 놓치면 역모가 되는 법입니다."

김자점이 능양군을 재차 설득했다.

"고문이 무서워 숨어버린 사람이 무슨 대장이란 말이오? 김여물 장군의 이름이 아깝소."

기다리다 못한 이괄이 화를 냈다. 반정군의 발이 묶인 것은 거사 시간이 한참 지나도록 모습을 드러내지 않은 김류 때문이었다. 거사가 틀어질 낌새에 군사들이 이탈할 기세였다.

능양군이 침통한 얼굴로 이를 악물었다.

"일단 이괄 장군께서 군사들을 지휘하시는 것이 어떻겠습니까? 거사가 계획대로 진행되는 것을 알면 김류 대장도 합류하지 않겠습니까?"

이귀가 이괄을 달랬다. 김류가 합류하건 하지 않건 일단 동요하는 군사들을 잡아놓는 것이 먼저였다.

"혼자 살겠다고 숨어버린 사람이 대장은 무슨 대장입니까?"

"지금은 우리끼리 싸울 때가 아닙니다. 우리의 적은 창덕궁에 있습니다. 설사 금상(今上)의 귀에 소식이 들어갔다 해도 아직 아무 일 없는 것을 보면 승산은 있습니다."

이괄은 차분한 얼굴로 담담하게 말하는 최명길을 바라보았다. 맞는 말이었다.

"좋소. 지금부터 내가 군사들을 지휘할 테니 그대들은 궁으로 들어가자마자 금상을 폐하는 데 주력하시오. 숨 돌릴 틈도 주어서는 아니 될 것이오."

"알겠소. 그대만 믿소. 지금부터는 그대가 대장이오."

마침내 결정을 내린 능양군은 이괄에게 고개를 끄덕였다. 이괄은 염려하지 말라는 듯 씩 웃으며 군사들을 다시 정렬시킨 후 크게 외쳤다.

"오늘 우리는 어머니를 감금하고 형과 동생을 죽인 폭군을 우리 손으로 처단하러 갈 것이다. 우리 행동이 옳다는 것을 하늘도 알고 땅도 알고 백성들도 안다. 오늘의 일은 역사에 빛나는 승리로 기록될 것이다."

이괄의 말에 군사들은 가슴이 뜨거워졌다. 이탈하려던 군사들도 창을 치켜들었다.

"가자!"

"와아아!"

승리를 향한 커다란 함성과 함께 군사들을 이끌고 창덕궁으로 이동하려는 순간, 갑옷을 입은 남자가 이괄의 앞을 막아섰다. 반정 대장 김류였다.

"이괄 장군, 대장이 도착하지도 않았는데 군사를 움직이다니, 공을 세우고 싶어 마음이 급해지셨나 보오?"

김류는 이괄의 일그러진 얼굴을 뒤로한 채 능양군에게 인사를 올렸다.

"늦었습니다. 지금부터는 제가 군사를 지휘하겠습니다. 자, 모두 출발한다!"

김류의 우렁찬 외침과 함께 반정군은 일제히 창덕궁을 향해 달렸다. 뜻하지 않게 시간이 지체되는 바람에 어둑해진 하늘 아래 횃불에 비친 반정군의 얼굴에는 비장함이 가득했다.

광해군15년(1623년) 3월 12일, 인조반정이 일어나기 하루 전. 광평대군[32]의 후손인 종친 이이반이 역모를 고변했다. 훗날 인조가 되는 능양군을 중심으로 중앙정치에서 밀려난 서인 세력이 반정을 도모한다는 것이었다. 정보가 누설되자 반정군은 뿌리부터 흔들렸다. 실패를 예상한 반정 대장 김류는 약속 시간이 지나도 나타나지 않았다. 동요하는 군사들을 보다 못한 이괄이 김류를 대신해 임시 대장을 맡자 반정군은 안정을 되찾았다.

한편 광해군 쪽에서는 뒤늦게 궁궐 수비를 강화하는 등 대비를 했으나 반정군과 내통하고 있던 훈련대장 이흥립이 문을 활짝 열었다. 반정군은 창덕궁에 불을 질러 거사의 성공을 알렸다. 임진왜란 이후 수년에 걸쳐 복구했던 창덕궁의 전각들은 하루아침에 다시 잿더미가 됐고, 후원의 담을 넘어 피신했던 광해군은 금세 붙잡혔다. 이로써 어쩌면 실패로 끝났을지도 모를 반정은 극적으로 성공했고, 하루 사이에 조선의 주인이 바뀌었다. 긴 밤이 지나고 맞은 3월 13일, 광해군은 폐위되고 능양군이 임금이 됐다. 새로운 세상이 시작된 것이다.

---

32 세종과 소헌왕후의 5번째 아들

성공과 실패의 기로에 선
인조반정

인조반정은 오랜 시간을 두고 계획된 쿠데타였다. 인목대비가 경운궁(덕수궁)에 사실상 유폐된 지 2년이 지난 광해군12년(1620년)부터 은밀하게 논의되기 시작했다.

반정 세력의 주축은 능양군이었다. 능양군은 광해군의 조카이자 선조의 손자로 그의 할머니는 선조의 후궁 인빈 김씨다. 그녀는 선조와의 사이에서 네 명의 아들을 낳았는데 능양군은 그중 삼남인 정원군의 장남이었다.

한때 광해군과 세자 자리를 놓고 경쟁했던 신성군은 임진왜란 때 피난 중 세상을 떠났다. 신성군이 사망하자 정치 감각이 뛰어났던 인빈 김씨는 세자 광해군을 지지했다. 선조의 냉대 속에서 세자 자리를 힘겹게 지켜오던 광해군에게 인빈 김씨의 지지는 큰 힘이 됐다. 덕분에 광해군이 왕위에 오른 후 인빈 김씨의 자손들은 무난한 삶을 살아갈 수 있었다. 하지만 광해군5년(1613년) 인빈 김씨가 세상을 떠나면서 상황이 달라졌다.

광해군7년(1615년) 정원군의 막내아들 능창군이 '신경희의 옥사'에 연루돼 강화도에 유배됐다. 두려움에 떨던 열일곱 살 능창군은 유배지에서 스스로 목숨을 끊었고, 소식을 들은 정원군은 화병으로 쓰러졌다. 광해군은 정원군의 집을 빼앗아 경덕궁(경희궁)을 지었다. 정원군의 집터에 왕기(王氣)가 서렸다는 풍수가의 말 때문이었다.

광해군10년(1618년), 이번에는 정원군의 동생 의창군이 허균의 역모 사건에 연루되어 유배됐다. 광해군11년(1619년), 연이은 불행

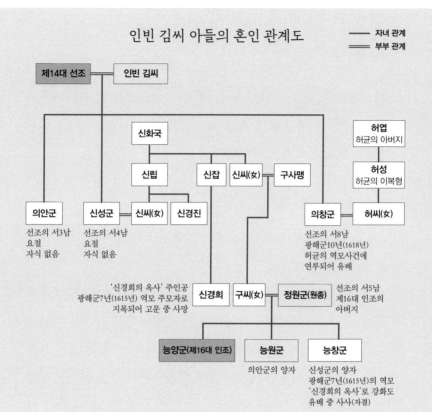

인빈 김씨 아들의 혼인 관계도

— 자녀 관계
═══ 부부 관계

제14대 선조 ═ 인빈 김씨

신화국

허엽
허균의 아버지

신립　신잡　신씨(女) ═ 구사맹

허성
허균의 이복형

의안군
선조의 서3남
요절
자식 없음

신성군 ═ 신씨(女)　신경진
선조의 서4남
요절
자식 없음

의창군 ═ 허씨(女)
선조의 서8남
광해군10년(1618년)
허균의 역모사건에
연루되어 유배

'신경희의 옥사' 주인공
광해군7년(1615년) 역모 주모자로
지목되어 고문 중 사망

신경희　구씨(女) ═ 정원군(원종)
선조의 서5남
제16대 인조의
아버지

능양군(제16대 인조)　능원군　능창군
　　　　　　　　　　의안군의 양자　신성군의 양자
　　　　　　　　　　　　　　　　광해군7년(1615년)의 역모
　　　　　　　　　　　　　　　　'신경희의 옥사'로 강화도
　　　　　　　　　　　　　　　　유배 중 사사(자결)

을 건디지 못한 정원군도 결국 세상을 떠났다.

능창군의 죽음 이후 쓰러졌던 정원군이 3년 가까이 자리보전을
하는 동안 아내 구씨가 남편의 병수발을 직접 들어야 했을 정도로
가세가 기울었다. 자살한 동생과 쓰러진 아버지, 고생하는 어머니
를 지켜보며 능양군은 광해군에 대한 원한이 사무쳤고, 복수를 꿈
꿨다.

다행히도 능양군의 외가는 명망이 높았고 인맥도 넓었다. 또한

'신경희의 옥사'에 연루되어 광해군에게 원한이 깊었다. 능양군은 외가의 도움으로 반정을 계획했고, 동참할 인물들을 포섭해나갔다. 가장 먼저 합류한 인물은 신경진이었다.

인조반정의 주요 공신들

인조반정에 참여한 인물은 크게 둘로 나뉜다. 하나는 인조의 친인척이었고 다른 하나는 이귀를 중심으로 한 서인 세력이었다. 김류, 신경진, 이귀, 이서는 '반정 4대장'으로 불렸는데 그중 가장 적극적인 사람은 신경진이었다. 신경희의 사촌이자 신립 장군의 아들인 그는 가장 먼저 탄금대 전투에서 신립 장군과 나란히 전사한 김여물 장군의 아들이자 자신과는 친형제처럼 지내던 김류를, 이어서 이귀를 포섭했다.

이귀는 송익필, 성혼, 이이에게 두루 학문을 배운 서인으로 대북 세력이 요직을 독점한 뒤로는 한직을 전전하고 있었다. 반정에 동참하기로 한 그는 아들들(이시백, 이시방 형제)과 최명길, 성혼의 제자인 이서와 김자점도 합류시켰다.

반정 성공에 결정적인 역할을 한 것은 이귀의 딸 이예순이었다. 그녀는 열다섯 살에 김자점의 동생과 혼인했는데 남편이 일찍 세상을 떠나자 남편의 친구 오언관과 야반도주했다. 이후 그녀는 신분을 감추기 위해 출가했으나 이내 체포돼 무수리가 되는 벌을 받았다. 이때 이예순은 무수리로 일하며 광해군의 총애를 받던 상궁

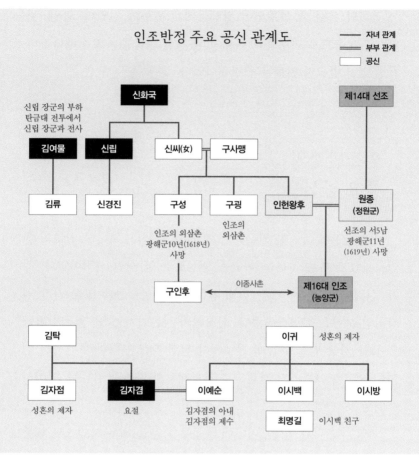

인조반정 주요 공신 관계도

━━━ 자녀 관계
═══ 부부 관계
▢ 공신

신화국

제14대 선조

신림 장군의 부하
탄금대 전투에서
신림 장군과 전사

김여물　신립　신씨(女)　구사맹

김류　신경진　구성　구굉　인헌왕후　원종(정원군)

인조의 외삼촌
광해군10년(1618년)
사망

인조의
외삼촌

선조의 서5남
광해군11년
(1619년) 사망

구인후　←이종사촌→　제16대 인조(능양군)

김탁　이귀　성혼의 제자

김자점　김자겸　이예순　이시백　이시방

성혼의 제자　요절　김자겸의 아내
김자점의 제수

최명길　이시백 친구

김씨(김개시)와 친분을 쌓았다. 이이반의 고변이 전해졌을 때 반정 세력은 이예순을 통해 상궁 김씨에게 거액의 뇌물을 건네 위기를 모면했다.[33]

33　김자점 입장에서 이예순은 자기 동생을 배신하고 그 친구와 눈이 맞아 야반도주한 제수씨다. 그런 이예순의 손을 빌리고 그녀의 친정과 손을 잡은 것은 그에게 서인으로서의 정체성이 가장 우선이었기 때문이다.

김자점이 반정에 동참한 이유는 광해군 재위 시절 서인은 아무리 실력이 있어도 출세하기 어려웠기 때문이다. 서인이 다시 조정을 장악하려면 임금이 바뀌는 것밖에 방법이 없었기에 성혼의 제자 중 막내뻘로 아직 젊었던 김자점은 과감히 반정에 동참했고, 다수의 젊은 서인 세력 합류에 중요한 역할을 했다.

갈등의 여지를 제공한 공신책봉

광해군을 폐위하고 임금으로 즉위한 인조는 반정을 도모한 이들을 정사공신에 봉했다. 김자점은 10명[34]의 1등 공신 중 한 명이었다. 반정 당일 혁혁한 공을 세운 이괄은 물론 이귀의 두 아들 이시백과 이시방도 2등 공신에 불과했다. 그런데 반정 당시 특별한 활약을 하지 않은 김자점이 어째서 1등 공신으로 봉해진 것일까?

김자점은 반정 당일이 아니라 반정 시작 전에 공을 세웠기 때문이다. 이이반이 광해군에게 반정에 대해 고변했을 때 상궁 김씨에게 뇌물을 건네는 계획을 세우고 진행한 인물이 바로 김자점이었다. 위험천만한 계획이었으나 김자점은 과감하게 진행했고, 김상궁의 입김 덕분에 광해군은 고변에도 별다른 반응을 보이지 않았다. 그렇지 않았다면 반정에 동참한 자들은 역모죄로 죽었을 것이고 반정은 시작도 할 수 없었을 것이다. 그러니 김자점은 반정을 가능

---

34 심기원도 포함돼 있었으나 나중에 삭제됐다.

정사공신(인조반정에서 공을 세운 사람)

1등	김류, 이귀, 김자점, 심기원(나중에 삭제), 신경진, 이서, 최명길, 이흥립, 구굉, 심명세	10명 (9명)
2등	이괄, 김경징(김류 아들), 신경인, 이중로, 이시백(이귀 아들), 이시방(이귀 아들), 장유(효종 장인), 이해, 원두표, 신경유(신경진 동생), 박호립, 장돈, 구인후, 장신(장유 동생), 심기성(심기원 동생)	15명
3등	박유명, 한교, 송영망, 이항, 최내길(최명길 형), 신경식, 구인기(인조 외사촌), 조흡, 이후원, 홍진도, 원우남, 김원량, 신준, 노수원, 유백증, 박정, 홍서봉, 이의배, 이기축, 이원영, 송시범, 김득, 홍효손, 김련(김자점 아들), 유순익, 한여복, 홍진문, 유구	28명

하게 만든 공을 세운 셈이다.

반정 성공 직후 신경진 휘하 종사관으로 임명된 김자점은 호조[35] 좌랑[36]을 거쳐 승정원[37] 동부승지로 특별 승진했다. 과거에 급제한 적이 없음에도 서른여섯 살에 1등 공신으로 봉해지고 정3품 당상 관이 된 것이다.

공신을 책봉하는 자리는 반정 성공을 자축하는 자리이기도 했 으나 모두가 김자점처럼 만족한 것은 아니었다. 특히 2등 공신으로

---

35 조선시대 6조 중 하나로 호구(토지)·재화(세금)·식화·토지 등에 관한 일을 관장하던 관서

36 조선시대 6조의 정6품 실무직

37 조선시대 국왕의 비서기관. 왕명의 출납을 담당, 6명의 승지를 두어 6조의 업무를 분 담했다. 승지는 모두 정3품 당상관으로 품계는 같으나 위계질서는 확실했다. 도승지 는 이조, 좌승지는 호조, 우승지는 예조, 좌부승지는 병조, 우부승지는 형조, 동부승지 는 공조를 담당했다.

봉해진 이괄은 불만이 컸다. 그는 김류가 1등 공신인 것과 반정에 참여하지도 않은 김류의 아들 김경징이 자신과 같은 2등 공신에 봉해졌다는 사실에 분노했다. 이괄의 아들은 반정에 참여했음에도 등용되지 못했기에 불만은 더욱 컸다. 이괄은 불만을 해결하지 못한 채 한양을 떠나 변방으로 향했다. 국경을 사이에 두고 후금과의 긴장감이 커지자 인조가 그를 평안도 병마절도사 겸 부원수로 임명했기 때문이다.

이괄의 난과 무자비한 숙청

인조2년(1624년) 1월, 평안도 병마절도사 이괄이 기자헌, 한명련 등과 반역을 모의했다는 고변이 올라왔다. 공신이 반역을 모의했다는 것이 알려지면 인조반정은 민심뿐 아니라 명분까지 잃을 수도 있는 상황이었다.

인조는 고변에서 언급된 이들을 문초했으나 별다른 증거가 나오지 않았다. 하지만 김류를 비롯한 공신들은 이괄을 그대로 둘 수 없다고 주장했다. 반정으로 왕위에 올라 공신들의 의견을 무시할 수 없었던 인조는 이괄의 아들 이전과 한명련 등에 대한 조사를 명했다.

인조가 보낸 선전관과 의금부도사가 아들을 체포하러 오자 이괄은 참았던 분노가 폭발했다. 그는 이들의 목을 벤 후 군사를 이끌고 한양으로 향했다. 이괄과 비슷한 입장이었던 한명련도 기병

수십 기를 이끌고 합류했다.

반란군은 순식간에 평양을 함락하고 개경의 관군을 격파했다. 당황한 인조는 서둘러 피난을 결정했다. 임금이 반란군에게 쫓겨 한양을 버린 것은 개국 이후 처음 있는 일이었다. 피난을 떠나기 전, 김자점은 감옥에 있던 기자헌을 비롯해 수십 명의 북인과 남인을 처형해야 한다고 주장했다.[38] 김자점의 적극적인 주장을 받아들인 인조는 이들을 모두 처형하고 공주로 떠났고, 이를 계기로 남인과 북인 세력은 사라지고 조정에는 서인만 남게 됐다.

기세등등하게 한양에 무혈 입성한 이괄이 백성들의 환영을 받는 동안 김자점은 인조의 어가를 공주까지 호송했다. 2월 11일, 이괄은 흥안군[39]을 임금으로 세웠다.

하지만 두 명의 임금이 공존하는 비정상적인 상황은 오래가지 않았다. 이괄이 흥안군을 즉위시킨 바로 그날 반란군이 관군에게 대패했기 때문이다. 이괄은 남은 군사들을 이끌고 경기도 이천으로 피신했으나 이미 반란군은 기세가 꺾였고, 남은 군사들은 투항해 감형을 받고자 했다. 이괄은 부하들의 손에 목이 잘렸고, 그의 아들 이전과 한명련도 죽음을 맞았다. 인조2년 2월 15일, 이괄의 난은 평정됐고 2월 22일, 인조는 다시 한양으로 돌아왔다.

공신 세력 간의 권력 다툼이나 다름없는 이괄의 난을 통해 인조 정권의 약점은 만천하에 드러났다. 하지만 공신들은 민심을 안정시키고 국정을 정상적으로 운영하는 것보다는 이익에만 연연했고, 당

---

38 무자비하게 정적을 숙청하는 김자점의 방식은 대북이나 광해군과 닮은 면이 있다.
39 선조와 온빈 한씨의 아들로 선조의 서10남

파에 집착했다.

공신들이 반란 진압을 자축하는 동안 극적으로 목숨을 건진 한명련의 아들 한윤은 후금에 투항했고, 이후 인조와 조선의 몰락에 앞장섰다. 이처럼 인조정권은 시작부터 모순과 부패를 안고 출발했다.

소현세자와의 악연: 세자빈 간택 사건

인조3년(1625년) 1월, 인조는 열네 살이 된 장남 소현세자의 관례를 행하고 세자 책봉식을 거행했다. 이어서 세자빈 간택을 위한 금혼령을 내렸다. 인조 즉위 후 왕실의 첫 경사였다.

윤의립의 딸이 세자빈으로 결정됐다. 인조와 인렬왕후는 윤씨를 보고 매우 만족했으나 이귀와 김자점은 극구 반대했다. 윤씨가 이괄의 난에 연루된 윤인발의 인척이라는 이유였다. 인조는 연좌 범위 밖의 친족임을 이유로 이들의 의견을 무시하려 했으나 결국 '역적의 자손'을 세자빈으로 삼는 것은 불가하다는 반발에 간택을 취소할 수밖에 없었다.

윤씨를 가장 강력하게 반대한 인물은 김자점이었다. 그가 윤씨를 반대한 진짜 이유는 그녀가 '남인' 윤의립의 딸이었기 때문이다. 이괄의 난 당시 남인과 북인 세력을 모조리 숙청한 김자점은 조정에 서인 외의 세력이 존재하는 것을 원치 않았다.

세자빈 간택은 결국 없던 일이 됐으나 이 일로 자존심이 상한 인조는 김자점에게 문외출송[40]을 명했다. 1등 공신에게 이처럼 강도 높은 처벌을 한 것은 대단히 이례적인 일이었다. 인조에게 김자점은 1등 공신 중 가장 만만한 인물이었던 것이다. 그러나 다행히 김자점은 서인 세력의 변호 덕분에 관직을 유지할 수 있었다.

정묘호란과 김자점의 부상

인조4년(1626년) 후금을 세운 누르하치가 세상을 떠나고 홍타이지[41]가 새로운 칸으로 즉위했다. 누르하치는 명나라만을 정벌 대상으로 보고 조선과는 화친을 원했다. 덕분에 광해군의 실리주의 외교도 잠시나마 효과를 봤지만 홍타이지는 조선 정벌을 주장해온 강경파였다.

인조5년(1627년) 1월 13일, 후금은 강홍립을 길잡이로 삼아 3만의 정예병을 이끌고 압록강을 건넜다. 선전포고조차 없는 침략이었다. '광해군의 원수를 갚는다'는 명분을 내세운 후금의 군사가 의주, 용천, 선천을 거쳐 빠른 속도로 진군하며 평양과 황주를 장악하는 동안 조정에서는 아무 대책이 없었다. 1월 26일, 즉위 후 두 번째 피난길에 오른 인조는 강화도로 들어갔고, 소현세자는 전주로 향했다.

2월 2일, 강홍립이 후금의 사신이 되어 강화도로 서신을 가져왔

---

40 한양 밖으로 추방하는 것. 삭탈관직과 함께 이루어지는 경우가 많았다.

41 홍타이지(Hong Taiji, 1592~1643). 누르하치의 여덟째 아들이자 중국 청나라의 제2대 황제로 재위 기간은 1626~1643년이다.

다. 후금이 전쟁을 일으킨 목적은 조선과 명나라의 국교단절일 뿐 진짜로 전쟁을 할 생각은 없다는 것이었다. 명나라와의 전쟁에서 조선이 명나라를 돕지 않겠다는 확답을 받기 위해 감행한 전쟁이 었다.

전쟁에 전혀 대비가 되어 있지 않았던 조선으로서는 불행 중 다행이었다. 하지만 조정에서는 후금의 화친 제안에 일제히 반대했다. 반정 당시 광해군의 가장 큰 잘못으로 내세운 것 중 하나가 바로 '부모와 같은 명나라의 은혜를 배신하고 금수만도 못한 오랑캐와 손을 잡았다'는 것이었다. 그러니 후금과 화친한다는 것은 인조 정권이 스스로 실패를 인정하는 꼴이었다. 하지만 3만의 정예병을 이끌고 온 후금과 맞서는 것은 사실상 불가능했다.

3월 3일, 조선이 후금의 동생 나라가 되는 형제의 의식을 치르며 화친했고, 후금은 군사를 철수했다. 이를 정묘년에 일어난 후금과의 전쟁과 화친, 정묘호란이라 한다.

김자점은 정묘호란 당시 인조의 어가를 강화도까지 호송한 공을 인정받아 세자빈 간택 건으로 잃었던 인조의 신뢰를 회복했다. 인조로서는 전쟁의 위험이 커지는 상황에서 자신의 신변을 보호해줄 인물의 필요성을 절감한 것이다. 화친에 찬성하는 주화나 화친을 반대하는 척화가 아닌, 임금의 총애와 안위를 중시하는 김자점이 바로 인조가 찾던 인물이었다.

정묘호란 이후 김자점은 순조롭게 출세를 이어갔다. 인조5년(1627년) 마흔 살의 김자점은 종1품 숭정대부로 승진했고, 인조7년(1629년)에는 한성부 판윤에 올랐다. 그리고 인조10년(1632년) 오랫동안 공석이나 다름없던 도원수[42]의 자리에 올라 병권을 거머쥐었다.

병자호란과
김자점의 위기

인조13년(1635년) 인렬왕후의 회임 소식에 인조는 기뻐하면서도 한편으로는 걱정을 감추지 못했다. 즉위 후 태어난 두 왕자 모두 어린 나이에 눈을 감았기 때문이다. 즉위 전 이미 인렬왕후와의 사이에서 소현세자와 봉림대군, 인평대군 3형제를 두었기에 후사에 대한 걱정은 없었으나 늦은 나이에 회임한 왕비의 건강이 걱정이었다.

인조의 걱정은 현실이 되고 말았다. 12월 5일, 왕자는 태어나자마자 숨을 거뒀고 나흘 후 인렬왕후마저 눈을 감은 것이다. 이처럼 연이은 초상으로 분위기가 무거워진 조정에 비보가 전해졌다. 원나라 옥새를 손에 넣은 홍타이지가 국호를 청(淸)으로 바꾸고 황제의 자리에 오른 것이다.

인조14년(1636년) 조선에 온 청나라 사신은 인렬왕후의 죽음을 위로한 후 정묘호란 당시 맺은 형제 의식을 군신 조약으로 바꿀 것을 '통보'했다. 이는 명백한 협박이었으나 청나라 사신이 대군을 몰고 오지 않았기 때문인지 인조는 단호하게 후금과의 국교단절을 선언했다. 이에 조정 대신 대부분은 기뻐했으나 주화론과 척화론이 다시 대두됐다. 현실주의자인 최명길은 '강물이 얼어붙게 되면 화가 목전에 닥칠 것'이라며 국교단절에 반대하는 상소를 올렸고, 군

---

42 군대를 통할(統轄)한 임시 무관직. 전쟁 때 대개 문신 최고관을 임명해 임시로 군권을 주고 군대를 통솔하게 했다.

사 통솔 및 국경 수비를 담당하는 도원수 김시양과 부원수 정충신 등은 전쟁을 직감하고는 위험을 고했다. 그러자 인조는 김시양과 정충신을 파직하고 김자점을 도원수로 임명했다.

김자점을 도원수로 임명했다고 청나라와의 문제가 해결될 리는 없었다. 그럼에도 인조는 만족했고, 국가 안보가 위협받는 상황에서 병권을 장악한 김자점은 더욱 만족했다. 믿는 신하를 도원수로 임명하고 척화론을 주장한 신하들로부터 칭송을 받은 것. 이것이 곧 일어날 병자호란에 대한 인조의 유일한 대책이었다.

인조와 척화론자들이 현실을 직시한 것은 겨울이었다. 인조는 그제야 정묘호란의 악몽을 떠올렸지만 이미 때는 늦었다. 12월 2일, 홍타이지는 몸소 10만 대군을 이끌고 심양을 출발해 일주일 만에 얼어붙은 압록강을 건넜다. 이 소식이 조정에 전해진 것은 12월 13일이었다. 당황한 인조가 대책을 세우기도 전에 청나라의 대군이 개경을 통과했다는 소식이 들려왔다. 12월 14일 밤, 인조는 즉위 후 세 번째 피난길에 올랐다. 먼저 출발한 소현세자와 봉림대군은 강화도로 들어갔고 뒤늦게 궁을 떠난 인조는 일단 남한산성으로 피신했다. 밤을 틈타 강화도로 가려 했으나 폭설로 인해 발이 묶인 인조와 신하들은 남한산성에 고립됐다.

당시 조선군의 최고사령관인 도원수 김자점은 정방산성에서 수안군수 이완의 군대와 합류해 황해도 동선령에 진을 치고 조총으로 무장한 병사들을 매복시켜 기습을 가했다. 동선령 전투는 병자호란 발발 후 일어난 청군과 조선군의 첫 전투이자 조선이 승리한 유일한 전투였다. 맹장 임경업이 지키는 백마산성을 피해 한양으로 향하던 청군은 뜻밖에도 정방산성에서 패배의 쓴맛을 본 것이다.

귀중한 첫 승리를 얻어낸 김자점은 도원수의 역할을 해냈다 생각했으나 같은 장소에서 치른 두 번째 전투에서는 대패했다. 10배에 가까운 압도적인 병력으로 조선군을 포위한 청군에게 수많은 장수와 병사가 목숨을 잃었고, 가까스로 목숨을 건진 이완과 김자점은 후퇴했다.

12월 16일, 청군 선봉대는 남한산성을 포위했다. 인조의 유일한 희망은 지방의 근왕병이었으나 이들이 남한산성에 도착하기도 전에 군량이 모두 떨어졌다. 이어서 소현세자와 봉림대군이 있던 강화도가 함락되자 인조는 항복을 선언할 수밖에 없었다.

인조14년(1636년) 1월 30일, 인조는 신하를 의미하는 푸른색 융복을 입고 남한산성을 나왔다. 청나라의 요구대로 삼전도까지 두 발로 걸어간 인조는 홍타이지 앞에서 세 번 절을 올리고 아홉 번 머리를 찧는 삼배구고두례의 예를 올리며 항복했다. 굴욕적인 항복 의식을 마친 인조는 한양으로 돌아왔고, 인질이 되기를 자처한 소현세자는 청나라 진영에 구금됐다. 2월 5일, 소현세자 부부와 봉림대군 그리고 조선인 포로 수십만 명이 조선을 떠나 심양으로 향했다. 이를 병자호란이라 한다.

청나라 군대가 조선을 떠나자마자 조정에서는 곧바로 패전의 책임을 따지기 시작했다. 조선군 최고사령관으로서 변변한 전투조차 치르지 않고 인조가 있는 남한산성으로 달려오지도 않았던 도원수 김자점이 도마 위에 올랐다. 조정에서는 군율에 따라 김자점을 처형해야 한다고 주장했으나 인조는 공신을 함부로 대할 수 없다는 이유로 절도 유배로 감형했다. 이는 10년 전 세자빈 간택을 반대했던 것에 불쾌감을 표하며 김자점을 문외송출한 것과는 전혀 다른 처사였다.

국가의 안위를 책임지는 조선군 최고사령관이었으니 당연히 책임도 클 수밖에 없었지만 인조는 김자점에게 엄격한 처벌을 내릴 수가 없었다. 인조는 병자호란의 비극을 군주인 자신의 잘못이 아니라고 말해주는 사람이 필요했고, 실제로 김자점은 인조를 책망하지 않았다. 오히려 큰 실책을 범한 자신을 용서하고 곁에 둔 인조의 은혜에 감격했다. 이것이 인조가 원하고 필요로 한 반응이었다.

후궁 조씨의 등장과
김자점의 복귀

남한산성에서의 농성과 삼전도에서의 굴욕을 마치고 한양으로 돌아온 인조는 모멸감에 젖었다. 이때 참담해진 인조의 몸과 마음을 위로한 것은 후궁 조씨였다.

병자호란 후 왕비와 세자빈 자리는 모두 공석이 됐다. 나인 조씨는 이 기회를 놓치지 않고 인조의 승은을 입어 인조15년(1637년) 효명옹주를 낳은 후 종4품 숙원[43] 첩지를 받아 정식 후궁이 됐다.

인조가 뒤늦게 얻은 하나뿐인 딸 효명옹주의 재롱을 보는 재미로 시름을 달래는 사이 민심 수습과 전란 복구는 뒷일이 됐다.

인조16년(1638년) 인렬왕후의 삼년상이 끝나자 인조는 인천부사

---

43 후궁의 품계 중 하나. 후궁의 품계는 총 8개로, 아래서부터 '종4품 숙원-정4품 소원-종3품 숙용-정3품 소용-종2품 숙의-정2품 소의-종1품 귀인-정1품 빈' 순이다.

조창원의 막내딸을 계비로 맞았다. 하늘이 무너져도 왕비의 자리는 비워둘 수 없으며, 왕비는 서인 가문에서 나와야 한다는 것이 공신들의 주장이었다. 계비 장렬왕후는 당시 열다섯 살로 인조의 셋째 아들 인평대군보다도 두 살이 적었다. 하지만 어린 왕비를 맞은 후에도 인조의 총애는 후궁 조씨의 차지였다. 후궁 조씨의 품에서 인조는 점점 정치에 흥미를 잃어갔다.

인조17년(1639년) 시종일관 척화론을 주장하던 김상헌이 청나라의 요구로 심양으로 끌려가자 인조는 김자점을 특별 사면했다. 전쟁을 종용하는 탁상공론에 지친 탓에 오직 이익을 위해 충성을 다하는 김자점이 더 편안하게 느껴졌던 것이다. 그리고 같은 해, 후궁 조씨는 아들을 낳고 정4품 소원으로 승격됐다.

인조18년(1640년) 김자점은 인조의 특별 배려로 강화유수를 거쳐 병조판서에 올랐다. 병자호란의 패전에 책임이 막중한 김자점이 다시 병권의 수장이 된 것이다. 김자점의 관직 복귀에 대해 사헌부의 반대가 줄을 이었으나 인조의 뜻은 강경했다.

김자점과 후궁 조씨는 서로의 존재와 정체를 빠르게 알아차렸다. 인조의 어심을 누구보다 정확하게 파악한 두 사람은 손을 잡았고 성은을 마음껏 누렸다.

김자점은 병자호란 당시 조선군 최고사령관으로서 패전을 겪었음에도 청나라를 적대하지 않았다. 오히려 병조판서가 되자 청나라 사신이 올 때마다 접대를 도맡았고, 조선의 병권과 민심에 대한 청나라의 의심을 풀어줌으로써 입지를 굳혀갔다. 모든 관리가 꺼리던 청나라와의 외교 담당 업무가 김자점에게는 권력과 출세를 보장해주는 최고의 수단이 된 셈이다.

김자점은 청나라의 신뢰를 받을수록 가치가 높아졌으나 척화론이 대세인 조정에서는 공공의 적이 되어갔다. 그러나 청나라와의 전쟁이 현실적으로 불가능함을 모르는 사람은 없었고, 김자점은 당당하게 친청파로 활약하면서 두 나라 사이에 문제가 생길 때마다 해결사 역할을 했다. 이에 따라 청나라를 진심으로 두려워했던 인조는 자기 대신 문제를 해결해주는 김자점에게 더욱 의지하게 됐다.

심기원의 난: 역모를 이용해 정적을 제거하다

인조19년(1641년) 조선은 승려 독보를 은밀하게 명나라로 보내 청나라와의 화친을 해명했다. 명나라는 조선의 난처한 상황을 받아들였고, 승려 독보는 '이전의 허물은 거론치 않을 것이니 기필코 함께 (청나라를) 협공하자'는 명나라 황제의 칙서를 가지고 돌아왔다.

조선이 명나라와 내통을 시도한 것은 소수만 아는 기밀이었으나 인조20년(1642년) 선천부사 이계가 이를 청나라에 밀고했다. 분노한 청나라는 영의정 최명길을 비롯해 임경업 등의 압송을 요구했다.

이후 조선은 청나라의 속국이 됐고, 조선의 군사는 청나라의 감시와 명령을 받게 됐다. 하지만 패전의 치욕을 씻고자 했던 임경업은 명나라와 내통하며 군사 정보를 공유했는데, 이 사실을 청나라에서 알게 됐다.

인조20년(1642년) 최명길은 청나라로 압송됐으나 임경업은 압송

도중 탈출해 명나라로 망명했고, 이듬해 명나라의 마지막 황제인 숭정제로부터 부총병의 지위를 하사받아 청나라와의 전투에 나섰다. 임경업에게는 병자호란의 치욕을 씻을 마지막 기회였으나 결과는 명나라의 패배였다. 숭정제는 자살했고, 명나라의 수도 남경은 함락됐으며, 임경업은 포로의 신분으로 심양에 압송됐다.

이 무렵 조선에서는 좌의정 심기원이 회은군 이덕인을 왕으로 추대하려는 역모가 발각됐다. 심기원은 고변이 올라온 당일 처형됐는데, 이때 처형을 주도한 인물이 바로 김자점이다.

당시 김자점은 형리에게 이렇게 요구했다고 한다.[44]

"역적을 형벌할 때 먼저 머리를 베고 그다음에 팔과 다리를 베는 것이 전례이지만, 이 역적은 전례에 따라 형을 행할 것이 아니라 먼저 팔을 베고 다음으로 다리를 벤 뒤 나중에 머리를 베어라."

— 〈연려실기술〉 中

인조22년(1644년) 김자점은 심기원의 역모를 훌륭하게 마무리한 공을 인정받아 좌의정에 올랐고, 낙흥부원군[45]에 봉해졌다.

평소 청나라에 우호적이었던 김자점을 비난한 임경업도 죽음을 면치 못했다. 인조24년(1646년) 청나라는 임경업을 살려서 조선으로 돌려보냈다. 한양으로 압송된 임경업은 역모에 가담한 사실을 강력

---

44 심기원과 김자점은 정치적으로 대립 관계였기에 심기원의 비참한 죽음은 김자점의 개인적인 보복이라고 전해지기도 한다.

45 부원군은 임금의 장인과 스스로 공을 세운 공신을 부르는 말로, 부원군 칭호 앞에는 본관 또는 본관의 옛 명칭을 붙여서 칭호를 정했다.

하게 부인했으나 인조의 친국과 모진 고문 끝에 옥사했다.

김자점과 대립하던 심기원과 임경업이 연달아 죽음을 맞자 사람들은 두려움을 느꼈고, 이는 김자점이 권력을 키우는 중요한 기회가 됐다. 조정에서는 원칙도, 명분도 없이 오직 청나라에 아첨하는 것으로 권력을 키운 김자점과 그를 지지하는 이들을 '낙흥부원군'에서 이름을 따 '낙당'이라 불렀다.

소현세자의
죽음을 둘러싼 의혹

인조23년(1645년) 2월 18일, 소현세자는 9년 동안의 인질 생활을 마치고 조선에 영구 귀국했다. 청나라는 명나라의 수도 남경을 정복할 때 소현세자를 대동해 명나라가 멸망하는 과정을 생생하게 지켜보도록 했다. 청나라가 소현세자의 영구 귀국을 허락한 것은 명나라가 완전히 멸망해 조선과 명나라의 내통 가능성이 사라짐으로써 인질의 필요성이 사라졌기 때문이다.

소현세자가 꿈에 그리던 조선에 돌아왔으나 인조의 반응은 냉랭했다. 소현세자가 청나라로부터 신임을 받는 점이 못마땅했던 것이다. 신하인 김자점이 청나라의 신임을 통해 비위를 맞추면서 인조 자신의 왕위를 지켜주는 인물이라면, 소현세자는 청나라를 등에 업고 왕위를 위협하는 존재였던 것이다. 청나라는 조선의 임금을 교체할 힘과 권리를 가졌기 때문이다.

이런 상황에서 청나라에 억류됐던 김상헌이 귀국했다. 김자점의 횡포와 비정상적인 조정에 시달려온 이들은 척화파의 상징과도 같은 김상헌이 이를 막을 수 있으리라 생각했으나 오산이었다. 인조는 김상헌의 알현을 거부하며 노골적으로 그를 무시했다. 김상헌의 상소에 비답을 내리지도 않았고 관직도 내리지 않은 것이다.

그러던 중 인조의 냉대로 괴로워하던 소현세자가 병석에 누운 지 4일 만에 갑작스럽게 세상을 떠났다. 인질 생활을 마치고 조선에 들어온 지 두 달 만에 급서(急逝)한 것이다.

황망한 사태에 신하들은 아연실색했다. 사간원과 사헌부에서는 소현세자를 치료한 어의 이형익에게 죄를 물어야 한다고 주장했다. 이형익은 후궁 조씨가 추천한 인물로 10여 년 동안 '비선 의원'으로 활동하다가 특채로 어의에 임명된 인물이었다. 여러모로 의심스러운 부분은 많았으나 인조는 오히려 이형익을 두둔하며 장례식을 서둘렀다. 심지어 인조는 소현세자의 장례를 삼일장으로 간소화했고, 장자(세자)가 먼저 세상을 떠났을 경우 3년간 상복을 입는 예법을 무시한 채 7일만 상복을 입는 것으로 장례를 마쳤다.

봉림대군의 세자 책봉과
계속되는 옥사

소현세자의 죽음에 대한 의혹이 난무하던 5월 14일, 봉림대군이 귀국했다. 인조는 기다렸다는 듯 봉림대군을 세자로 삼겠다는 뜻을 밝혔다. 소현세자의 장남이 건재한 상황에서 차남을 세자로 삼겠다는 어명에 신하들은 거듭 반대했으나 인조의 의지는 완강했다.

김자점은 인조의 결정을 지지했고, 두 달 후인 윤6월 2일, 봉림대군은 세자로 결정됐다. 8월 24일, 영의정에 오른 김자점은 사은사로 임명되어 세자 교체 소식을 알리고자 청나라에 다녀왔다. 김자점의 활약으로 청나라는 소현세자의 갑작스러운 죽음과 봉림대군의 세자 책봉 문제를 순조롭게 승인했다.

세자 교체에 성공한 인조는 소현세자빈 강씨를 제거할 계획을 세웠다. 세자빈 강씨는 소현세자의 죽음에 대해 억울함을 호소하면서 인조의 눈 밖에 난 상태였다. 인조는 먼저 후궁 조씨의 품계를 한 단계 높여 정2품 소의로 삼았고, 풍병을 핑계 삼아 왕비 장렬왕후를 경덕궁으로 내보냈다.

인조24년(1646년) 1월, 내명부의 수장인 왕비가 없는 궁에서 정월을 맞은 인조는 세자빈 강씨가 수라상에 올린 전복구이에 독을 넣었다고 주장했다. 이에 독살음모를 밝혀낸다며 강씨를 모시던 궁인들을 가혹하게 고문했으니, 이 사건을 '강빈옥사'라 한다. 세자빈 강씨의 혐의는 끝내 밝혀지지 않았으나 인조는 비망기를 내려 사사를 명했다. 대신들은 강씨의 사사에 반대했으나 이때도 김자점은 인조의 편에 섰다. 덕분에 김자점은 좌의정을 거쳐 다시 영의정에 올랐고, 내의원 도제조로 임명됐다.

결국 세자빈 강씨는 사약을 받았고 강씨의 친정 오라비와 남동생들은 유배됐다. 인조25년(1647년) 소현세자와 세자빈 강씨의 세 아들 중 장남 석견과 차남 석린도 유배지 제주도에서 세상을 떠났다.

왕실의
외척이 되다

세자빈 강씨가 사사됐을 때, 인조반정 1등 공신 9명 중 조정에 남은 인물은 인조의 사촌형 구인후와 이시백 그리고 김자점 셋뿐이었다.

영의정이 된 김자점에게는 이제 정적이라고 부를 만한 상대조차 없었다. 이어서 인조는 김자점의 손자 김세룡을 외동딸 효명옹주의 남편으로 간택했다. 자신이 가장 신뢰하는 김자점을 왕실 인척으로 만든 것이다.

〈공사견문록[46]〉에는 이렇게 기록돼 있다.

시골선비 중 글 잘하는 자에게 후한 뇌물을 주어 아들 김익의 글을 대신 짓게 해 과거에 뽑히게 하고, 손자 김세룡을 인조의 후궁 조귀인 소생의 효명옹주에게 장가들이기 위해 점쟁이를 협박해 거짓으로 사주가 좋다고 칭찬하게 함으로써 임금을 속여 왕가와 혼인을 맺으니, 그 기세 앞에서 억누르면 꺾이지 않는 것이 없다.

인조27년(1649년) 인조는 세자 봉림대군의 아들(훗날의 현종)을 세손으로 책봉했다. 세자의 정통성을 공고히 하겠다는 의지로, 이로써 봉림대군의 세자 책봉을 찬성했던 김자점의 앞날은 더욱 밝아졌다.

---

46 조선 효종의 부마(駙馬) 정재륜이 효종·현종·숙종·경종의 4대에 걸쳐 궁궐을 출입하면서 보고 들은 역대의 견문을 모은 책

그러나 국정을 농단하고 권력을 악용해 온갖 비리를 저질러온 김자점의 시대가 활짝 열리려는 순간, 인조의 건강에 심각한 문제가 생겼다. 인조의 허락이 있었기에 마음껏 권력을 누리고 만행을 저질러온 김자점과 후궁 조씨는 초조한 마음으로 임금의 건강이 회복되기를 간절하게 바랐으나, 이번만큼은 순리를 거스를 수 없었다. 인조27년(1649년) 5월 8일, 인조는 창덕궁 대조전에서 승하했고 세자 봉림대군이 제17대 효종으로 즉위했다.

효종의 즉위와 김자점의 몰락

효종의 즉위와 동시에 김자점에 대한 탄핵이 시작됐다. 하지만 인조는 승하하기 전 김자점과 이시백을 불러 효종을 부탁했고, 효종에게 두 사람을 잘 예우할 것을 명했기에 김자점은 여유만만이었다. 김자점은 정권을 부패시킨 장본인이었으나 동시에 선왕으로부터 나라의 뒷일과 효종을 부탁받은 고명대신이었던 것이다.

효종 역시 선왕의 고명대신을 함부로 내칠 수는 없었기에 김자점을 영의정 자리에 둔 채 재야의 산림을 대거 등용하는 것으로 새로운 시대를 열었다.

정치가 부패하자 조정의 일에 눈과 귀와 입을 닫은 채 학문을 수양해 온 존경받는 산림 출신의 김집, 송시열, 송준길 등이 상경해 효종을 알현했다. 이들의 존재는 그 자체로 조정에 새로운 바람을 일으켰다. 그동안 김자점의 눈치를 보던 신하들과 세상을 비판하며 관직에 나서기를 꺼리던 젊은 학자들 그리고 유생들이 목소리를 내기 시작했다. 탄핵과 언론을 담당하는 사간원과 사헌부가 가장 먼저 정상화됐고, 김자점을 비난하는 상소가 쏟아졌다.

김자점은 영의정이었으나 대간(臺諫)[47]의 공격에는 속수무책으로 당할 수밖에 없었다. 효종은 인조처럼 김자점을 신뢰하지 않았고, 조씨는 선왕의 후궁이었기에 정치에 간섭할 수가 없었다. 임금의 면전에서 조정을 농락해온 김자점은 처음으로 궁지에 몰렸다. 이에 청나라에 도움을 청했으나 그를 예의 주시하던 효종은 기다렸다는 듯 처벌을 내렸다. 김자점은 강원도 홍천으로 유배됐고 그의 아들은 파직됐다. 탄핵이 시작된 지 6일 만에 권력을 잃고 죄인 신세가 된 것이다.

이에 앙심을 품은 김자점은 조선의 북벌 계획을 청나라에 밀고해 나라를 위험에 빠뜨렸다. 하지만 이는 노련한 외교관 이경석, 이시백, 원두표 등의 활약 덕에 무산됐다. 김자점은 계속해서 재기를 노렸으나 역모죄에 연루되어 결국 몰락의 길을 걷게 된다.

김자점을 몰락시킨 인물은 효명옹주의 시녀 '영이'라는 여인이었다.

숭선군은 장렬왕후의 조카 신씨를 부인으로 맞았는데 며느리가 마음에 들지 않았던 후궁 조씨는 효명옹주의 시녀 영이를 숭선군의 첩으로 삼았다. 이에 분노한 장렬왕후는 인조가 승하하자마자

---

47 조선시대, 대관과 간관을 아울러 이르던 말. 대관은 호조에 속하여 대궐에서 쓰는 여러 가지 식품, 직조(織造)와 내진연(內進宴)에 관한 일을 맡아보던 관아를, 간관은 사간원과 사헌부에 속하여 임금의 잘못을 간(諫)하고 백관(百官)의 비행을 규탄하던 벼슬아치를 뜻한다.

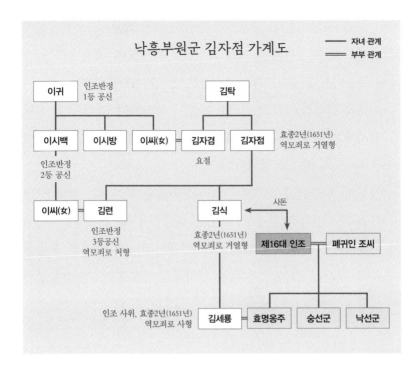

낙흥부원군 김자점 가계도

자녀 관계 ───
부부 관계 ═══

이귀 — 인조반정 1등 공신

김탁

이시백 — 인조반정 2등 공신
이시방
이씨(女)
김자겸 — 요절
김자점 — 효종2년(1651년) 역모죄로 거열형

이씨(女) ═ 김련 — 인조반정 3등공신 역모죄로 처형

김식 — 효종2년(1651년) 역모죄로 거열형

사돈

제16대 인조 ═ 폐귀인 조씨

김세룡 — 인조 사위, 효종2년(1651년) 역모죄로 사형
효명옹주
숭선군
낙선군

영이를 당장 끌고 왔다. 인조 승하 후 왕실의 가장 큰 어른인 대비가 된 장렬왕후는 왕실 안식구들의 생사여탈권을 손에 쥐고 있었다. 두려움에 떨던 영이는 장렬왕후를 보자마자 자신이 보고 들은 후궁 조씨의 악담과 악행을 줄줄 털어놓았다. 후궁 조씨가 주도했던 각종 악행의 믿을 만한 증인이 마침내 등장한 것이다. 그중에는 김자점과 그의 아들들이 후궁 조씨의 사촌오빠 조인필과 손을 잡고 임금을 바꾸려는 역모를 꾸미는 것 같다는 내용도 포함돼 있었다.

역모로 흥한 자 역모로 망하는 것이 인과의 준엄한 법칙이다. 효종2년(1651년) 역모죄로 한양에 압송된 김자점의 차남 김식은 숭선군을 임금으로 세우려고 했다고 자복했고, 장남 김련은 국문을 받던 중 숨이 끊어졌다. 김자점과 김식은 거열형, 후궁 조씨는 참형에 처해졌고, 김자점의 손자인 김세룡도 처형됐다. 효명옹주는 인조의 혈육이자 효종의 이복 누이동생임을 감안해 유배됐다.

이렇게 김자점과 그의 가족들은 모두 처형됐고, 그의 추종 세력은 일시에 조정에서 축출당했다. 거침없이 권력을 누려온 긴 세월이 무색하도록 빠른 몰락이었다.

간신히 목숨을 부지한 김자점의 친척들은 연좌제를 피해 사방으로 흩어져 신분을 감추고 살았다. 대한민국 임시정부의 주석이자 독립운동을 이끌었던 백범 김구 선생이 바로 김자점의 후손이다. 김구 선생은 〈백범일지〉에서 김자점의 역모 이후 집안이 얼마나 크게 몰락했는지 이야기했다.

(…중략…) 우리 조상은 대대로 서울에 살아 글과 벼슬로 가업을 삼았다. 그러다가 우리 방조(傍祖) 김자점이 역적으로 몰려 멸문지화를 당하게 되매 내게 11조 되시는 어른이 처자를 끌고 서울을 도망해 일시 고향에 망명하시더니 그곳도 서울에 가까워 안전하지 못하므로 해주 부중에서 서쪽으로 80리 백운방 텃골 팔봉산 양가봉 밑에 숨을 자리를 구하시게 됐다. (…중략…) 그때 우리 집이 멸문지화를 피하는 길은 오직 하나뿐이었으니, 그것은 양반의 행색을 감추고 상놈 행세를 하는 것이었다.

— 〈백범일지〉 中

김자점의 몰락 이후 그의 후손들이 수백 년 동안 얼마나 고생했는지 알 수 있는 대목이다. 그야말로 인과응보, 사필귀정이라는 말이 절로 떠오른다. 한편 김자점은 나라를 팔아 권력과 부귀영화를 구했는데 그의 후손 김구 선생은 독립운동에 헌신했으니 이 또한 역사의 절묘함이라 할 수 있겠다.

김자점의 이름은 역사에 기록됐고, 반정으로 왕위에 올라 새로운 조선을 꿈꾸었던 인조 또한 조선 역사상 최악의 군주로 평가받고 있다. 김자점은 결코 유능한 관리도, 뛰어난 정치가도 아니었다. 그는 탐욕스러운, 오늘날 우리가 흔히 볼 수 있는 정치가에 가까운 사람이었다. 또한 자신의 욕망을 굳이 감추지 않았고 수단과 방법을 가리지 않고 권력을 위해 달렸다. 그리고 그게 통했으니 오늘날의 정치와 놀랍도록 닮은 점이다.

불합리한 역사에서도 배울 것은 있다. 영원할 것만 같았던 김자점의 권력이 한순간에 무너지고, 역모로 정적을 숙청해온 그 자신이 역모의 주모자가 되어 사지가 찢겨 죽었으며, 후손들은 수백 년간 신분을 숨긴 채 고통 속에서 살아야 했다. 지금 우리 주변에도 제2, 제3의 김자점 또는 김자점을 꿈꾸는 이들이 분명 존재한다. 김자점은 역사가 우리에게 남겨준 훌륭한 반면교사이자 권선징악의 좋은 예시라 할 수 있다.

김자점 득세와 몰락의 기록

연대	주요 사건 및 관직	나이	비고
선조21년(1588년)	탄생	1세	
선조25년(1592년)	우계 성혼 문하에서 수학	5세	
선조28년(1595년)	인조(능양군) 탄생	8세	
광해군6년(1614년)	위성[48] 원종공신[49] 3등에 책록	27세 (인조 20세)	
광해군10년(1618년)	음서로 병조정랑 임명 조정에서 축출	31세 (인조 24세)	폐모 반대
광해군15년(1623년)	인조반정, 정사공신 1등, 동부승지	36세 (인조 29세)	
인조2년(1624년)	이괄의 난, 대북 및 소북 숙청 인조 어가 호송	37세 (인조 30세)	
인조3년(1625년)	세자빈(윤의립의 딸) 간택 반대 삭탈관직	38세 (인조 31세)	
인조5년(1627년)	정묘호란, 인조 강화도 호송	40세 (인조 33세)	
인조8년(1630년)	한성부 판윤, 상의원 제조 구관청[50] 당상	43세 (인조 36세)	격무 호소
인조11년(1633년)	도원수	46세 (인조 39세)	
인조14년(1636년)	도원수, 병자호란	49세 (인조 42세)	

---

48 광해군이 즉위하기 전, 임진왜란 때 세자이던 광해군을 이천, 전주로 호종하고 광해군
    분조(分朝)의 항일 활동을 보좌하는 데 공을 세운 80명의 공신을 3등급으로 나누어 책
    록한 공신. 이미 사망한 공신들도 많아 그 자손들이 공신직을 물려받기도 했다. 인조
    반정으로 위성원종공신과 같이 삭제되었다.

인조15년(1637년)	패전 책임, 절도유배	50세 (인조 43세)	
인조17년(1639년)	특별 사면	52세 (인조 45세)	
인조18년(1640년)	강화유수	53세 (인조 46세)	
인조20년(1642년)	병조판서	55세 (인조 48세)	
인조21년(1643년)	우의정	56세 (인조 49세)	
인조22년(1644년)	좌의정, 심기원의 난, 심기원 처형	57세 (인조 50세)	
인조23년(1645년)	소현세자 사망 봉림대군 세자책봉, 강빈 옥사	58세 (인조 51세)	
인조24년(1646년)	영의정, 내의원 제조 세자빈 강씨 사사, 임경업 처형	59세 (인조 52세)	
인조27년(1649년)	인조 승하, 효종 즉위 유배	62세 (인조 55세)	
효종2년(1651년)	역모죄로 처형	64세	사망

49 친공신(직접 공을 세운 신하)의 아래로, 작은 공을 세웠거나 보조 역할을 한 사람들, 그
    밖에 공신 고위층의 자녀, 조카, 사위 등이 선정되었다.
50 전곡을 구하고 관리하는 관아

2장

왕실과 조정의 위엄은 무너지고 민심은 산산이 흩어져
희망이 보이지 않았던 조선을 지탱한 것은 사대부라는 뿌리였다.
뿌리 깊은 나무는 당쟁의 가지를 뻗었고 정치의 덩굴에 휘감겼다.

산림 정승

사대부의 부활 편

송시열

"사대부의 나라를 재건한 산림 정승"

이름 **송시열**

당적 **서인: 청서-산당-노론**

인생을 바꾼 순간 **노스승 김장생과 스승 김집의 제자가 됐을 때, 윤휴를 처음 만났을 때**

결정적 실수 **"자신의 선택에 책임을 지는 것이 사대부의 정신이라오."**

애증의 대상 **윤선도, 윤휴, 윤선거, 윤증 그리고 희빈 장씨!**

한 줄 평 **임금에게는 엄격한 신하, 제자에게는 자상한 스승**

〈조선왕조실록〉에서 가장 많이 거론된 인물은 누구일까? 바로 송시열이다. 무려 3천 번이 넘게 거론됐다. 그는 여든세 살까지 장수하면서 50년이 넘는 긴 세월 동안 네 명의 임금[1]을 섬겼고, 격렬한 논쟁의 당사자가 되기도 했다.

하지만 송시열의 이름이 그토록 많이 거론된 이유는 그가 열렬한 팬덤[2]을 거느린 사람이었기 때문이다. 송시열은 사대부의 정신적 지주이자 아이돌로서 조정으로부터 수많은 러브콜을 받았다. 그는 임금으로부터 총 167번의 부름을 받았는데 그중 무려 130번을 거절했다.

사실 그의 성품은 정치와 맞지 않았다. 송시열은 조정에 짧게 머물렀으나 낙향하면 장문의 상소문을 수차례 올렸다. 그의 상소문은 당쟁의 불쏘시개가 되기도 했고 당쟁을 종결시키기도 했다.

송시열의 추종자들은 그를 태산처럼 떠받들었으나 그는 이상적인 성현이 아니라 지극히 인간적인 면모를 갖춘 대학자였다. 사대부의 지표이자 산당의 종주였으나 완전무결한 사람은 아니었다. 때로는 터무니없을 정도로 순수했고 더러는 포용력이 부족하기도 했다. 문제는 그의 사소한 말과 행동 하나하나가 생사를 가르는 당쟁을 일으켰다는 것이다. 그를 우러러보는 제자는 많았으나 그를 진정으로 이해하는 벗은 거의 없었고, 서얼과 여인을 차별하지 않을 만큼 시대를 앞서간 인물이었으나 이러한 점은 잘 알려지지 않았다.

---

1   제16대 인조, 제17대 효종, 제18대 현종, 제19대 숙종
2   팬(fan)과 '영지(領地)·나라' 등을 뜻하는 접미사 '덤(-dom)'의 합성어. 특정 인물이나 분야를 열성적으로 좋아하는 사람들 또는 그러한 문화 현상을 가리킨다.

또한 송시열은 산림처사일 때나 벼슬을 할 때나 언제나 공인(公人)의 신분이었다는 점 때문에 조선의 정치권력 역사에서 아주 특별한 사례를 남겼고 논쟁과 토론의 대상이 되고 있다.

효종의 정통성

효종은 차남(봉림대군)이었으나 인조의 지지를 기반으로 세자가 됐고, 마침내 왕위에 올랐다. 그러나 정통성 논란을 피할 수는 없었다.

적장자 계승을 원칙으로 하는 조선에서 실제로 적장자가 왕위를 계승한 경우는 드물었다. 그러니 효종의 혈통은 과거 여러 임금과 비교해 오히려 우수한 편이었다. 그럼에도 문제가 됐던 것은 소현세자와 세자빈의 죽음, 원손의 유배와 죽음 등 인조가 남긴 수많은 의혹 때문이었다. 소현세자 일가의 비극을 일으킨 장본인인 인조의 지지로 세자가 되고 왕위에 올랐으니 사대부와 백성들의 반감을 살 우려가 컸던 것이다. 효종으로서는 억울한 일이었다.

인조에게 효를 다하고자 효종은 즉위 후 김자점을 영의정으로 임명했고, 백성들은 이에 실망했다. 하지만 선왕의 유지를 받드는 것과 별개로 효종은 인조정권을 계승할 생각이 없었다. 이에 한당의 영수 김육을 우의정으로 임명하고 산당의 송시열과 송준길도 중앙정계로 불러 적폐청산의 의지를 보였다.

당시 송시열과 송준길은 '양송'이라 불리며 재야 사대부들의 존경을 받고 있었다. 효종은 두 사람을 세자의 스승으로 임명하고 사

조선 임금들의 혈통과 왕위계승 과정

임금	혈통	왕위계승 과정	적통 후계자
제2대 정종	이성계의 차남	태조 이성계의 양위	없음(왕비 자식 없음)
제3대 태종	이성계의 5남	제1, 2차 왕자의 난 정종 이방과의 양위	태종의 장남 양녕대군
제4대 세종	태종 이방원의 3남(충녕대군)	태종 이방원의 양위	제5대 문종
제7대 세조	세종의 차남	계유정난으로 조카 단종의 왕위 찬탈	장남 의경세자 (요절)
제8대 예종	세조의 차남	친형 의경세자의 요절 이후 세자 책봉	장남(외아들) 제안대군 (자질 부족)
제9대 성종	의경세자[3]의 차남	예종 승하 당일 즉위	제10대 연산군
제11대 중종	성종의 차남	중종반정	제12대 인종
제14대 선조	중종의 서손자[4]	후궁의 손자 방계승통	영창대군
제15대 광해군	선조의 서차남	후궁의 아들 직계서자	

헌부로 발령했다. 송시열은 파격적으로 단번에 종3품 장령에 제수 (除授)됐지만, 김자점이 영의정의 자리에 있다는 것에 실망하여 고

---

3   세조와 정희왕후의 장남
4   선조의 아버지는 중종이 후궁 창빈 안씨와의 사이에서 낳은 서7남이자 막내아들인 덕흥군이다. 덕흥군은 정실부인과의 사이에서 아들 셋을 낳았는데, 그중 막내아들인 3남 하성군이 바로 선조다.

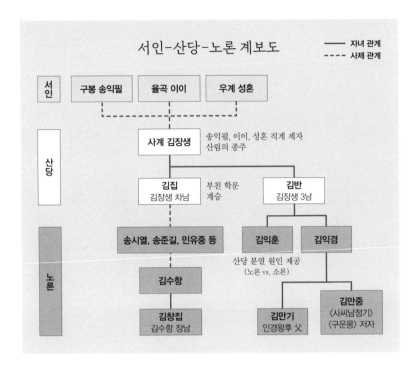

서인-산당-노론 계보도

— 자녀 관계
---- 사제 관계

서인

구봉 송익필 · 율곡 이이 · 우계 성혼

산당

사계 김장생 — 송익필, 이이, 성혼 직계 제자 / 산림의 종주

김집 (김장생 차남) — 부친 학문 계승

김반 (김장생 3남)

송시열, 송준길, 민유중 등

김익훈 · 김익겸 — 산당 분열 원인 제공 (노론 vs. 소론)

노론

김수항

김창집 (김수항 장남)

김만기 (인경왕후 父)

김만중 《사씨남정기》 《구운몽》 저자

향으로 돌아갔다. 효종은 면대를 거절하며 낙향을 막았으나 송시열은 끝내 한양을 떠났다. 훗날 송시열의 정적들은 이를 두고 그가 오만해 임금의 성의를 외면했다고 비난했다. 하지만 이는 송시열의 성품이었고, 효종도 이를 잘 알고 있었다.

상경하자마자 낙향한 송시열과 달리 송준길은 조정에 남아 사헌부와 사간원을 움직여 김자점의 탄핵을 주도했다. 권력과 일체의 타협 없이 김자점의 죄목을 소리 높여 고발하는 산당의 기개는 여론과 민심을 빠르게 장악했다. 효종이 원하던 그대로였다.

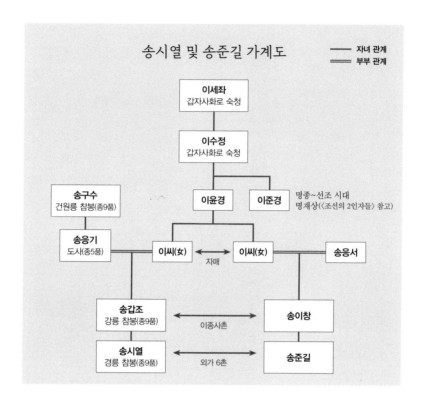

송시열 및 송준길 가계도

― 자녀 관계
═ 부부 관계

이세좌
갑자사화로 숙청

이수정
갑자사화로 숙청

송구수
건원릉 참봉(종9품)

이윤경   이준경   명종~선조 시대
                   명재상(《조선의 2인자들》 참고)

송응기
도사(종5품)

이씨(女) ⟷ 이씨(女)   송응서
         자매

송갑조
강릉 참봉(종9품)   ⟷   송이창
         이종사촌

송시열
경릉 참봉(종9품)   ⟷   송준길
         외가 6촌

송시열의 가족

송시열은 산림의 영수가 됐으나 가문과 배경은 지극히 평범했다. 특출한 것 없는 송갑조의 다섯 아들 중 3남으로 태어난 그는 어려서부터 기억력이 비상하고 독서를 좋아했다. 여덟 살이 되던 해, 친척 송이창의 문하로 들어가 본격적으로 공부를 시작했다. 평생의 동지 송준길과의 우애도 이때부터 시작됐다.

인조3년(1625년) 열아홉 살의 송시열은 송준길과 함께 김장생과 김집의 문하로 들어갔다. 스승을 만나 송시열의 학문은 무르익었으나 배움의 기쁨을 알기도 전 불행이 닥쳤다. 인조5년(1627년) 정묘호란 때 후금군에게 큰형 송시희를 잃었고, 충격을 견디지 못한 부친 송갑조마저 이듬해 세상을 떠난 것이다. 송시열은 3년간 시묘를 살며 부친상을 치렀다.

탈상이 끝난 지 얼마 지나지 않은 인조8년(1630년) 이번에는 노스승 김장생이 세상을 떠났다. 큰형과 아버지, 노스승의 연이은 죽음에 송시열이 느낀 슬픔과 상실감은 이루 말할 수 없었다.

장례를 마친 송시열은 주자의 예학에 몰두했고 끝내 예학에 정통하게 됐다. 송시열에게 주자는 위대하고 완전한 성인(聖人)이자 스승이었다.

인조11년(1633년) 스물일곱의 송시열은 소과 생원시에 장원으로 급제해 경릉(덕종과 인수대비의 릉) 참봉으로 임명됐으나 곧 사양하며 물러났다. 인조13년(1635년)에는 최명길[5]의 추천을 받아 봉림대군의 사부로 임명됐다. 세자나 세손을 가르치는 것과 달리 대군의 스승은 임시직이라 송시열이 봉림대군과 사제(師弟)로 지낸 것은 반년 남짓이었다. 하지만 결코 작은 인연은 아니었다. 그 사이에 병자호란이 일어난 것이다.

어가를 따라 남한산성으로 들어간 송시열은 주화파와 척화파의 첨예한 대립을, 인조가 굴욕적으로 항복하기까지의 과정을, 평생을 공부한 원칙과 도덕이 무너져 내리는 것을 생생하게 지켜보았다. 그리고 남한산성에서 나온 그는 사촌형 송시영이 강화도에서 자결했다는 소식을 전해 들었다.

---

5   인조반정 1등 공신으로 주화론을 주장했다.

오랑캐라 멸시하던 후금을 상전의 나라로 받들게 된 상황에서 송시열은 친구 윤선거를 만나 함께 통곡했다. 송시열은 자신이 알던 세상이 무너진 조선에서 어떻게 살아가야 할지 막막했으나 이내 마음을 굳게 다잡았다. 그리고 병자호란은 압도적인 병력 차이로 인한 피치 못한 항복이었을 뿐, 사대부의 자세와 정신을 지킨다면 진정으로 패배한 것이 아니라고 결론을 내렸다. 그래야 살 수 있었다.

봉림대군이 소현세자와 함께 청나라에 인질로 끌려가면서 송시열과의 사제 관계는 정리됐다. 하지만 이는 긴 인연의 시작이었다.

9년 후, 명나라가 멸망하고 청나라가 수도 북경을 장악하자 소현세자는 조선으로 영구 귀국했다. 하지만 귀국한 지 2개월 만에 급서했고 인조는 봉림대군을 세자로 책봉했다. 세자 봉림대군의 스승으로 임명된 인물은 송시열의 스승 김집이었다. 대군에서 세자로 신분은 달라졌으나 봉림대군은 분명 송시열과 김집의 제자였다. 스승과 제자가 나란히 임금(효종)을 가르친 것은 대단한 일이었기에 효종 즉위 후 산당의 위세는 달라질 수밖에 없었다. 그리고 그 중심에 송시열이 있었다.

대동법
그리고 갈등

효종이 즉위 후 산당을 부른 것은 정통성을 인정받음과 동시에 조정을 개혁하고 쇄신하기 위해서였다. 산당은 세자빈 강씨의 신원[6]과 문묘종사[7]를 출사 조건으로 제시했으나 이는 효종으로서 결코 양보할 수 없는 사안이었기에 수락하지 않았다. 그럼에도 산당은 조정에 진출했다. 효종과 산당은 추구하는 바가 달랐으나 서로를 필요로 했기에 손을 잡은 것이다.

산당이 출사 조건을 조율하는 사이 한당[8]은 개혁을 서둘렀다. 한당의 영수 김육은 새 정권이 해결해야 할 가장 시급한 문제는 민생 안정과 경제라고 생각했는데 효종의 생각도 다르지 않았다.

효종 즉위년 11월, 대사헌을 거쳐 우의정에 제수된 김육은 경기도와 강원도에서 시행 중인 대동법을 호남(전라도)과 호서(충청도)까지 확장 시행할 것을 건의했다. 대동법은 가난한 자는 세금을 적게, 부유한 자는 세금을 많이 내는 조세법으로, 광해군 때 이미 일부 지역에서 시행됐으나 지주들의 반발 때문에 확대시행되지 못하고 있었다.

김육이 대동법 시행을 서두른 이유는 공납의 폐해가 너무 심각했기 때문이다.

임금님께 지역 특산물을 바치고자 하는 소박한 마음에서 시작

---

6   원통한 일을 풀어버림. 송시열을 비롯한 산당이 소현세자의 죽음에 의혹을 제기하는 대신 세자빈 강씨의 신원을 집요하게 요구한 것은 강씨의 아버지 강석기가 산당의 영수인 김장생과 김집의 제자였기 때문이다.

7   문묘(文廟)란 공자의 위패를 모시고 제향하는 것으로 여기에 후대의 유현(儒賢)을 배향하는 것을 문묘종사라고 한다. 문묘에 배향된 유학자들은 유림의 존경을 받았고, 후손이나 제자들에게 영광이 됐다. 조선시대에는 특정 유학자의 문묘배향을 두고 조정과 재야에서 분쟁이 일어나기도 했다. 특히 율곡 이이와 우계 성혼의 문묘배향을 놓고 당쟁이 극심하게 대립했는데, 이 둘의 문묘종사를 줄여서 '우율종사'라 한다.

8   산당과 한당은 서인 세력에서 나뉜 당파다. 자세한 내용은 토막상식 1 '인조정권과 서인 세력의 분열' 참고

된 공납은 백성들의 등골을 쥐어짜는 폐습으로 굳어진 지 오래였다. 방납업자로부터 뇌물을 받은 관리들은 방납업자에게 구입한 공물 이외에 백성들이 구해온 특산물들은 퇴짜를 놓았다. 방납업자는 세금을 낼 수밖에 없는 백성을 상대로 가격을 마음대로 책정해 이윤을 남겼다. 인조 대의 상소 중에는 방납업자가 물품 값의 100배를 요구했다는 기록도 있다.

방납업자와 뇌물관리의 배만 불려주는 공납과 달리 특산물이 아닌 쌀을 납부하는 조세법인 대동법은 토지면적을 기준으로 부과했다. 땅이 없으면 세금도 낼 필요가 없고 땅이 많으면 세금도 많이 내야 했으며 방납업자를 원천적으로 제거하는 효율적인 조세법이었다.

백성들은 대동법을 환영하고 지지했으나 곡창지대인 호남과 호서의 지주들은 결사적으로 반대했다. 송시열은 대동법에 찬성했으나 김집은 성급하게 조세법을 개정하는 것은 무리라며 반대했다.

하지만 강경했던 김육은 대동법의 확대시행을 출사 조건으로 내걸었고, 효종에게 단호하게 말했다.

"전하께서 옳다고 여기시면 행하시고 불가하면 신을 벌주소서."

이는 효종뿐 아니라 대동법 확대시행을 반대하는 산당을 의식한 발언이었다.

효종은 김육의 뜻을 이해했으나 산당은 김육의 '태도'를 지적했다. 그가 지나치게 강경한 발언으로 임금을 압박했다는 것이다. 김육은 이런 공격에도 끄떡하지 않았으나 대동법 확대시행이 지연되

삼불가퇴론 vs. 삼불가불퇴론

삼불가퇴론 (물러나지 않아야 하는 세 가지)	삼불가불퇴론 (물러나지 않으면 안 되는 세 가지)
국가의 존망에 관계된 중요한 자	스스로 분명히 알 만큼 재능과 덕이 부족한 자
산림에서 와서 덕망이 세상을 덮는 자	비웃음이나 당하며 쓰이기에 부적합한 말을 하는 자
젊고 근력이 있어 국사를 담당할 만한 자	나이가 많고 치료하기 어려운 병을 지닌 자

자 효종2년(1651년) 1월, 사직상소를 올리며 산당을 비난했다.

"신하가 임금을 섬기는 도리는 진퇴가 분명하고 그 마음에 변함이 없어야 할 뿐입니다. 나아가야 할 때 물러나는 것은 잘못이며 물러나야 할 때 나아가는 것도 잘못입니다. 미관말직에 있는 자도 그러해야 하는데 하물며 대신의 반열에 있는 자야 이를 말이겠습니까? 대체로 물러나서는 안 되는 경우가 셋이며, 물러나지 않으면 안 되는 경우가 셋입니다."

김육이 상소에서 말한 '물러나서는 안 되는 세 가지 경우와 물러나지 않으면 안 되는 세 가지 경우'를 '삼불가퇴론'과 '삼불가불퇴론'이라고 한다.

김육은 자신이 '나이가 많고 병이 있어' 물러나지 않을 수 없다며 '산림에서 와서 덕망이 세상을 덮는 자'를 등용해야 한다고 했

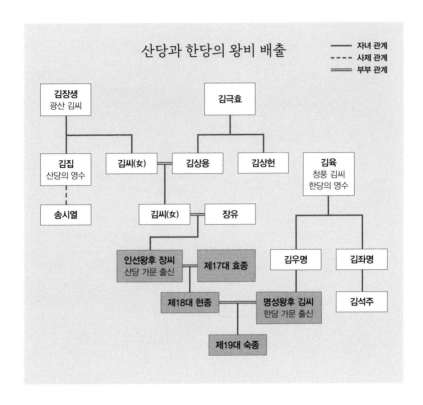

산당과 한당의 왕비 배출

── 자녀 관계
---- 사제 관계
══ 부부 관계

김장생 광산 김씨 — **김집** 산당의 영수

김집 산당의 영수 ---- **송시열**

김극효 — **김씨(女)**, **김상용**, **김상헌**

김씨(女) ═ **장유**

김육 청풍 김씨 한당의 영수 — **김우명**, **김좌명**

인선왕후 장씨 산당 가문 출신 ═ **제17대 효종**

제18대 현종 ═ **명성왕후 김씨** 한당 가문 출신

김좌명 — **김석주**

제19대 숙종

다. 당시 김육은 71세, 김집은 77세였으니 이는 명백한 도발이자 김집의 체면을 고려하지 않은 상소였다.

대동법 확대시행을 둘러싼 김육과 김집의 대립은 김육의 승리로 끝났다. 김집은 낙향했고 송시열도 스승에 대한 의리를 지키기 위해 함께 조정을 떠났다.

"이조판서 김집은 신의 스승입니다. 이번에 우상(우의정 김육)의 배척을 받아 창황히 떠나갔는데도 신은 힘을 다해 분명하게 분별해 거취를 함께하지 못했으니 부끄럽기 그지없습니다. (…중략…) 우상 김육이 한 나라의 정권을 잡고 있으면서 김집의 시대인 것처럼 말하는 까닭을 알 수 없습니다."

대동법을 지지하는 신하가 필요했던 효종은 송시열에게 실망했으나 산당은 스승의 명예를 지킨 송시열에게 감동했다. 임금보다 스승을, 나라를 위한 대의보다 사적인 의리를 중시하는 것은 이후 산당의 전통이 됐다.

김집과 송시열이 낙향한 후 김육은 영의정에 제수됐고, 같은 해 8월 마침내 호서지역에 대동법 시행이 결정됐다. 이어서 11월에는 김육의 손녀가 세자빈에 책봉됐으니 그녀가 바로 숙종의 어머니인 명성왕후(明聖王后, 1642~1683)[9]다.

외척이자 한당의 영수로서 조정의 중심에 선 김육은 대동법 시행을 위해 인생을 바치다가 효종9년(1658년) 세상을 떠났다. 효종은 김육을 애도하며 이렇게 말했다.

"대동법은 김육이 떠맡아 처음부터 끝까지 흔들리지 않았기 때문에 성공할 수 있었다. 아! 어찌하면 국사를 담당함에 김육처럼 흔들리지 않는 사람을 얻을 수 있을까?"

9　숙종과 세 공주를 낳은 조선 현종의 비(妃)로, 명성황후(明成皇后, 1851~1895)와는 다른 인물이다.

불필요한 논쟁 1:
주자인가 윤휴인가

효종4년(1653년) 고향으로 돌아간 송시열은 또 다른 갈등에 봉착했다. 윤휴가 주석을 덧붙인 〈중용〉을 보게 된 것이다. 송시열에게 주자의 말씀은 단 한 자라도 고치거나 덧붙일 것이 없는 성현의 진리였다.

당적도 다르고 자신보다 열 살이나 어린 윤휴(남인)의 학문을 인정해 그를 동등한 학자로 대우했던 송시열은 깊은 배신감을 느꼈다. 이에 윤휴를 사문난적[10]으로 단정했고 그를 사대부 사회에서 완전히 배척하기 위해 황산서원[11]에서 학자들과 회동을 가졌다.

"윤휴는 실로 사문(斯文)의 난적(亂賊)이오. (…중략…) 하늘이 공자에 이어 주자를 낳은 것은 실로 만세의 도통을 위한 것이오. 주자 이후에는 드러나지 않은 이치가 하나도 없고 명백하지 않은 글이 하나도 없는데, 윤휴가 감히 자기 견해를 내세워 방자하게 억설을 하는 것이오. 공(윤선거)은 우계의 외손이면서도 도리어 당(윤휴의 무리)을 도와 주문(주자의 문하)에 반역하는 졸도가 되는 것은 무슨 까닭이오?"

— 〈송자대전[12]〉 부록 제2권 연보1, 숭정26년

---

10 성리학에서, 교리를 어지럽히고 사상에 어긋나는 언행을 하는 사람을 이르는 말. 송시열 계열의 노론은 박세당과 윤휴 등 유교 경전을 주자와 다르게 해석한 이들을 사문난적으로 낙인찍어 사회적으로 매장했다. 이후 송시열 계열의 노론은 정파로, 다른 해석을 하는 사대부는 이단으로 분류됐다.

송시열이 윤휴를 공개적으로 비난하자 두 사람 모두와 교류가 깊던 윤선거는 '의리는 천하의 공물'이라며 중립적인 태도를 보였다. 서운함을 느낀 송시열은 윤선거에게 주자와 윤휴 둘 중 하나를 고르라며 압박했고 나아가 윤휴와 절교할 것을 요구했다. 송시열의 기세에 눌린 윤선거는 그러겠다고 답했으나 윤휴와의 교류를 끊지 않았다. 황산서원에서 시작된 이 논쟁은 훗날 윤선거의 아들 윤증에게 이어졌고, 남인과 산당의 격렬한 대립과 노론(송시열)과 소론(윤선거, 윤증)의 당쟁으로 뿌리내린다.

윤휴와 송시열의 화해를 위해 노력했으나 실패한 윤선거는 끝까지 산당과 남인을 중재했고 두 당파가 소통하며 서로를 이해하고 화합해야 한다고 주장했다. 윤선거의 말 한마디가 중요했던 이유는 그가 우계 성혼의 외손자이자 서인의 정통을 이어받은 인물로 평가받고 있었기 때문이다.

서인의 종주인 율곡 이이와 우계 성혼은 주자를 고집한 적이 없다. 주자는 서인의 우상이 아니라 송시열의 우상이었을 뿐이다. 그러나 송시열이 노론을 대표하게 되면서 주자의 사상만이 진리이고 다른 사상은 모두 이단이라 여겨지게 된 것이다.

---

11 인조4년(1626년) 율곡 이이, 우계 성혼, 사계 김장생의 학문과 덕행을 추모하기 위해 창건하고 이이와 성혼, 김장생의 위패를 모신 사원. 송시열 계열의 서인들에게는 성지와 같은 곳이다. 현종6년(1665년)에 '죽림(竹林)'으로 사액(조선시대 국왕으로부터 편액, 서적, 토지, 노비 등을 하사받아 그 권위를 인정받는 것)되어 서원으로 승격됐고, 이후 '죽림서원'이라 불렸다.

12 숙종 43년(1717년) 왕명으로 간행된 송시열의 문집. 문집의 표제를 〈송자대전〉이라 한 것은 송시열의 문인들이 그를 공자와 주자에 버금가는 성인인 '송자'라 존칭한 데서 비롯됐다.

화려한 복귀

송시열은 벼슬을 할 때나 하지 않을 때나 학자이자 정치가였을 뿐, 민생이나 경제를 고민하는 관료는 아니었다. 송시열이 윤휴와 대립하며 주자학의 정파를 정립하는 동안 효종은 북벌을 위한 군사력 강화에 매달렸다.

문제는 빠듯한 재정이었다. 효종6년(1655년) 국가 세입은 10만 석에 불과한데 지출은 12만 석에 달해 적자가 났다. 해결 방도를 찾던 중 노비 대장에 등록된 인원은 19만 명인데 납공노비[13]는 3만 명도 채 되지 않는다는 것이 밝혀졌다. 효종은 바로 노비추쇄도감[14]을 설치했다. 도망 노비를 찾아 재정을 확보하고 10만 정예병을 양성할 계획이었다.

하지만 효종의 기대와 달리 노비추쇄는 역기능이 훨씬 많은, 결과적으로 실패한 정책이었다. 사실 재정 확보에 가장 좋은 방법은 양반에게 군포를 걷는 것, 즉 호포(戶布)를 실시하는 것이었다. 당시 상황은 호포 개혁을 추진하기에 최적이었다. 산당 출신 유계가 이에 관련한 상소를 올리기도 했다.

---

13 독립된 가정을 이루고 신역(身役) 대신에 일정한 대가인 공물을 치르던 노비

14 조선시대 공노비 중 도망자와 은루자(권세가들이 불법으로 소유한 노비), 불법 종량(거짓으로 양인이 되는 것)된 자를 색출하기 위해 설치한 임시 관서. 기록상 처음 설치된 것은 고려 원종10년(1269년) 권문세가가 불법으로 점유한 노비를 추쇄하기 위해서였다. 조선 건국 이후 노비추쇄도감이 설치된 것은 총 6번으로, 세종21년(1439년), 세조7년(1461년), 성종10년(1479년), 중종9년(1514년), 명종11년(1556년)에 이어 효종 때 마지막으로 설치됐다. 이후 순조1년(1801년) 공노비를 혁파할 때까지 다시는 설치되지 않았다.

"(…상략…) 바라옵건대, 도망자, 죽은 이, 노인, 약자에게 군포를 걷는 일은 전액 면제하시고 보병이 바치는 베 두 필은 한 필로 감하소서. (…중략…) 예전 조종조 때엔 사대부의 자제, 서얼로서 장정이 된 남자 모두 귀천을 막론하고 각기 위(衛)에 소속됐기에 백성의 뜻이 안정되고 민역이 균등했사옵니다. (…중략…) 이제라도 성지를 내리시어 '똑같이 하늘이 낸 백성인데 문벌 있는 사람들만 유독 편안함을 누려야 할 이치가 없고 줄어드는 양민 장정만 일방적인 희생을 당하게 할 이유가 없다'는 것을 뼈저리게 깨우쳐주소서. 그리하여 위로는 벼슬아치부터 진사, 유학, 서얼로서 허통된 자까지 60세 이하 아내가 있는 자들은 모두 베 한 필씩 바치게 하소서."

백성의 고충은 줄이고 국가 재정은 확보하자는 바람직한 상소였으나 군포를 내지 않던 양반들은 한마음으로 반대했다.

송시열은 호포 개혁에 찬성하는 입장이었으나 적극적으로 나서지는 않았다. 대동법 시행이든 호포 개혁이든 송시열은 사대부 사회와 척을 질 행동은 하지 않았다. 여론을 움직일 능력과 개혁을 추진할 동력을 두루 갖춘 송시열이 나서지 않은 것은 아쉬운 일이다.

효종7년(1656년) 김집에 이어 효종9년(1658년) 김육이 세상을 떠났다. 산당과 한당을 대표하는 원로대신들을 잃고 새로운 동반자가 필요했던 효종은 송시열에게 손을 내밀었고, 중앙에서 정치적 포부를 펼치고 싶었던 송시열은 이 손을 잡았다. 효종은 송시열을 이조판서로, 송준길을 대사헌으로 임명했다. 재위 10년 만에 인사권과 사법권을 모두 산당에게 준 것으로, 이제 막 50대에 접어든 송시열은 마침내 조정의 중심에 서게 됐다.

기해독대와
효종의 승하

효종10년(1659년) 3월 11일, 효종은 승지와 사관, 환관을 모두 물리고 송시열과 대화를 나누었다. 승지는 물론 사관조차 배석하지 않은 채 임금과 신하가 독대하는 것은 매우 드문 일이었다. 그래서 이날의 대화는 〈실록〉에는 없고 송시열이 남긴 〈악대설화〉에만 남아 있다.

〈악대설화〉의 기록에 따르면 이날 효종은 정묘호란과 병자호란의 치욕을 씻고자 북벌을 계획 중이라는 포부를 털어놓았다. 효종은 송시열에게 자신이 부부관계조차 삼가며 철저하게 몸 관리를 해왔음을 고백하면서 10년 안에 북벌을 이루겠다고 했다. 산당 역시 북벌에 찬성했으나 이들이 말하는 북벌은 실제 전쟁이 아닌 정신적인 승리였다.

송시열은 일단 효종의 뜻에 동의하고 공감했으나 수신제가(修身齊家)[15]가 우선이라며 여지를 남겼다. 북벌의 명분은 세우되 전쟁을 사서 하지는 말자는 것이었다. 이어서 송시열이 세자빈 강씨의 신원을 묻자 효종은 '강씨는 역적'이라고 단언했다.

이날, 송시열과 효종은 서로가 원하는 것이 다름을 명확히 알았다. 하지만 그래도 필요하다면 손을 잡는 것이 정치였고, 송시열은 효종이 내민 손을 잡았다. 정치가로서 한 단계 발전한 모습이었다.

하지만 독대 두 달 후, 효종은 염원했던 북벌과 정통성 문제를

---

15 몸과 마음을 닦아 수양하고 집안과 나라를 다스림

끝내 해결하지 못한 채 갑작스럽게 승하하고 말았다. 얼굴에 난 종기가 갑자기 커지자 이를 침으로 터트렸는데 출혈이 멈추지 않아 허무하게 세상을 떠난 것이다. 정치적 포부를 실현하기 위해 상경했던 송시열은 효종의 장례를 총괄하게 됐다.

효종의 장례와 송시열의 낙향

송시열이 왕실과 국가의 주요 업무를 총괄한 것은 효종의 장례가 처음이었다. 그런데 무엇 하나 수월한 것이 없었다. 송시열은 효종의 시신을 염습[16]하면서 소렴할 때 끈을 느슨하게 묶고 얼굴을 가리지 않도록 했다. 선왕의 혼이 다시 돌아오길 기원하는 지극한 마음가짐이 곧 효(孝)라는 이유였다. 효종의 임종을 지켰던 세자 또한 송시열의 말을 따랐다. 문제는 이때가 초여름이었다는 것이다. 염습을 느슨하게 하자 더운 날씨로 인해 시신이 엄청나게 부풀었다. 망극한 일이었다.

당황한 인선왕후가 송시열을 찾자 그는 입관 전까지는 부기가 빠질 것이라고 답했다. 과연 시간이 지나자 부기는 빠졌다. 그런데 또 문제가 생겼다. 임금의 장례에 쓰이는 관인 재궁이 너무 작아 입관 자체가 불가능했던 것이다. 서둘러 관을 다시 만들려 해도 날

---

16 습(襲)이란 시체를 목욕시키고 일체의 의복을 입히는 것을 의미하고, 소렴은 시체를 옷과 홑이불로 싸서 묶는 것이며, 대렴은 시체를 아주 묶어서 관에 넣는 것을 말한다.

은 덥고 시간이 촉박했기에 하는 수 없이 재궁에 널빤지를 덧대어 보수했다. 그러나 보수한 재궁에 옻칠을 수십 번을 해도 널빤지를 덧댄 것이 감추어지지 않았다. 장례를 주관한 송시열의 입장은 여러모로 복잡하고 불편할 수밖에 없었다.

효종이 묻힐 장지도 문제였다. 장지 선발을 맡은 윤선도는 경기도 여주의 홍제동과 수원, 두 곳이 길지(吉地)라 고했다. 현종은 수원을 택했고 다른 지관들도 찬성했다. 그런데 대신들과 삼사가 반대했다. 수원은 그때까지 왕릉이 들어선 적이 없었다. 새로운 곳에 왕릉을 조성하려면 많은 인력과 재정이 필요했으나 때는 초여름 농번기였다. 송시열은 고을을 철거해야 하고 농토와 가산을 파괴할 우려가 있다는 이유로 반대했다.

결국 효종은 조선 왕실의 대표적인 능지이자 아버지 인조가 묻힌 건원릉 옆에 묻혔다. 오늘날 동구릉[17]이라 불리는 건원릉은 태조 이성계를 위시해 9명의 임금과 10명의 왕비가 묻힌 조선 왕실의 대표 왕릉으로, 송시열의 증조부가 바로 이 건원릉의 참봉이었다. 장지가 결정되자 수원을 주장한 윤선도는 산당의 맹렬한 공격에 파직됐다.

예법의 대가인 송시열이 국상을 주관한 효종의 장례는 모두가 인정할 만큼 여법해야 했으나 이처럼 전례 없는 망극하고 당황스

---

17 제1대 태조 이성계의 건원릉, 제5대 문종과 현덕왕후가 묻힌 현릉, 제14대 선조와 의인왕후·계비 인목왕후가 묻힌 목릉, 제16대 인조의 계비 장렬왕후의 휘릉, 제18대 현종과 명성왕후의 숭릉, 제20대 경종비 단의왕후가 묻힌 혜릉, 제21대 영조와 계비 정순왕후의 원릉, 제24대 헌종과 효현왕후·계비 효정왕후의 경릉, 추존된 문조와 신정왕후의 수릉이다.

효종의 장례 절차

5월 4일	승하
	습례(시신을 씻기는 것)
	소렴(시신에 새 옷을 입히고 이불로 싸는 것)
5월 7일	재궁 보수 및 내부 칠(3회)
5월 8일	대렴(시신을 재궁에 봉안), 빈전 안치
5월 9일	성복(정식으로 상복을 입는 것)
5월 10일	현종 즉위
5월 11일	묘호(효종) 및 능호(영릉) 확정
5월 12일	재궁 가칠(25회. 관에 덧댄 널빤지에 여러 차례 칠을 함)
9월 3일	지문 제술(송시열 지음)
9월 20일	외재궁 옻칠(70회. 관에 덧댄 널빤지에 여러 차례 칠을 함)
10월 27일	조전(祖奠, 발인 전에 영결을 고하는 제사 의식)
10월 28일	발인(상여가 집을 떠나 장지에 도착할 때까지 행하는 상례 의식)
10월 29일	영릉에 장사, 초우제(시신을 땅에 묻고 처음 지내는 제사)
12월 9일	졸곡제(곡을 끝낸다는 뜻으로 지내는 제사)

※ 재우제~납곡제 제외

러운 문제들이 많았다. 송시열은 이에 책임을 지기 위해 효종의 졸곡이 끝난 12월 미련 없이 낙향했다. 송시열은 논란이 있을 때마다 맞서는 대신 사직과 낙향을 택했다. 이는 소극적인 대처였으나 효과적이었다. 조정에 남은 송시열의 제자들이 스승을 대신해 치열하게 싸워주었기 때문이다.

제1차 예송논쟁

효종의 장례에서 가장 큰 논란이 된 것은 바로 자의대비의 상복 문제였다. 자의대비는 병자호란 후 열다섯의 어린 나이에 왕비로 책봉된 인조의 계비였다. 총애를 받지도 못했고 자식도 없어 왕실 최고 어른인 대비가 된 후에도 존재감이 미비했던 그녀가 효종의 장례에서 느닷없이 논쟁의 주인공이 된 것이다.

임금이나 왕비가 먼저 승하했을 경우 대비의 상복 착용 기간에 대해 명확하게 제시된 사례는 드물었다. 다만 아들이 먼저 죽으면 대체로 기년복(1년 동안 입는 상복)을 입어온 전례가 있었고 〈경국대전〉과 〈대명률〉에서도 기년복을 입는다고 기록되어 있었다. 예조판서 윤강은 여러 대신에게 의견을 구했다. 이때 송시열은 기년복을, 윤휴는 왕위를 계승한 이상 효종을 장남으로 보는 것이 옳다며 삼년복(3년 동안 입는 상복)을 주장했다. 윤휴는 영의정 정태화에게 자신의 의견을 편지로 전달했고, 정태화는 송시열을 만나 윤휴의 의견을 전했다. 이에 송시열은 삼년복도 일리가 있음을 인정했으나 〈의례주소〉의 4종지설[18]을 근거로 기년복을 주장했다.

4종지설에 따르면 효종은 '서자'이기 때문에 대비는 삼년복을 입을 수 없었다. 여기서 서자란 적장자가 아닌 모든 아들을 의미하지만 보통은 '첩의 아들'을 뜻했기에 현종에게 이를 그대로 전달할 경우 오해가 생길 수 있었다. 이를 염려한 정태화는 4종지설이 아니라 일반적인 전례를 참고해 기년복으로 할 것을 제안했고 송시

---

18 아들이 왕위에 올랐어도 어머니(대비)가 삼년복을 입을 수 없는 4가지 경우

〈의례주소〉의 4종지설

1	정이부체(正而不體): 적손(아들이 아닌 손자)으로서 가통을 잇는 경우. 즉, 적통이긴 하나 몸을 받은 아들이 아닌 적장손이 가통을 계승
2	체이부정(不體正而): 서자(장자가 아닌 모든 아들)로서 후사가 되는 경우. 즉, 몸을 받았으나 적자가 아닌 서자가 가통을 계승
3	정체(正體): 적자이긴 하나 병이나 기타 문제로 가통을 이을 수 없는 경우. 즉, 적통 아들이나 문제가 있어 계승이 불가한 경우
4	부정부체(不正不體): 서손(장자가 아닌 아들의 아들)이 후사가 되는 경우. 즉, 적통도 아니고 아들도 아닌 후손이 가통을 계승

열도 동의했다. 그렇게 기년복이 확정됐다.

현종1년(1660년) 3월, 탈상이 한 달 남짓 남은 상황에서 사헌부 장령 허목이 상소를 올렸다. 허목은 왕가의 예법과 사대부의 예법은 다르다며 강경한 어조로 삼년복을 주장했다. 현종은 왕실의 위엄을 존중하는 허목의 상소에 마음이 흔들렸고 임금의 속내를 파악한 일부 대신이 삼년복을 지지했다. 그러자 송준길이 서둘러 반대 상소를 올렸다. 탈상을 앞두고 삼년복으로 바뀐다면 예법이 아니라 임금과 왕실을 향한 충성 논쟁으로 사안이 변질될 것을 우려한 것이다. 아니나 다를까 송준길이 상소를 올리자 허목은 더욱 과격한 어조로 반박했고, 격화된 논쟁에 조정은 분열됐다.

그때 예조판서 윤강이 송시열의 의견을 들어보자고 제안했다. 처음 기년복으로 확정되는 데 결정적인 역할을 한 송시열만이 이 논쟁을 끝낼 수 있다고 생각했기 때문이다.

훗날 '제1차 예송논쟁'으로 불리게 된 이 사건은 오늘날까지도 송시열의 '연관검색어'다. 하지만 정작 이 논쟁은 송시열이 시작하거나 의도한 것도, 주도한 것도 아니었다.

역도와 충신의 경계에서

허목의 상소로 대세가 삼년복으로 기울어가는 가운데 송시열의 상소문이 올라왔다. 그는 처음 이 문제를 논의했을 때 윤휴가 주장한 삼년복도 일리가 있다고 인정했으나 허목의 상소에 반박할 때는 근거와 어조가 모두 단호했다.

송시열은 세종과의 사이에서 8명의 아들을 두었던 소헌왕후의 예를 근거로 들었다. 만약 세자 문종을 비롯해 7명의 대군이 모두 소헌왕후보다 먼저 세상을 떠났을 경우, 매번 삼년복을 입을 수 있었겠느냐는 논지였다. 〈실록〉에서도 덕종, 예종, 인종, 순회세자의 장례에서 대비들이 모두 기년복을 입은 것을 확인할 수 있었다. 비록 왕가의 예법과는 다르나 사대부 사회에서도 아들이 먼저 죽었을 때 삼년복을 입은 경우는 없었다.

송시열의 상소에 현종은 삼년복으로 기울던 마음을 바꿔 다시 기년복으로 확정했다.

이렇게 상복 논쟁이 끝나는가 싶을 무렵, 남인 윤선도의 상소가 올라왔다. 윤선도는 자의대비가 삼년복을 입지 않는다면 소현세자만 인조의 적자로 인정하고 효종은 적자로 인정하지 않는 것이라

왕과 세자의 장례 때 대비의 상복 착용 기록(조선왕조실록)

묘호	왕비의 아들	어머니(母)	상복 기간
덕종(추존) 의경세자	제7대 세조의 장남 세자 시절 요절	정희왕후-자성대비(조선 최초 대비) 남편과 두 아들보다 장수	
예종	제7대 세조의 차남 요절		1년
인종	제11대 중종의 장남 즉위 9개월 만에 승하	장경왕후(친어머니, 중종10년 승하) 문정왕후(계모, 중종12년 왕비책봉) - 성렬대비	
순회세자	제12대 중종의 차남 세자 시절 요절	인순왕후 - 의성대비	

고 주장했다. 윤선도의 상소는 송시열에 대한 공격으로 가득했는데, 그의 논지대로라면 기년복을 주장한 송시열과 산당은 효종의 정통성을 무시한 역적인 셈이었다.

이 위기를 타개하기 위해 산당 강경파는 윤선도를 공격하기 시작했다. 언론을 장악한 산당의 공세는 막강했다. 현종은 윤선도를 보호하기 위해 서둘러 그를 유배하고 상소를 불태웠지만, 산당은 극형을 주장했다. 윤선도가 명확한 죄목으로 처형되지 않는다면 언젠가 산당과 남인의 위치가 뒤바뀌어 기년복을 주장한 송시열과 산당이 역적으로 몰릴 수도 있기 때문이다.

윤선도의 상소 이후 송시열은 당적을 떠나 교류해오던 남인 학자들과 절교했고, 심지어 남인을 상종할 수 없는 소인배로 규정하는 등 편향된 모습을 보이기 시작했다. 또한 허목과 윤선도를 위시한 남인이 자신을 역적으로 몰아 죽이려 했던 것을 죽는 날까지 잊지 않았다. 한 번 아니면 끝까지 아닌 것, 그게 송시열의 성격이었다.

산당의 위기

윤선도는 함경도에 위리안치됐고 현종의 명으로 삼년복 주장은 폐기됐으나 예송논쟁은 계속됐다. 상복 논쟁은 산당과 남인의 생명줄이 걸린 문제였다. 남인 쪽에서는 잊을 만하면 윤선도를 옹호하는 상소가 올라왔고 지방의 유생들까지 줄기차게 연명 상소를 올렸다. 그때마다 산당은 총력을 기울여 송시열을 보호했다. 하지만 그 과정에서 무리한 처사가 반복되면서 산당 쪽에서도 윤선도를 옹호하는 이들이 나타나기 시작했다. 보복정치가 계속되면서 당 정체성마저 사라지는 지경이 된 것이다.

조선 건국 이래 대비의 복상 문제가 이토록 심각한 정치적 사안이 된 적은 한 번도 없었다. 목숨이 오가는 살벌한 공방이 7년 가까이 계속되자 현종7년(1666년) 현종은 예송금지령을 내렸다. 이후 산당은 더욱 경직돼 남인을 무조건 적대했고 송시열을 과도하게 추앙했다. 틈만 나면 현종에게 송시열을 칭송했고, 송시열이 조정에 있어야 나라의 모든 근심이 해결된다며 예를 갖춰 부를 것을 청했다.

하지만 그럴수록 반감이 커져만 갔던 현종은 송시열이 아닌 허적을 영의정으로 삼고 김좌명을 중용했다. 허적은 남인이었고, 김좌명은 한당의 영수인 김육의 아들이자 왕비 명성왕후의 사촌오빠로 현종이 가장 신임하는 외척이었다. 이는 산당이 아무리 칭송한다 해도 굳이 송시열을 중용하지 않겠다는 의지였다.

현종의 행동에 산당은 불안을 느꼈다. 초조할 때마다 산당의 행동 패턴은 한결같았다. 남인을 공격하고, 송시열을 부르자고 청하고, 우율종사를 주장하는 것이었다.

산당의 주장은 태평성세에나 논해야 할 한가로운 이야기였으나 현종의 치세는 혹독했다. 가뭄, 홍수 등 자연재해와 전염병 등이 끊이지 않았고, 굶어 죽는 백성이 헤아릴 수 없을 정도였다. 살아남은 노인들은 임진왜란이나 병자호란 때보다 더 힘든 시절이라고 고백했다. 현종은 당면한 현안을 무시한 채 남인에 대한 보복과 집권에만 집착하는 산당과 이들이 추앙하는 송시열에 대한 실망이 쌓여 갔다.

관리의 길 vs 의리의 길

현종4년(1663년) 11월, 청나라 사신을 영접해야 할 수찬 김만균이 사직을 청했다. 그의 할머니가 병자호란 당시 강화도에서 순절한 후 청나라를 원수로 여겨왔기에 청나라 사신을 접대할 수 없다는 이유였다. 이렇듯 산당은 나라를 위한 대의보다 사적인 인정과 의리를 중시했다. 산당은 김장생의 증손자인 김만균을 칭송했으나 현종은 불쾌했다. 관리라면 응당 백성을 먼저 생각하고 맡은 바 본분을 다하는 것이 도리건만 김만균은 본인의 원한을 앞세워 책임을 회피한 것이나 다름없었기 때문이다.

승지 서필원이 김만균의 사직에 반대하자 현종은 기다렸다는 듯이 김만균을 파직했다. 본인의 의지로 관직을 사양하는 사직은 명예로운 일이지만 임금의 명으로 관직을 잃는 파직은 불명예스러운 것이었다.

김만균의 사직 요청에 현종이 파직으로 답하자 의리를 중시하는 송시열은 서둘러 김만균을 옹호하는 상소를 올렸다. 하지만 현종은 무반응으로 일관했다. 그러자 산당은 김만균의 사직에 반대한 서필원에게 화살을 돌려 그를 탄핵했으나 현종은 이 또한 무시했다. 이런 현종의 일관된 반응에 산당은 당황했다.

현종9년(1668년) 송시열은 상경해 현종을 알현했으나 현종은 그가 뜻을 펼칠 만한 관직을 내리지 않았다. 송시열은 현종의 변화를 직감했으나 평생 임금의 마음을 헤아리기보다 자신의 마음을 다스리는 데만 익숙했던 그는 어심을 돌릴 방법을 알지 못했다. 늘 그랬듯 송시열은 낙향했다. 그러자 현종은 못 이기는 척 송시열을 다시 불렀으나 관직을 약조하지는 않았다. 이때 송시열은 자신의 명예가 아닌 산당의 미래를 위해 특단의 결심을 했다. 현종이 신임하는 외척 김좌명과 손을 잡기로 한 것이다.

송시열은 외척과 권력자를 비난하고 공격하는 것을 존재가치로 삼는 산당에게 김좌명을 적대하지 말 것을 당부했다. 김좌명과 산당의 연합은 송시열에게 있어 권력과의 타협을 의미했다. 이는 송시열 생애 처음이자 마지막 타협이었고 일생일대의 결단이었다. 하지만 김좌명이 젊은 나이에 너무 일찍 세상을 떠나는 바람에 화합의 정치는 아득한 일이 되고 말았다.

불필요한 논쟁 2: 이경석과 수이강

현종9년(1668년) 영의정을 역임했던 이경석이 궤장[19]을 받았다. 이경석은 병자호란 당시 삼전도의 비문을 지은 인물로 청나라와 외교적 마찰이 있을 때마다 나라와 임금을 위해 기꺼이 방패 역할을 해온 원로대신이자 송시열을 천거하기도 했던 정치 선배였다. 그는 궤장을 받는 순간을 화공에게 그림으로 남기도록 했고 송시열에게는 글을 부탁했다. 송시열은 '오래 살고 건강하다'는 뜻의 '수이강(壽而康)'이라는 짧은 글을 써주었다.

일견 아름다워 보이는 이 이야기에 숨겨진 사연은 그로부터 1년 후 세상에 드러났다.

현종10년(1669년) 현종은 아내 명성왕후의 건강을 위해 온양에서 보름 정도 머물렀다. 이경석은 전염병 등의 문제가 있으니 속히 한양으로 상경할 것을 청하는 상소를 올리며 신하들이 온양행궁에 문안 오지 않은 것을 지적했다. 온양과 멀지 않은, 충청도 회덕에 살고 있던 송시열은 이경석의 상소가 자신을 공격했다 여겨 발끈하며 장문의 상소를 올렸다.

상소에서 송시열은 이경석에게 써준 '수이강'에 대해 상세하게 설명했다. '수이강'은 주자가 '손적'이라는 사람을 평가할 때 쓴 표현이었다. 손적은 송 황제 흠종이 금나라에 포로로 끌려갈 때 동행

---

19 연로한 대신들에게 하사한 안석(앉을 때 몸을 기대는 방석)과 지팡이. 궤장은 대신이 임금에게 받을 수 있는 최상의 대우였다.

한 인물로, 금나라에 머무는 동안 권력자의 비위를 맞추기 위해 글을 써준 적이 있는데, '수이강'은 이를 조롱한 것이었다.

하지만 지나치게 상세한 송시열의 설명은 긁어 부스럼을 만든 격이었다. 병자호란 당시 삼전도에서 인조의 항복을 받은 청나라 황제 홍타이지는 이를 기념하고 자신의 공덕을 기리기 위해 삼전도비를 세우라 명했다. 거부할 수 없는 명이었으나 이 굴욕적인 글을 쓰려는 신하가 없자 인조가 간곡히 부탁한 끝에 이경석이 불명예를 감수하면서 붓을 들었다. 인조는 조선을 위해 어려운 일을 맡아준 이경석에게 고마워했고, 누구도 그를 감히 비난하지 못했다. 그런데 한참 후배인 송시열이 이 일을 두고 이경석이 청나라의 비위를 맞춘 글을 썼다며 조롱한 것이다.

이경석은 수이강의 진실을 알고 난 후에도 대응하지 않았다. 그러자 사람들은 이경석의 관대함을 칭송하고 송시열을 비난하기 시작했다.

훗날 이경석의 비문을 작성한 박세당은 이 사건을 언급하며 송시열을 비난했고, 송시열의 문인들은 박세당의 유배를 청했다. 그러자 이경석의 손자가 나서서 할아버지를 변호하고 송시열을 비난했다. 끝없는 비방의 반복이었다.

이처럼 송시열에 대한 논란은 주변 인물로 인해 사태가 커지고 당쟁으로 격화되는 경우가 많았다. 때로는 속내를 감추는 데 미숙한 송시열이 불필요한 논쟁을 야기하기도 했다. 그때마다 산당은 송시열을 옹호했고, 송시열은 자신을 비난하는 모든 세력을 적으로 여겼다. 그에게 적과 동지의 기준은 옳고 그름이 아닌 의리였다.

예법의
대가(大家)

현종 대에는 재해가 끊이지 않았다. 기근과 전염병으로 수만 명이 굶어 죽었고 시체가 산을 이루었다. 식량 부족 문제가 얼마나 심각했는지 청나라에 원조를 청하자는 논의까지 있었다.

이런 시대에 예법 논쟁이 꽃을 피웠다는 것은 참으로 역설적이다. 물론 송시열도 사회개혁에 대한 상소를 올리기도 하고 의견을 내기도 했지만, 그가 평생을 바쳐 추구한 것은 민생이나 개혁이 아닌 정성과 의리 그리고 마음가짐이었다.

송시열은 태조의 개성 사저를 보수하고 관리할 것, 을사사화로 억울하게 죽을 이들을 증직(贈職)[20]할 것, 단종을 장사 지낸 엄홍도의 자손을 찾아 벼슬을 내릴 것 등을 건의했다. 관심을 가지고 자세히 보지 않으면 놓치기 쉬운 일들을 꼼꼼하게 챙긴 것이다. 아마도 송시열이 아니라면 이런 문제를 임금에게 알리고 윤허까지 받아내기란 어려웠을 것이다. 송시열은 과거의 의로운 이들을 찾아 정성을 다해 위로하고자 했다. 그것이 송시열이 추구하고 실천한 의리와 정성 그리고 도리였다.

현종12년(1671년) 나라에는 대기근이 들었고 김좌명이 세상을 떠났다. 이듬해에는 평생의 동지였던 송준길도 세상을 떠나 송시열 홀로 산당을 이끌어야 했다. 그 와중에 효종의 천장(왕릉을 이장하는 것) 문제가 불거졌다. 곪아 있던 문제가 터진 것이다. 효종의 왕릉

---

20 죽은 뒤에 품계와 벼슬을 추증하던 일

은 송시열과 산당의 주장으로 건원릉에 마련된 지 오래였으나 이후 크고 작은 문제가 발생해 결국 경기도 여주의 세종대왕릉 안으로 자리를 옮기기로 결정됐다. 수원을 효종의 장지로 삼길 원했던 현종은 송시열과 산당의 주장을 따랐다가 천장을 하기에 이르자 심기가 불편했다.

이런 상황에서 김만중이 허적을 탄핵하자 현종은 어처구니가 없었다. 천장 문제로 불거진 산당에 대한 비난 여론을 흐리려는 의도가 분명했기 때문이다. 분노한 현종이 김만중을 유배 보내자 송시열은 김만중을 옹호하는 상소와 함께 천장 문제를 거론했다. 현종의 예상이 적중한 것이다. 산당의 전통과도 같은 감싸기 작전에 현종은 진절머리가 났다. 감싸기에 실패하면 마치 해결사처럼 송시열이 나서는 것도 부담스럽고 불쾌했다.

이처럼 현종과 산당의 관계가 극도로 냉랭해진 현종15년(1673년) 2월, 현종의 어머니이자 효종의 왕비인 인선왕후가 승하했다.

제2차 예송논쟁

인선왕후는 효종의 능에 합장됐고 졸곡제(卒哭祭)[21]까지 예법대로 치러졌다. 이제 남은 것은 자의대비의 상복 착용 기간을 정하는 것이었다. 관례에 따르면 맏며느리가 시부모보다 먼저 세상을 떠나면

---

21 삼우제를 지낸 뒤에 곡을 끝낸다는 뜻으로 지내는 제사. 사람이 죽은 지 석 달 만에 오는 첫 정일(丁日)이나 해일(亥日)을 택해 지낸다.

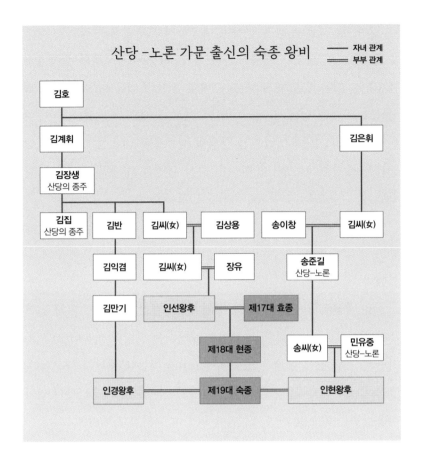

시어머니는 1년 동안 상복을 입었다. 이를 근거로 예조에서는 기년복으로 결재를 받았다. 그런데 돌아서자마자 효종의 장례 때 자의대비가 기년복을 입은 것이 뒤늦게 생각났다. 왕이 승하했을 때와 왕비가 승하했을 때 대비의 상복 착용 기간이 같을 수는 없는 법이었다. 당황한 예조에서는 바로 다음 날, 자의대비의 상복 착용 기간을 대공복(9개월 동안 상복을 입는 것)으로 다시 결재를 받았다. 그야말로 촌극이었다.

얼마 후, 영남 유생 도신징이 대공복의 부당함을 주장하는 상소를 올렸고, 이 상소는 현종을 움직였다. 현종은 김석주와 함께 1차 예송논쟁 기록을 모두 조사했다. 며칠 동안 준비를 마친 현종은 작심하고 대신들 앞에서 자의대비의 상복 문제를 거론했다. 현종이 원하는 답은 기년복이었지만 영의정 김수흥을 비롯한 대신들은 대공복을 주장했다. 그러자 현종은 즉시 왕명을 내세워 기년복을 확정한 후 김수흥을 파직하고 춘천으로 유배했다.

현종의 강경하고 신속한 대처에 송시열과 산당은 당황했다. 현종의 분노가 얼마나 큰지, 그 화살이 어디까지 향할지 예측할 수 없었다.

1차 예송이 남인과 산당의 당쟁이었다면 2차 예송은 외척 김석주가 전면에 나선 왕실과, 송시열로 상징되는 산당의 싸움이었다. 하지만 왕명에 맞선 논쟁은 있을 수 없었다. 이는 불충이기 때문이다. 그러나 송시열과 산당의 위기는 뜻밖의 상황으로 마무리됐다. 2차 예송논쟁을 일으킨 지 한 달 만에 현종이 승하한 것이다.

어린 군주
숙종

현종 승하 닷새 후, 왕세자가 새로운 임금으로 즉위했다. 제19대 숙종이다. 대비로서의 위엄을 세울 필요도 없었고 친정을 위한 권력도 원치 않았던 명성왕후는 과감하게도 열다섯 살의 숙종에게 친정(親政)을 맡겼다. 현종과 명성왕후의 적통 장자로 태어난 숙종은 할아버지 효종이나 아버지 현종과 달리 완벽한 정통성을 가진 임금이었고 자존감이 높았다. 이미 왕에게 충성을 다하는 외가가 있었기에 신하들의 눈치를 볼 필요도 없었다.

즉위 한 달 후, 숙종은 송시열에게 현종의 묘지문을 위촉했다. 그러자 영남 유생 곽세건이 두 번이나 잘못된 예송의 원인을 제공한 죄인 송시열이 묘지문을 짓는 것은 부당하다는 상소를 올렸다. 현종의 장례를 치르기 위해 상경해 있던 송시열은 자신을 비난하는 상소가 올라오자 수원으로 내려갔다. 이에 대사헌 민시중과 좌의정 김수항을 비롯한 산당 원로들은 곽세건의 처벌을 주장했다. 하지만 숙종은 오히려 곽세건의 처벌을 주장한 신하들을 벌하고 예론을 금지했다. 그 후 송시열이 현종의 묘지문 작성을 사양하자 숙종은 외삼촌 김석주에게 이를 위촉하고 현종의 행장[22]을 송시열의 제자인 대제학 이단하에게 맡겼다.

본디 임금의 묘지문이나 행장을 위촉받는 것은 신하로서 대단한 영광이었지만 이단하에게는 고통이었다. 숙종이 '송시열이 예를 잘못 정했다'는 문장을 쓸 것을 강요했기 때문이다. 스승을 욕할 수도 없고 군주를 기만할 수도 없었던 이단하는 행장을 다른 이에게 맡겨달라고 간청했으나 숙종은 무시했다. 이단하는 어쩔 수 없이 스승 송시열이 잘못했음을 자신의 손으로 기록할 수밖에 없었다.

22　죽은 사람이 평생 살아온 일을 적은 글

송시열을 죽여라!

숙종은 현종의 묘지문과 행장을 계기로 즉위하자마자 정권을 산당에서 남인으로 교체했다. 묘지문 짓기를 사양하고 논쟁의 원인을 제공한 송시열은 유배됐고 산당의 원로들은 조정에서 축출됐다. 임금의 주도로 정권을 교체하는 '환국'은 이후 숙종의 왕권강화 수단으로 사용됐다.

수십 년 만에 간신히 정권을 장악한 남인은 송시열을 완전히 제거하고자 했다. 예론을 잘못 이끈 송시열의 죄를 종묘에 고하는 '고묘론'을 통해 송시열을 역모로 몰아 죽일 생각이었다.

산당은 송시열을 살리기 위해 최선을 다했다. 숙종도 효종과 현종의 스승이었던 송시열을 죽일 생각은 없었고, 남인 출신 영의정 허적도 사사로운 감정으로 송시열을 처형하는 데 반대했다. 그럼에도 남인 강경파는 송시열의 죽음을 집요하게 요구했다. 유배지를 전전하다가 거제도에 위리안치된 송시열 역시 이 사실을 알고 있었다. 오랜 세월이 흘렀으나 송시열과 남인 사이에 남은 것은 증오뿐이었다.

집권 여당이 하루아침에 산당에서 남인으로 바뀌자 기대감이 높았다. 그러나 남인은 새로운 정치가 아니라 산당에 대한 보복에 집착했다. 게다가 소수이자 비주류인 남인이 집권하자 인재가 부족해져 내부 분열까지 일어났다. 이에 숙종은 실망했고 산당은 희망을 찾았다.

한편 송시열은 유배지에서 가르침을 청하며 찾아오는 모든 사람을 신분의 차별 없이 받아들였다. 함경도와 거제도 같은 오지의 백성들은 격식을 따지지 않고 정성을 다해 공자와 맹자, 주자의 가르침과 예학, 나아가 인간의 도리를 알려주는 송시열에게 감동했다. 이들의 눈에 비친 송시열은 예법을 따지는 꼬장꼬장한 학자가 아니라 백성을 마치 손자 보듯 바라보는 다정하고 자상한 할아버지였다. 유배지에서조차 시간을 허투루 보내지 않고 좌절하지도 않으며 독서와 저술에 힘쓰는 모습 또한 깊은 인상을 남겼다. 심지어 송시열은 여성을 하대하는 것이 당연했던 유교 사회에서 딸과 며느리에게도 차별 없이 가르침을 펼쳤다. 이는 정치가 송시열이 아닌 인간 송시열의 모습이었다.

산당의 기사회생 그리고 노론과 소론의 분열

숙종6년(1680년) 숙종은 남인을 대거 축출하고 집권 여당을 산당으로 바꾸는 경신환국을 단행했다. 송시열은 7년 만에 유배에서 풀려났고, 권력을 되찾은 산당은 숙원을 풀었다. 숙종7년(1681년), 60여 년간 논쟁을 거듭해온 율곡 이이와 우계 성혼의 문묘종사를 성사시킨 것이다. 산당의 완벽한 승리였다. 같은 해, 숙종의 왕비 인경왕후가 천연두로 승하하자 한 번 권력을 잃었던 산당은 그토록 예법을 중시해온 모습이 무색하게 삼년상조차 무시하고 산당 가문출신의 계비를 서둘러 간택했다. 인경왕후 승하 반년 만에 민유중의 딸이 계비가 됐으니 그녀가 바로 인현왕후다.

경신환국으로 집권당의 자리를 되찾았고 문묘종사를 성사했으며 국혼도 차지했지만 산당은 여전히 초조했다. 남인에게 권력을 빼앗겼던 경험이 트라우마로 남은 것이다. 이에 장기집권의 확실한 대책을 마련하기 위해 산당의 원로 김익훈이 나섰다. 그는 숙종의 외삼촌 김석주와 손을 잡고 역모 사건을 조작해 고변하기로 했다. 판은 김석주가 짰다. 그는 서인이지만 남인과 가까운 김환에게 남인 허새, 허영의 집을 드나들며 역모의 증거를 수집하게 했다. 그런데 변수가 발생했다. 아직 변변한 역모 증거를 확보하지 못한 상황에서 김석주가 청나라에 사신으로 가게 된 것이다.

김석주가 조선을 떠나 있는 사이, 김환이 역모를 꾀한다는 소문이 돌기 시작했다. 역풍이 두려웠던 김환은 급한 마음에 허새와 허영의 역모를 고변했으나 증거는 턱없이 부족해 사실무근으로 판명됐다. 고변이 사실이면 역모를 꾀한 이들이 처벌받는 것이 당연하듯 고변이 거짓인 경우 고변자와 관련자도 당연히 처벌을 받았다. 이에 산당 원로들은 서둘러 김환을 제거해 김익훈이 역모 조작에 가담한 사실을 덮으려 했다. 그러자 산당 내부에서 김익훈을 옹호하는 이들과 비난하는 이들이 대립하며 논쟁을 벌였다. 숙종은 고민 끝에 '대로(大老)의 결정을 따르겠다'며 송시열에게 판단을 맡겼다.

숙종8년(1682년) 11월, 숙종의 부름을 받은 송시열은 무거운 마음으로 한양을 향해 느릿느릿 올라오다가 수원에서 걸음을 멈췄다. 그는 낙향을 청하는 상소를 올린 후 효종의 능이 있는 여주로 발걸음을 옮겼다. 송시열의 부담을 안 숙종은 그를 영부사[23]로 임명하고 승지 조지겸을 수원으로 보냈다. 송시열을 깍듯하게 예우하고 성의

---

23 조선시대 돈녕부에 소속된 정1품 관직. 명예직이다.

를 보인 것이다.

김익훈을 탄핵했던 조지겸에게 사건을 상세히 들은 송시열은 고심 끝에 김익훈에게 잘못이 있다고 했다. 그러자 조지겸과 산당의 젊은 인사들은 환호했다. 하지만 한양에 도착한 송시열은 김수항, 김만기, 민정중 등 산당의 원로와 만나자 입장을 번복해 김익훈을 옹호했다.

김익훈이 잘못한 것을 알면서도 송시열이 입장을 번복한 이유는 무엇일까? 김익훈이 스승 김집의 조카였기 때문이다. 대의보다 의리가 먼저였던 송시열은 스승의 조카가 처형되는 것을 차마 볼 수 없었다.

송시열은 의리를 지켰으나 송시열의 공정한 결정에 환호했던 젊은 산당 인사들은 크게 실망했다.

김익훈의 처벌에 대한 송시열의 태도로 인해 산당은 송시열을 비롯한 원로들 중심의 노론과 젊은 선비 또는 관리 중심의 소론으로 분열했다. 그리고 노론과 소론의 분열에 결정적인 역할을 한 김익훈은 결국 삭출[24]됐다. 목숨은 건졌으나 사대부로서 불명예스러운 최후였다.

이후 송시열은 정계에서 완전히 은퇴했으나 노론과 소론의 갈등은 이때부터 시작됐다.

---

24 관직을 삭탈하고 도성 밖으로 내쫓음

불필요한 논쟁 3: 회니시비

송시열이 유배지를 전전하고 있을 무렵, 오랜 벗인 윤선거의 아들이자 자신이 아끼는 제자인 윤증이 찾아왔다. 하지만 스승과 제자의 애틋함은 윤증이 본론을 꺼낸 순간 냉랭한 분위기로 바뀌었다. 윤증이 아버지의 묘비문 수정을 부탁한 것이다.

윤선거는 현종10년(1669년) 세상을 떠났는데, 그가 윤휴와 완전히 절교하지 않은 것이 못내 서운했던 송시열은 '현석(윤선거의 행장을 쓴 박세채)이 윤선거를 극히 찬양했기에 나는 그대로 적기만 할 뿐 짓지는 않았다'는 한 줄만을 남겼다. 여기에 포함된 '술이부작[25](述而不作)'은 고인의 묘비문에 들어가기에 적당한 표현이 아니었다. 돌아가신 아버지의 명예가 달린 일이었기에 윤증은 혹시라도 스승과 아버지 사이에 오해가 있다면 풀고 싶었다. 윤증은 송시열에게 윤휴에게도 윤선거의 행장을 받았다고 솔직하게 말했다.

윤휴가 누구인가. 자신을 죽이고 싶어 혈안이 되어 있는 남인의 수괴이자 간악한 소인배가 아니던가! 자신이 유배되어 생사를 가늠하기 어려운 것도 남인 때문이었다.

그런 윤휴에게도 행장을 받았다는 제자의 말에 송시열은 화도 나고 허탈했다. 이에 송시열은 마지못해 묘비문을 수정하기는 했으나 오히려 더욱 성의 없게 수정했고 술이부작 네 글자는 끝내 지우

---

25 있는 그대로 기술할 뿐 새로 지어내지 않는다는 뜻. 오늘날로 보면 SNS에 '좋아요' 또는 '공감'을 누른 정도에 불과하다.

지 않았다.

이 일로 스승과 제자는 서로에게 완전히 실망했다. 윤증은 자기 고집이 분명하다는 점에서 송시열을 많이 닮은 제자였다.

수정하지 않은 것만 못한 묘비문을 들고 돌아온 윤증은 스승 송시열에게 보낼 서찰 '신유의서'를 썼다. 윤증의 실망과 분노가 고스란히 담긴 이 서찰에는 송시열에 대한 비난이 가득했다.

'신유의서'는 송시열에게 실망한 대다수 소론의 마음을 대변해 준 사이다 같은 글이었다. 하지만 소론의 영수 박세채의 생각은 달랐다. 그는 윤증에게 절대로 이 서찰을 송시열에게 보내서도, 송시열이 서찰의 존재를 알아서도 안 된다고 당부했다.

그런데 하필이면 박세채의 사위가 송시열의 손자인 송순석이었다. 장인의 서재에서 서찰을 발견한 송순석은 이를 베껴서 할아버지에게 전했고, 송시열은 윤증 부자에 대한 분노가 폭발했다.

윤증이 스승을 배신했다는 것이 세상에 알려지자 조정에서는 모이기만 하면 송시열과 윤증의 시비를 가리는 논쟁이 벌어졌다. 노론은 송시열의 편을 들었고 소론은 윤증의 편을 들었다. 이를 '회니시비'라고 한다. 송시열의 고향인 '회덕'과 윤증의 고향 '이성'의 머리글자를 딴 이름이다.

회니시비는 '산당'이라는 같은 뿌리에서 갈라져 나온 노론과 소론을 원수로 바꿔놓았다.

최후의 적,
장희빈

하지만 송시열을 무너뜨린 최후의 적은 청나라 군대도, 무너진 삼강오륜도, 주자의 말씀에 이견을 가진 사문난적도 아니었다. 송시열로서는 꿈도 꾸지 못할 방법으로 숙종의 몸과 마음을 사로잡은 절세미녀, 희빈 장씨였다.

장씨가 숙종의 승은을 처음 입은 것은 인경왕후가 승하한 지 얼마 지나지 않아서였다. 자의대비의 후원을 받아 침방나인으로 입궁한 장씨는 뛰어난 미색으로 숙종을 사로잡았다. 이를 경계한 명성왕후는 장씨를 강제로 출궁시켰고 그 사이 숙종은 인현왕후를 계비로 맞았다. 이후 장씨는 숙종의 당숙인 동평군²⁶의 보호를 받으며 숙종과 재회할 날을 기다렸으나 그녀의 기다림은 송시열의 유배 기간만큼이나 길었다.

숙종9년(1683년) 명성왕후가 승하하자 송시열은 묘지문을 지어 올렸다. 현종의 묘지문 짓기를 거절해 경신환국을 겪은 노론과 송시열은 숙종에게 충심을 보일 필요가 있었다.

그런데 간신히 집권당의 위신을 갖춘 노론에게 청천벽력 같은 소식이 전해졌다. 명성왕후의 삼년상을 마친 숙종12년(1686년) 숙종이 인현왕후의 도움을 받아 장씨를 다시 입궁시킨 것이다. 6년 만에 장씨와 재회한 숙종은 뜨거운 총애를 내렸다. 당황한 노론과 소론은 드물게도 연합해 '장씨를 쫓아내야 한다'고 주장했다. 그러나

---

26 인조의 서(庶)손자. 후궁 조씨의 아들 숭선군의 장남이다.

숙종은 신하가 군주의 사생활에 간섭하는 것에 분노했다.

상소와 논쟁, 정쟁과 숙청이라면 산전수전을 다 겪은 노론과 소론이었지만 장씨는 생각지도 못한 강력한 복병이었다. 노론은 숙종에게 충성해야 하는 신하였으나 장씨는 숙종이 사랑하는 여인이었다.

장씨를 쫓아내는 데 실패한 노론은 궁여지책으로 영의정 김수항의 조카손녀를 간택해 후궁으로 입궁시켰다. 숙종12년(1686년) 4월, 종2품 숙의로 입궁한 김씨는 한 달 만에 정2품 소의로 승격했고, 11월에는 종1품 귀인으로 봉해졌다.

김씨의 품계를 빠르게 승격시켜 노론의 체면을 세워준 숙종은 같은 해 12월 장씨를 종4품 숙원으로 봉했다. 왕자나 공주를 임신하거나 출산하지 않은 승은궁녀가 후궁 품계를 받기란 쉽지 않았으나 숙종의 의지는 단호했다.

숙종은 장씨에게 힘을 실어주고 노론을 견제하기 위해 남인을 등용했다. 숙종13년(1687년) 자의대비의 조카 조사석이 우의정에 임명됐고, 숙원 장씨를 보호했던 동평군이 인현왕후의 아버지인 여양부원군을 제치고 혜민서 제조로 임명된 것이다.

기사환국,
송시열의 죽음

숙종14년(1688년) 장씨의 후원자이자 두 번에 걸친 예송논쟁의 당사자였던 자의대비가 승하했다. 두 달 뒤, 장씨는 숙종의 첫아들

(제20대 경종)을 낳았다. 즉위 15년 만에 첫 왕자를 안은 숙종은 기쁨을 감추지 못했고, 장씨를 정2품 소의로 승격시켰다. 노론은 차마 숙종에게 경하드린다는 말조차 꺼내지 못했다.

숙종15년(1689년) 정월, 숙종은 장씨 소생의 왕자를 원자로 삼았다. 이어서 1월 11일, 정승과 6조의 판서, 한성부 판윤과 3사의 장관을 모두 입궐토록 명했다. 국가의 중대사를 정하기 위해서였다. 불참한 대신도 있었으나 숙종은 개의치 않았다.

"국본(國本-세자)을 정하지 못하여 민심이 매인 곳이 없으니 오늘의 계책은 다른 데 있지 않다. 만약 선뜻 결단하지 않고 머뭇거리며 관망만 하고 감히 이의를 제기하려는 자가 있다면 벼슬을 마치고 물러가라."

1월 15일, 원자의 정호를 종묘와 사직에 고한 숙종은 장씨를 정1품 희빈으로 승격시켰다. 장씨가 왕자를 낳은 지 석 달 만에 차기 군주가 정해진 것이다.

노론은 등골이 서늘해졌다. 장씨 소생의 왕자가 왕위에 오른다면 남인 당적을 지닌 임금이 탄생하는 셈이니 힘겹게 집권당 자리를 지켜온 입장에서는 그럴 수밖에 없었다.

2월 1일, 은퇴한 봉조하[27] 송시열이 상소를 올렸다. 아직 중전이 젊어 후사를 보기에 충분한데 후궁 소생의 왕자를 원자로 봉하는 것은 성급하다는 내용이었다.

---

27 조선시대 종2품의 관원이 퇴직한 뒤에 특별히 내린 벼슬. 종신토록 신분에 맞는 녹봉을 받으나 실무는 보지 않고, 국가의 의식이 있을 때에만 조복(朝服)을 입고 참여했다.

숙종은 냉소하며 '문하의 제자들이 구원하려 하겠지만 용서하지 않겠다'고 공표했다. 그리고 예상대로 바로 다음 날인 2월 2일, 송시열을 구명하던 도승지를 비롯한 4명의 승지와 영의정 김수흥이 파직됐다.

2월 3일, 숙종은 송시열을 제주도로 유배했고, 3월 6일 위리안치했다. 3월 18일에는 율곡 이이와 우계 성혼을 문묘에서 출향했다. 산당(노론)이 두 성인을 문묘에 배향하기까지 60여 년이 걸렸는데 고작 7년 만에 없던 일이 된 것이다.

숙종은 단숨에 노론의 핵심인물들과 원로들을 축출했다. 숙종의 강력한 왕권과 의지로 정권이 노론에서 남인으로 교체된 이 사건을 '기사환국'이라 한다.

그러나 숙종의 분노는 여기서 끝나지 않았다. 윤3월, 전(前) 영의정 김수흥이 귀양지 영암에서 사약을 받았고, 인현왕후의 폐출 준비가 시작됐다. 왕비의 폐출에 반대한 신하는 참혹한 국문 끝에 죽거나 귀양을 떠났다. 5월 2일, 결국 인현왕후와 간택후궁으로 입궁한 귀인 김씨가 함께 폐출됐다.

압송 명령을 받은 송시열이 정읍에 도착한 것은 6월 7일이었다. 정읍에는 숙종의 명을 받아 사약을 들고 온 금부도사가 그를 기다리고 있었다. 6월 8일, 송시열은 여든셋의 나이로 사약을 받았다.

노론이 정권을 잃은 데다가 죄인의 신분으로 맞은 죽음이었으나, 송시열의 장례식에는 많은 사람이 모였다. 송시열은 학자로서 또 인간으로서 단 하루도 허투루 보내지 않았고, 그의 제자는 900여 명에 달했다.

송시열과 산당(노론)의 역사

연대	주요 사건	나이	비고
선조40년(1607년)	송갑조의 3남으로 탄생	1세	
광해군6년(1614년)	송이창 문하에서 공부 시작	8세	
인조3년(1625년)	김장생, 김집 문하에서 수학	19세	
인조5년(1627년)	정묘호란, 큰형 송시희 사망	21세	
인조6년(1628년)	아버지 송갑조 사망	22세	
인조8년(1630년)	노스승 김장생 사망	24세	
인조11년(1633년)	소과 생원시 장원 급제, 음서로 경릉 참봉 임명	27세	
인조13년(1635년)	최명길의 천거로 봉림대군 사부 임명	29세	
인조14년(1636년)	병자호란, 남한산성에서 패배 경험	30세	
효종즉위년(1649년)	출사 – 사헌부 장령 – 사직	43세	
효종4년(1653년)	윤휴와 논쟁	47세	
효종7년(1656년)	스승 김집 사망	50세	
효종9년(1658년)	한당의 영수 김육 사망	52세	
효종10년(1659년)	효종과 독대, 이조판서 임명	53세	기해독대
현종즉위년(1659년)	효종 장례 주도	53세	
현종1년(1660년)	제1차 예송논쟁(남인 삼년복 vs. 산당 기년복)	54세	기년복 승!
현종4년(1663년)	김만균 사직	57세	
현종7년(1666년)	예송 금지령	60세	
현종9년(1668년)	이경석, 현종에게 궤장을 받다	62세	
현종10년(1669년)	수이강 사건 발생, 윤선거 사망 신덕왕후 복위 건의	63세	

현종12년(1671년)	우의정, 사직, 김좌명 사망	65세	
현종13년(1672년)	좌의정, 송준길 사망	66세	
현종15년(1674년)	인선왕후 승하, 제2차 예송논쟁, 현종 승하	68세	대공복 패!
숙종즉위년(1674년)	현종 묘지문 짓기 거절		
숙종1년(1675년)	산당에서 남인으로 정권 교체, 유배	69세	유배
숙종6년(1680년)	경신환국, 남인에서 산당으로 정권 교체 유배에서 풀려남 단종 복위와 사육신 복권 건의 인경왕후 승하, 궁녀 장씨 등장 인현왕후 계비 책봉	74세	경신환국
숙종7년(1681년)	율곡 이이와 우계 성혼 문묘종사	75세	우율종사
숙종8년(1682년)	김익훈 사건, 산당 분열 노론(집권 여당) vs. 소론(야당)	76세	산당 분열
숙종12년(1686년)	승은 궁녀 장씨 재입궁, 숙원 첩지 간택 후궁 김씨 입궁, 귀인 첩지	80세	
숙종14년(1688년)	자의대비 승하, 숙원 장씨 왕자(경종) 출산	82세	
숙종15년(1689년)	숙종, 장씨 소생 왕자 원자 정호 기사환국, 노론에서 남인으로 정권 교체 율곡 이이와 우계 성혼 문묘 출향 인현왕후 폐출 송시열 제주도 유배, 압송, 정읍에서 사사	83세	기사환국 사망
숙종16년(1690년)	장씨 소생의 원자, 세자 책봉		
숙종17년(1691년)	장씨 왕비 책봉, 사육신 복권		
숙종19년(1693년)	무수리 최씨 숙원 책봉 및 왕자 출산(조졸)		
숙종20년(1694년)	숙원 최씨 왕자(연잉군) 출산 갑술환국 인현왕후 복위 중전 장씨 희빈 강등 단종, 노산대군 승격 단종 묘호 및 능호 장릉 확정 송시열 신원, 관작 복구, 시호 문정(文正)		갑술환국 신원

송시열을 추앙하는 이들과 그를 미워한 이들의 대립은 그대로 당쟁의 역사가 됐다. 그는 사대부나 정치인에게서 찾아보기 어려운 정도로 성품이 순수하고 투명했고, 칭송만큼 비난도 많이 받았다. 한때의 친구이자 학문적 동지였던 이들이 후에 적이 됐다. 그러나 정치가가 아닌 학자와 어른으로 송시열을 만난 백성들은 하나같이 그를 존경했다. 강자에게는 더욱 강하고 약자에게는 한없이 자애로 웠으며 장단점을 두루 갖춘 송시열은 시대의 이슈메이커라 할 만 하다.

숙종의 후궁과
아들들

숙종에게는 인경, 인현, 인원 세 명의 왕비가 있었지만 아무도 왕자를 낳지 못했다. 그중 인경왕후는 딸만 낳았으나 모두 요절했고, 인현왕후와 인원왕후는 아예 자식을 낳지 못했다. 숙종은 후궁에게서만 자식을 얻었는데 그중 아들을 낳은 후궁은 3명이었다.

숙종의 시대를 이해하려면 숙종의 후궁과 아들들에 대해 알아야 한다.

① 희빈 장씨와 그녀의 아들 경종

숙종의 첫 번째 후궁은 희빈 장씨로, 숙종보다 두 살 연상이었고 매우 아름다웠다고 한다.

후궁의 품계를 정하는 것은 내명부의 수장인 왕비의 권한이었으나, 숙종12년(1686년) 숙종은 직접 장씨를 종4품 숙원으로 봉했다.

숙종이 남인의 후원을 받던 장씨를 총애할수록 불안해질 수밖에 없었던 노론은 장씨가 숙원이 된 그해에 영의정 김수항의 종조카손녀를 숙종의 간택후궁으로 삼도록 했다. 김씨는 간택후궁으로서 장씨보다 품계가 네 단계나 높은 종2품 숙의로 입궁해 그해 종1품 귀인으로 승격했다. 하지만 노론에 대한 숙종의 '배려'는 딱 여기까지였다.

숙종의 후궁과 아들들

후궁	후궁 되기 전	승은 및 책봉	자식	주요 사건	후원당
희빈 장씨	궁녀	숙종6년 승은 숙종12년 책봉	경종(숙종14년)	숙종15년 기사환국	남인 소론
영빈 김씨	명문가 여식	숙종12년 책봉	없음	숙종15년 기사환국 숙종20년 갑술환국	노론
숙빈 최씨	무수리	숙종19년 책봉	영조(숙종20년)	숙종20년 갑술환국	노론
명빈 박씨	궁녀	숙종24년 책봉	연령군(숙종25년)	숙종45년 사망	없음
소의 유씨	궁녀	숙종24년 책봉	없음		없음

숙종14년(1688년) 장씨와의 사이에서 낳은 아들을 세자로 책봉하기 위해 숙종은 인현왕후와 귀인 김씨를 폐출하고 노론을 대대적으로 축출했으며 남인과 소론에게 조정의 주도권을 주었다. 장씨가 후궁인 이상 세자의 법적 어머니는 인현왕후였기에 장씨를 세자의 생모이자 법적 어머니로 승격시키기 위해 벌인 일이었다. 결국 이듬해에 장씨는 왕비의 자리에 올랐고, 그녀의 아들은 세자에 봉해졌다.

② 숙빈 최씨와 그녀의 아들 연잉군(영조)

장씨가 왕비가 되고 4년이 지난 숙종19년(1693년) 노론은 정권을 되찾기 위해 무수리 최씨를 숙종에게 접근시켰다. 최씨는 인현왕후의 생일날 숙종의 승은을 받았고, 사흘 뒤 후궁으로 봉해졌다. 최씨는 불과 6개월 후 숙종의 아들을 낳았으나, 둘 사이의 첫 아들은 일찍 세상을 떠났다. 하지만 최씨는 숙종20년(1694년)에 다시 아들을 낳았다.

최씨가 둘째 아들을 낳은 지 얼마 지나지 않아 숙종은 인현왕후를 복위시켰고, 장씨를 다시 희빈으로 강등시켰다. 인현왕후와 함께 폐출됐던 귀인 김씨도 돌아왔다. 노론은 다시 정권을 차지했고, 숙종21년(1695년) 최씨는 귀인으로 승격됐다. 최씨는 자신의 둘째 아들 연잉군을 귀인 김씨의 양자로 보냈다.

연잉군은 후궁 최씨 소생이었으나 법적인 어머니는 인현왕후였다. 그런데도 최씨가 굳이 연잉군을 귀인 김씨에게 양자로 보낸 것은 노론의 뜻이기도 했다. 최씨는 노론이 연잉군의 확실한 후원자가 되기를 바랐고, 노론은 최씨를 통해 세자를 대신할 왕자를 얻은 것이다. 그리하여 연잉군은 낳아준 어머니 최씨와 노론 명문가 출신의 양어머니 김씨 그리고 법적 어머니인 인현왕후까지 세 명의 어머니를 두게 됐다. 최씨와 김씨 그리고 인현왕후는 모두 노론이었으니 연잉군은 모태에서부터 노론이었던 셈이다.

③ 명빈 박씨와 그녀의 아들 연령군

정권을 되찾은 노론은 남인을 철저하게 숙청했으나 숙종의 강력한 보호 아래 장씨와 세자는 무사했다. 장씨가 왕비의 자리까지 오를 수 있었던 것은 세자를 낳았기 때문이었고, 인현왕후가 복위될 수 있었던 것은 최씨가 연잉군을 낳았기 때문이었다. 하지만 노론이 정권을 장악한 후로는 장씨와 최씨는 아이를 갖지 못했다. 대신 숙종은 정치적 배경이 없는 궁녀들에게 승은을 내리고 후궁의 지위를 주었다.

숙종24년(1698년) 숙종의 승은을 받은 지 10년이 지나도록 상궁 자리에 머물렀던 박씨가 숙원으로 봉해졌고, 같은 해 궁녀 유씨도 숙원에 봉해졌다. 숙종25년(1699년) 박씨는 아들(연령군)을 낳았고, 유씨와 함께 종2품 숙의로 승격됐다.

숙종은 나이 마흔에 안은 늦둥이 막내아들이자 노론, 소론, 남인 등 정치적 배경이 없었던 연령군에게 아낌없는 사랑을 쏟았다. 이 는 노론의 지지를 받는 최씨도, 남인의 지지를 받은 장씨도 예상치 못한 일이었다.

④ 두 번의 장례식과 한 번의 결혼식

숙종27년(1701년) 당파를 떠나 세자를 지지해왔던 인현왕후가 승 하했다. 인현왕후는 세자는 인정했으나 장씨가 왕비의 자리를 다시 차지하는 것은 원치 않았다. 그래서 병상에서 숙종에게 귀인 김씨 를 왕비로 삼을 것을 당부했다. 귀인 김씨는 자식이 없으니 세자를 아들로 여길 것이고, 노론 가문 출신이니 그녀가 왕비가 되면 정권 이 바뀌는 혼란도 일어나지 않을 터였다. 하지만 인현왕후가 승하 하자 남인과 소론을 중심으로 세자의 어머니인 희빈 장씨를 왕비 로 승격해야 한다는 여론이 생겨났다.

숙종은 고민했다. 그는 김씨를 왕비로 삼을 생각이 없었다. 하지 만 희빈 장씨를 다시 왕비로 삼으면 정권이 노론에서 남인과 소론 으로 바뀔 테니 또다시 대대적인 숙청이 뒤따를 게 분명했다. 그렇 다고 장씨를 왕비로 삼지 않으면 세자의 자리가 위태로울 터였다. 조정의 안정을 유지하면서 세자도 지키려면 장씨와 김씨 모두 왕비로 삼지 말아야 했다. 하지만 누가 왕비가 되더라도 세자의 생모인 장씨와의 마찰은 불가피했고, 이는 노론과 남인, 노론과 소론의 당쟁으로 격화될 우려가 있었다.

인현왕후가 승하한 지 두 달이 지났을 무렵, 최씨는 숙종에게 '장씨가 궁 안에 신당을 차리고 인현왕후를 저주해 왕비의 죽음을 앞당겼다'고 은밀하게 고발했다. 이는 장씨가 다시 왕비 자리에 오르는 것을 원치 않았던 노론의 뜻이기도 했다. 숙종은 이를 공론화하고 비망기를 내려 장씨에게 자진을 명했다. 숙종의 뜻을 알아차린 장씨는 사흘 후 자진했다. 그녀가 자진하기 하루 전, 숙종은 '후궁은 왕비로 삼지 않는다'는 교지를 내려 국법을 바꿨다.

> "이제부터 나라의 법전을 명백하게 정해 빈어(후궁)가 후비(왕비)의 자리에 오를 수 없게 하라."
>
> — 〈숙종실록〉 권35. 27년 10월 7일

장씨가 죽었다 해도 후궁 김씨를 왕비로 삼지 않겠다는 강력한 의지를 보인 것이다. 숙종이 희빈 장씨에게 질려 이런 법을 만들었다는 이야기와 장씨가 사약을 받았다는 이야기는 작자 미상의 궁녀가 쓴 〈인현왕후전〉의 내용일 뿐이다.

후궁을 왕비로 삼지 않을 경우 가장 아쉬운 것은 노론이었다. 숙종28년(1702년) 숙종은 간택을 통해 경주 김씨 가문의 여식을 왕비로 뽑았고 이를 기념해 후궁 김씨를 영빈으로, 연령군의 생모 박씨를 명빈으로 승격시켰다. 그리고 최씨는 궁 밖으로 내보냈다. 그후 최씨는 죽는 날까지 숙종의 얼굴을 거의 볼 수 없었다.

숙종과 왕비와 후궁들

연대	내용	주요 사건
숙종6년(1680년)	인경왕후 승하, 궁녀 장씨 승은, 출궁	경신 환국
숙종7년(1681년)	인현왕후 왕비 책봉	
숙종9년(1683년)	대비 명성왕후 승하	
숙종11년(1685년)	장씨 재입궁	
숙종12년(1686년)	장씨 후궁 책봉(종4품 숙원) 간택 후궁 김씨 입궁 (종2품 숙의에서 종1품 귀인으로 승격)	
숙종13년(1687년)	여양부원군 민유중(인현왕후 父) 사망 인원왕후(숙종의 세 번째 왕비) 탄생	
숙종14년(1688년)	장씨 왕자 출산, 소의(정2품) 승격	
숙종15년(1689년)	장씨 소생 왕자 원자 정호, 장씨 희빈 승격(정1품) 인현왕후 폐출, 귀인 김씨 폐출, 노론 축출 남인 복권 송시열 사사, 김수항 사사, 김창집 유배	기사 환국
숙종16년(1690년)	장씨 소생 원자 세자 책봉, 희빈 장씨 왕비 책봉	
숙종19년(1693년)	무수리 최씨 후궁 책봉(종4품 숙원) 숙원 최씨 아들 출산(요절)	
숙종20년(1694년)	숙원 최씨 연잉군 출산, 숙의(종2품) 승격 인현왕후 및 귀인 김씨 복위, 노론 복권 중전 장씨 희빈 강등	갑술 환국
숙종21년(1695년)	최씨 귀인(종1품) 승격	
숙종24년(1698년)	상궁 박씨 후궁 책봉(종4품 숙원) 궁녀 유씨 후궁 책봉(종4품 숙원)	

숙종25년(1699년)	숙원 박씨 연령군 출산, 숙의(종2품) 승격 최씨 숙빈(정1품) 승격, 숙원 유씨 숙의(종2품) 승격	
숙종27년(1701년)	인현왕후 승하, 숙빈 최씨 희빈 고발 희빈 장씨 자진	
숙종28년(1702년)	인원왕후 왕비 책봉 귀인 김씨 영빈(정1품) 승격 숙의 박씨 명빈(정1품) 승격 숙의 유씨 소의(정2품) 승격	
숙종29년(1703년)	숙빈 최씨 출궁, 명빈 박씨 사망	
숙종30년(1704년)	연잉군(영조) 가례(달성부원군 서종제의 딸)	
숙종43년(1717년)	세자(경종) 대리청정 시작 연잉군(영조) 서장녀 화억옹주 탄생(母 정빈 이씨)	
숙종44년(1718년)	숙빈 최씨 사망, 세자빈 심씨(선의왕후 심씨) 승하 희빈 장씨 묘소 천장	
숙종45년(1719년)	세자빈 어씨 간택(단의왕후 어씨) 연령군 사망(21세) 연잉군(영조) 장남 효장세자 탄생(母 정빈 이씨)	
1720년	숙종 승하(재위 46년), 경종 즉위 연잉군(영조) 서차녀 화순옹주 탄생(母 정빈 이씨)	
경종1년(1721년)	인원왕후 연잉군 양자 입적, 연잉군 왕세제 책봉	

⑤ 인현왕후와 희빈 장씨의 죽음 이후

숙종은 장씨의 장례를 전례 없이 후하게 치렀다. 장례는 모두 궁에서 주관했고 발인과 하관을 할 때는 세자 부부가 망곡[28]을 했다. 아무리 생모라 할지라도 후궁의 장례에 세자가 망곡을 하는 경우는 없었다. 노론은 희빈에 대한 예가 너무 과하다고 반발했으나

숙종은 개의치 않았고, 왕비보다는 살짝 부족하나 후궁보다는 확실히 후하게 장례를 치렀다.[28]

숙종29년(1703년) 박씨는 명빈으로 승격된 지 겨우 1년 만에 세상을 떠났다. 숙종은 특정 당파에 휩쓸리지 않고 언제나 조용하게 자신을 보필한 명빈 박씨의 장례를 후하게 치렀고, 다섯 살이 된 막내아들을 연령군으로 봉해 장례를 치르게 했다. 왕자는 여섯 살이 넘어야 봉작을 받는 것이 관례였으나 숙종은 일찍 어머니를 여읜 연령군을 아꼈고, 그를 명빈 박씨의 상주로 삼아 장례를 치렀다.

숙종44년(1718년) 최씨가 세상을 떠났다. 숙종은 최씨의 장지를 정해주지 않았기에 연잉군은 어머니의 못자리를 직접 찾으러 다녔다. 이때 동행하며 최씨의 못자리를 정해준 목호룡은 아마도 연잉군의 본심을 많이 들었을 것이다. 훗날 숙종이 승하하고 장씨의 아들 경종이 즉위하자 목호룡은 노론 숙청의 불씨가 되는 고변을 한다. 최씨가 고변으로 장씨의 죽음을 재촉한 것처럼 목호룡의 고변은 많은 노론 인사를 죽음으로 몰아넣었다.

숙종은 최씨의 장례에는 무심했으나, 같은 해 장씨의 못자리에 문제가 있다는 말을 듣자 병중임에도 직접 길지를 택했고, 노론의 반발에도 불구하고 천장을 강행했다. 이후 왕위에 오른 경종은 장씨의 사당 '대빈궁'을 따로 건립하고 장씨를 '옥산부대빈'으로 추존했다. 장씨의 묘소는 '대빈묘'라고 불리게 된다.

숙종45년(1719년) 연령군은 스물한 살의 나이로 자식조차 남기지

---

28 먼 곳에서 임금이나 부모의 상사(喪事)를 당한 때나 곡을 할 자리에 몸소 가지 못할 때 그 방향으로 향해 애곡(哀哭)하는 일

못한 채 죽었다. 이에 숙종의 아들은 장씨 소생의 세자와 최씨 소생의 연잉군만 남게 됐고, 이들은 각각 제20대 경종과 제21대 영조로 즉위했다.

3장

세상을 이끄는 군주의 바른 도리, 세도(世道)
세도는 어찌하여 소수의 외척이 정권을 휘두르는 세도(勢道)로
바뀌었을까?

외척

세도정치의 시작 편

홍국영

"만인 위에 군림했던
오만한 충신의 최후"

이름 **홍국영**

당적 **당이 아니라 오직 정조에게만 충성!**

인생을 바꾼 순간 **전하를 처음 뵌 날, 그리고 원빈께서 승하하신 날**

결정적 실수 **"시간을 되돌린다 해도 같은 선택을 할 것 같소."**

애증의 대상 **"전하를 저버린 것은 모두 나의 허물이오.**

전하는 미워할 수 없으나 전하를 제외한 모든 이들이 똑같이 밉소."

한 줄 평 **'권력형 갑질'의 끝을 보여준 남자**

정조 2년(1778년) 6월 20일

"마마, 소인의 절을 받으십시오."

집에 들어선 홍국영은 관복을 벗기도 전, 어린 여동생을 보자마자 넙죽 절을 올렸다.

"오라버니?"

이제 막 열세 살이 된 소녀는 어쩔 줄 몰라 커다란 눈만 껌뻑거렸다. 홍국영의 거침없는 행동에 익숙한 홍낙춘은 그저 대청에 서서 아들을 바라보았다.

"지난달 마마의 생신 때 소인이 말씀드리지 않았습니까? 아주 귀한 선물을 준비했으니 조금만 기다려달라고 말입니다."

"생일 선물? 맞다, 생일 선물을 가져오셨군요!"

선물이라는 말에 소녀의 얼굴이 밝아졌다.

"그렇습니다. 제가 오늘 마마께 드릴 선물을 가져왔습니다."

"오라버니, 왜 자꾸 저에게 마마라고 하셔요? 갑자기 말을 높이시니 어색합니다."

"하하하, 지금은 어색하시겠지만 곧 익숙해지실 겁니다. 앞으로는 정승판서들도 마마님 앞에서 고개를 들지 못할 것입니다."

"네? 그게 무슨 말씀이세요?"

"마마님께서 주상전하의 후궁이 되셨단 말입니다. 주상전하의 첫 후궁입니다."

"후……궁이요?"

홍국영의 말에 순간 모두가 말을 잃었다.

"그렇습니다. 주상 전하의 배필이 되시는 겁니다. 소인이 늘 말씀드리지 않았습니까. 조선에서 제일 잘난 사내가 아니면 마마의 신랑이 될 수 없다고요. 그동안 이 홍국영이가 아무리 눈에 불을 켜고 찾아도 마음에 드는 녀석이 하나도 없더니, 등잔 밑이 어둡다고 바로 옆에 이런 귀한 인연이 있다는 것을 몰랐지 뭡니까? 하하하!"

소녀는 어쩔 줄 몰라 고개를 숙였다.

"고개를 드십시오, 마마. 허리도 펴십시오. 당당하게 주상전하의 후궁이 되시는 겁니다. 이 홍국영이 마마의 뒤에 있으니 아무런 걱정 마시고 그저 용종을 잉태하실 준비만 하시면 됩니다."

활짝 웃으며 아무렇지도 않게 회임 이야기를 꺼내는 홍국영의 눈이 날카롭게 빛났다.

"노론 놈들, 그동안 외척이랍시고 전하를 그렇게 괴롭혔겠다! 이 홍국영이 외척의 맛을 제대로 한번 보여주마. 우리 마마께서 용종을 잉태하셔도 전하 앞에서 그렇게 기세등등할 수 있는지 보자꾸나. 으하핫!"

홍낙춘은 커다랗게 웃음을 터트리는 아들을 보며 마음이 무거워졌다. 또 무슨 일을 벌인 것인지 알 수 없으나 엄청난 일이 일어날 것이 분명했다.

홍국영의 아내는 말없이 어린 아가씨의 손을 꼭 잡아주었다. 남편과 아가씨는 나이 차이가 거의 스무 살에 가까웠다. 아직은 마냥 어린 막내 여동생 같은 아가씨의 혼인이 이렇게 갑자기 결정되다니, 믿기 힘들었다. 하지만 다음 날 아침, 궁에서 사람이 오자 믿지 않을 수가 없었다.

풍산 홍씨 가문은 영안위[1] 홍주원 때부터 한양에 정착한 대표적인 경화사족[2]이다. 영조 재위 시절, 홍봉한의 딸이 세자빈으로 간택되면서 풍산 홍씨 가문은 외척으로서 권세를 누렸고, 당쟁의 한 축을 담당하며 조정을 장악했다. 하지만 풍산 홍씨 가문의 영화가 절정에 달했을 무렵, 부귀와 권세를 거머쥔 홍봉한(사도세자의 장인), 홍인한 형제는 서로 갈라선 상황이었다. 풍산 홍씨 가문의 후광을 얻고 싶다면 두 형제 중 한 사람만 따라야 했고, 그게 아니라면 아예 의지할 생각을 버려야 했다. 이것이 바로 외척이 당론을 장악한 영조 재위 말년 조정의 현실이었다.

풍산 홍씨 가문이 실권을 거머쥐었음에도 홍국영의 집안은 크게 빛을 보지 못했다. 그의 아버지 홍낙춘은 가문에서 그다지 인정받지 못하는 인물이었고, 능력도 별 볼 일 없었다. 대신 홍낙춘은 자식 복이 있었다. 정실과의 사이에서 1남 1녀를 두었는데, 영조24년(1748년) 아들 홍국영이, 영조42년(1766년) 딸 원빈 홍씨가 태어났다.

홍국영은 가문의 영향력이나 명성에 따라오는 이득은 취하되 굳이 홍봉한 형제가 주도하는 당론이나 당리에는 부응하지 않기로 했다. 홍봉한 형제가 이끄는 당론은 말하자면 '레드오션'이었다. 게다가 가문의 권세에 의지하는 것은 언뜻 쉬운 길 같으나 정적도, 구설도, 가시도 많고 험난한 꽃길이었다. 이에 홍국영은 권세에 붙기보다 권세를 줄 수 있는 대상을 직접 공략하기로 했다. 임금의 날개가 되는 것, 그것이 홍국영의 궁극적인 목표였다.

---

1   제14대 선조와 계비 인목왕후의 장녀인 정명공주의 남편
2   한양 근교에 거주하는 선비 집안. 서울의 문벌 가문과 지방의 선비를 구별하기 위한 용어

인맥 없는
명문가의 후손

역사에 간신이나 권신으로 기록된 이들은 대개 스승이 잘 알려져 있지 않은 편이다. 스승이 있다 해도 후에 이를 감추기 때문이다. 홍국영은 스스로 "아버지가 낳아주시고, 백부 홍낙순이 가르쳐주시고, 우리 전하(제22대 정조)께서 아껴주셔서 오늘에 이르렀다. 전하께 군신과 골육의 은혜가 있고, 백부 홍낙순에게 부자와 사생(스승과 제자)의 의리가 있다"고 했다. 조정에 출사한 후로 동문 선후배 사이의 관계로 인한 일들이 거의 드러나지 않은 것을 보면 특별한 스승이 없다는 말은 사실인지도 모른다.

홍국영의 아버지 홍낙춘은 딸이 정조의 후궁이 되기 전까지는 벼슬도, 직업도 없는 사람이었다. 친가의 가까운 친척 중 가장 출세한 인물은 백부 홍낙순이었다.

홍낙순이 홍국영의 스승 역할을 언제까지 또 얼마나 엄격하게 했는지는 알 수 없다. 그는 영조33년(1757년) 과거에 급제했고, 홍국영 외에 다른 제자가 없었던 것으로 보아 관직에 충실한 삶을 살았을 것이다.

홍국영의 외가는 김장생-김집-송시열로 이어지는 서인-노론 학맥의 정통을 계승한 우봉 이씨 가문으로, 외종고조부 이숙은 송시열의 제자, 외종증조부 이만창의 부인은 인현왕후의 언니였다. 하지만 외할아버지 이유는 홍국영이 태어나기 훨씬 전인 영조14년(1738년) 서른다섯의 젊은 나이로 세상을 떠났고, 외삼촌 이제순은 홍국영의 어머니와 친남매가 아니라 대를 잇기 위해 들어온 양자

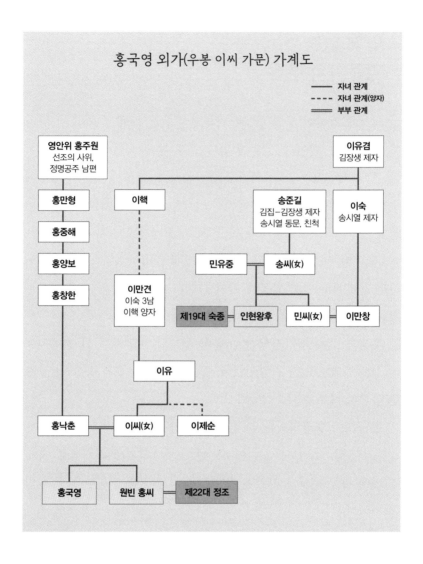

홍국영 외가(우봉 이씨 가문) 가계도

범례:
- ─── 자녀 관계
- --- 자녀 관계(양자)
- ═══ 부부 관계

영안위 홍주원
선조의 사위,
정명공주 남편

이유겸
김장생 제자

홍만형

이핵

송준길
김집-김장생 제자
송시열 동문, 친척

이숙
송시열 제자

홍중해

홍양보

민유중 ═ **송씨(女)**

홍창한

이만견
이숙 3남
이핵 양자

제19대 숙종 ═ **인현왕후** **민씨(女)** ═ **이만창**

이유

홍낙춘 ═ **이씨(女)** **이제순**

홍국영 **원빈 홍씨** ═ **제22대 정조**

였기에 외가와 친밀하지 않았다. 즉, 친가와 외가 모두 명문가이긴
하나 홍국영을 끌어줄 상황은 아니었다.

노론 탕평파와
노론 청명파

영조는 조선 임금 가운데 가장 긴, 50년이 넘는 시간을 재위하며 당쟁의 완화를 위해 탕평에 힘썼다. 하지만 노론과 소론 사이의 골은 너무도 깊어 화해는 불가능했다. 이에 영조는 제3의 세력을 키워 특정 당파가 조정을 장악하는 것을 견제하고 당쟁을 완화하고자 했다. 이 제3의 세력이 바로 외척을 중심으로 한 노론 탕평파였다.

노론 탕평파의 가장 중요한 당론은 한마디로 '왕명'이었다. 이들은 조정에서 영조가 요구한 역할을 해내야 했는데, 이때 어명을 가장 잘 수행한 것이 풍산 홍씨 가문의 홍봉한 형제였다.

영조38년(1762년) 임오화변[3] 이후 영조는 의도적으로 풍산 홍씨 가문의 영향력을 키워주었다. 사도세자의 죽음에 적극적으로 개입한 노론 강경파를 견제하고 동궁의 왕위계승을 지지할 세력이 필요했기 때문이다.

사도세자의 장인 홍봉한은 동궁(정조) 보호를 명분으로 조정을 주도했다. 하지만 영조 재위 말년 노론 탕평파의 중심이었던 홍봉한, 홍인한 형제는 분열했다. 홍봉한의 이복동생인 홍인한이 동궁을 인정하지 않는 노론 강경파를 지지하고 정후겸(영조의 외손자이자 화완옹주의 양자)과 손을 잡은 것이다. 이들 형제는 각자의 세력을 키

---

3 영조 38년(1762년) 윤5월, 영조가 대리청정 중인 사도세자를 폐위하고 뒤주에 가두어 죽인 사건

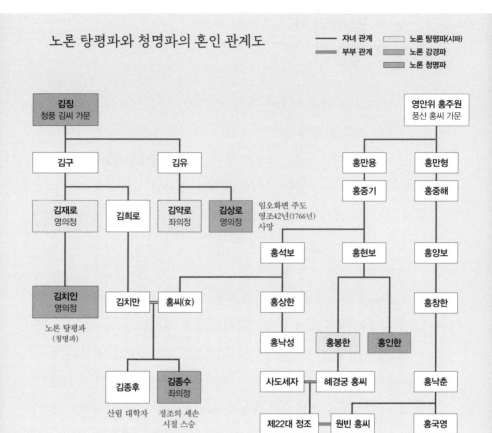

노론 탕평파와 청명파의 혼인 관계도

범례:
- ── 자녀 관계
- ═══ 부부 관계
- □ 노론 탕평파(시파)
- ▨ 노론 강경파
- ▦ 노론 청명파

김징
청풍 김씨 가문

영안위 홍주원
풍산 홍씨 가문

김구 / 김유

홍만용 / 홍만형

홍중기 / 홍중해

김재로 영의정 / 김희로 / **김약로** 좌의정 / **김상로** 영의정 — 임오화변 주도 영조42년(1766년) 사망

홍석보 / 홍현보 / 홍양보

김치인 영의정
노론 탕평파
(청명파)

김치만 ═ 홍씨(女)

홍상한

홍창한

홍낙성 / **홍봉한** / **홍인한**

김종후 / **김종수** 좌의정
산림 대학자 / 정조의 세손 시절 스승

사도세자 ═ 혜경궁 홍씨

홍낙춘

제22대 정조 ═ 원빈 홍씨

홍국영

우며 조정을 분열시켰고, 정후겸은 영조의 총애를 무기로 조정을 어지럽혔다.

이때, 노론 청명파가 등장했다. 이들의 수장은 김종수로, 그의 종조부는 홍계희 등과 함께 영조의 뜻을 받들어 임오화변을 주도한 김상로였다. 하지만 김종수는 가문의 당론을 따르지 않고 동궁의 왕위계승을 지지했다. 또한 그의 외가는 풍산 홍씨 가문이었으나, 그가 속한 노론 청명파는 홍봉한 형제에게 의지하기는커녕 두 형제가 외척 신분으로 지나치게 권세를 휘두르며 조정을 좌우하는 것을 비판했다. 노론 청명파의 당론은 '청명(淸明)'이라는 이름처럼 의리와 명분을 지키는 것이었다.

노론 탕평파는 훗날 소론, 남인 등과 합쳐져 '시파'로 불리고, 노론 청명파는 강경파와 합쳐져 '벽파'로 불린다. 그러나 홍인한과 정후겸의 세력은 시파나 벽파가 아니라 '홍인한 당' 혹은 '정후겸 당'이라 불러야 옳을 것이다. 이들은 당론이나 여론이 아닌 영조의 총애에 의지해 세력을 키웠다. 그런 점에서는 선조 재위 말년 영창대군(인목대비의 아들로 선조의 유일한 적장자)을 지지했던 영의정 유영경과 닮은 면이 있다. 당시 유영경의 당적은 소론이었으나 그를 따르던 무리는 유영경의 이름을 따서 '유당'이라고 불렸다.

홍인한, 정후겸의 세력과 유당에게는 크게 세 가지 공통점이 있다. 첫째, 재위 말년의 임금에게 갑자기 신임을 받아 세력을 키웠다. 둘째, 임금이 인정하고 책봉한 후계자를 반대했다. 셋째, 새 임금이 즉위한 후 가장 먼저 숙청 대상이 되어 몰락했다.

정후겸과
노론 강경파

영조는 자식을 많이 두었으나 대부분 딸이었고, 많은 자녀가 그보다 먼저 세상을 떠난다. 아들 효장세자와 사도세자는 물론이고 12명의 딸 중 5명이 요절했다. 혼인해 가정을 이룬 7명의 옹주 중

영조40년(1764년) 영조의 자녀들

이름	화완옹주	화유옹주	화령옹주	화길옹주
母	영빈 이씨	귀인 조씨	숙의 문씨	숙의 문씨
나이	27세(영조14년 生)	25세(영조16년 生)	12세(영조29년 生)	11세(영조30년 生)
기타	양자 정후겸(영조25년 生)	영조29년(1753년) 가례	영조40년(1764년) 가례	영조41년(1765년) 가례

에서도 4명이 영조보다 먼저 눈을 감았다. 게다가 영조의 딸들은
유난히 손이 귀해 자식을 거의 두지 못했다. 영조는 나이가 들면서
예뻐할 자식과 손주들이 그리웠다. 동궁은 아비인 사도세자의 죽음
이후 일찍 철이 든 데다가 언제나 깍듯해 그리 귀여운 손자는 아니
었을 것이다.

화완옹주와 그녀의 양자 정후겸은 영조의 이러한 빈틈을 공략
해 총애를 차지했고, 권력을 얻자 조정에 적극적으로 개입하기 시
작했다. 스무 살에 과부가 된 화완옹주는 영조의 배려로 궁에 들어
와 지냈는데, 영조40년(1764년) 열여섯 살이었던 정후겸을 양자로
삼았다.[4] 이 무렵 영조의 늦둥이 딸들인 화령옹주와 화길옹주가 연
달아 가례를 올리고 궁을 떠나면서, 외손자인 정후겸은 피 한 방울
섞이지 않았음에도 영조의 사랑을 듬뿍 받게 됐다.

---

4   정후겸의 친부(親父)인 정석달은 인천에서 생선을 팔아 생계를 유지하던 사람으로, 화
     완옹주의 남편 정치달의 친척이었다.

생선 장수의 아들로 태어나 열여섯 살이 될 때까지 공부를 제대로 해본 적 없던 정후겸은 화완옹주의 입김과 영조의 편애 덕분에 영조42년(1766년) 단번에 문과에 급제했고, 순식간에 권력의 중심에 우뚝 섰다. 영조는 정치 경험이 전혀 없던 정후겸에게 홍문관 수찬과 사헌부 지평 등의 요직을 내렸고, 영조44년(1768년)에는 승정원 좌승지로 임명했다. 고작 스무 살에 불과했던 정후겸은 영조의 총애 속에서 문고리 권력을 만끽했고, 점점 대담해져 홍인한과 손잡고 동궁의 왕위계승에 반대했다.

영조45년(1769년) 영조는 정순왕후의 오빠 김귀주를 승지로 임명했다. 정후겸이 권력을 남용하는 것을 알고도 이를 막거나 총애를 거둘 마음은 없었지만, 어느 정도 견제할 인물은 필요했기 때문이다. 영조의 처남 김귀주는 외척 신분이었으나 정후겸에 비하면 출세가 느린 편이었고, 같은 외척 신분인 홍봉한 형제에 비하면 권력도 부족했다. 이는 친정 경주 김씨 가문이 정치에 개입하는 것을 원치 않았던 정순왕후의 현명한 처신 덕분이었다. 이에 정순왕후를 어여삐 여긴 영조가 경주 김씨 가문에도 조금씩 권력을 주기 시작하면서 김귀주를 승지로 발탁한 것이다.

김귀주는 이 기회를 놓치지 않기 위해 노론 청명파의 김종수와 손을 잡았다. 김종수는 홍봉한 형제를 견제하기 위해 경주 김씨 가문의 힘이 필요했고, 김귀주는 노론 청명파를 따르는 이들과 여론의 지지를 받고자 했다. 영조의 처남 김귀주와 영조의 장인 홍봉한으로 대표되는 경주 김씨 가문과 풍산 홍씨 가문의 대립이 본격적으로 시작된 것이다.

두 외척 가문의 힘겨루기는 영조48년(1772년) 당쟁의 폐단을 제공했다는 이유로 김종수가 유배되면서 노론 청명파가 위축되는 것으로 마무리됐다. 그 결과 영조 재위 말년 정후겸과 홍인한을 따르는 노론 강경파가 조정의 주도권을 장악하게 됐다.

정후겸과 홍인한은 동궁의 왕위계승을 강력하게 반대했으니 동궁에게는 큰 위기였다. 바로 이때 온몸을 바쳐 동궁을 지킨 사람이 바로 홍국영이다.

동궁과의
첫 만남

영조48년(1772년) 정시[5] 문과에 급제한 홍국영은 승정원 가주서[6]를 거쳐 정민시와 함께 한림소시에 합격했다.[7]

예문관 사서로 임명된 홍국영은 이내 영조의 마음을 사로잡았다. 〈한중록〉에 따르면 당시 영조는 홍국영을 '내 손자'라 부르며 총애했다고 한다. 영조가 말한 '내 손자'는 정후겸을 의미했다. 실제로 홍국영과 정후겸은 한 살 차이밖에 나지 않았다.

5　왕실의 경사가 있을 때 치러진 일종의 별시. 선조 대에 독자적인 과거로 승격됐다.
6　조선시대 임금의 비서기관이자 왕명의 출납을 담당한 승정원의 대리 임시관직. 품계는 정7품이다.
7　한림원은 예문관의 별칭으로, 관원을 뽑는 방법이 특이했다. 먼저 7품 이하의 예문관 관리들이 문과 급제자 중 후보자를 선정해 명단을 만들고, 전·현직 예문관 관리 3명 이상이 모여 후보자 명단에서 적당한 사람을 골라 이름 아래 점을 찍는다. 이를 '권점'이라 하는데, 1차 권점 후 예문관 고위 관리들이 2차 권점을 해 결과를 보고하면 임금은 수석과 차석 득표자를 불러 시험을 치렀다. 이 시험이 바로 '한림소시'로, 여기에 합격한 사람만 예문관 관리가 될 수 있었다.

할아버지나 할머니들은 지나가는 아이들만 보아도 좋아하고, 손주 또래 아이들에게는 '우리 손주 닮았네'라고 말하곤 한다. 영조 또한 자신이 그리도 예뻐하던 외손자인 정후겸 또래의 신하 홍국 영이 훤칠한 데다가 말솜씨도 시원시원하니 금세 빠져들었을 것이고, 그래서 자신도 모르게 '내 손자'라 했을 것이다. 그리고 일단 눈에 들어온 홍국영이 여타 젊은 관리들보다 예뻐 보이는 건 어쩌면 당연했을지도 모른다.

영조50년(1774년) 홍국영은 동궁시강원 설서로 임명됐다. 이때 홍국영은 스물일곱, 동궁은 스물셋이었다. 영조의 손자이자 사도세 자와 혜경궁 홍씨의 아들인 동궁은 태어난 순간부터 정치와 당쟁을 피할 수 없었다. 게다가 열 살 때 겪은 아버지 사도세자의 비극적인 죽음 이후 노론 강경파의 공격에 시달려야 했다. 일찍부터 권모술수에 노출된 동궁은 정적에게 틈을 보이지 않기 위해 늘 인내하고 절제하는 삶을 사느라 나이에 비해 지나치게 성숙했고 또 예민했다. 반면 홍국영은 명문가 출신이었으나 어린 시절부터 비교적 자유롭게 살아왔다. 전혀 다른 삶을 살아온 둘은 점차 서로를 이해하고 받아들이기 시작했다.

홍국영은 동궁에게 궁 밖의 세상을 알려주었다. 시정잡배들과 어울리며 자유롭게 지내온 이야기도 했을 것이다. 동궁은 홍국영과 있을 때면 잠시나마 숨통이 트이는 것 같았다. 친구 하나 없고 가족조차 믿을 수 없었던 동궁에게는 점점 홍국영의 존재가 커져갔다.

임오화변의 주동자였던 영조와 홍봉한, 혜경궁 홍씨 등은 동궁에게 전해지는 정보를 철저하게 통제했고, 홍인한을 비롯한 정적들은 그를 늘 감시해왔다. 그런데 홍국영의 등장으로 동궁은 이제껏

접하지 못한 바깥소식을 들을 수 있게 된 것이다.

혜경궁 홍씨는 동궁이 홍국영을 각별하게 생각하는 것을 못마땅하게 여겨 홍국영에 대해 〈한중록〉에 이렇게 기록했다.

"나이도 서로 비슷하고 얼굴도 잘생기고 눈치 빠르고 민첩하니, 동궁께서는 세상이 어지러웠던 때를 당해 한 번 보고 크게 좋아하셔서 총애가 깊으셨다. 처음에는 요 어린놈이 간사한 꾀를 내어 동궁께 곧은 충고를 하는 척했지만 실은 다 듣기 좋은 말이라. 한번 국영이 들어오면 외간의 일을 묻지 않는 일이 없고 전하지 않는 말이 없으니, 동궁께서 신기하고 귀하게 여기셨다."

대장부는 자신을 알아주는 사람을 위해 목숨을 바친다던가! 동궁이 홍국영 같은 인물을 처음 만난 것처럼 홍국영 역시 자신을 귀하게 여겨주는 존재를 처음 만났다. 이에 홍국영은 가슴이 뜨거워졌다. 더욱이 당시 홍국영과 동궁은 한창 피 끓는 청춘이었다. 홍국영은 동궁을 위해 남은 삶을 바치겠다고 결심했다. 동궁이 그 힘든 시간을 혼자 견뎌왔다는 것을 안타깝게 여겼고, 동궁의 앞날을 위해 칼이 되고 방패가 되고 바람막이가 되고자 했다. 몸을 아끼지 않고 자신을 보호해주는 신하를 처음으로 얻은 동궁 또한 감격할 수밖에 없었다.

군신 관계로 만난 스물일곱 홍국영과 스물셋의 동궁, 두 사나이의 뜨거운 우정이었다.

동궁의
대리청정

"어린 세손이 노론을 알겠는가, 소론을 알겠는가? 남인을 알겠는가, 소북을 알겠는가? 국사를 알겠는가, 조사(조정의 일)를 알겠는가? 병조 판서를 누가 할 만한가를 알겠는가, 이조판서를 누가 할 만한가를 알겠는가? 이와 같은 형편이니 종사를 어디에 두겠는가? 나는 어린 세손이 그것들을 알게 하고 싶으며 그 모습을 보고 싶다."

영조51년(1775년) 11월 20일, 여든이 넘은 영조는 이렇게 말하며 대리청정 의사를 밝히고 대신들에게 동의를 구했다. 그러자 영의정 홍인한은 당황하며 답했다.

"동궁은 노론이나 소론을 알 필요가 없고, 이조판서나 병조판서를 알 필요도 없으며, 더욱이 조정의 일까지 알 필요는 없습니다."

동궁이 알 필요가 없다는 세 가지, 이른바 '삼불필지설'을 들은 영조는 대신들 앞에서 한참을 울었다. 열흘 후, 영조는 동궁에게 기 대어 앉아 대신들을 앞에 두고 대리청정을 다시 논했다. 이번에도 홍인한과 그를 따르는 이들이 반대하자 화가 난 영조는 잠시 문을 닫았다. 그러나 곧바로 환관을 시켜 이제 막 섬돌을 내려가고 있던 대신들을 다시 불렀다.

영조가 대전 밖에 부복해 있는 대신들에게 재차 의견을 묻자 홍 인한이 앞으로 나오며 거세게 반대했다. 하지만 이번에는 영조도 강경했다. 영조가 승지에게 대리청정을 허락하는 왕명을 적은 것을 가져오라고 하자 홍인한은 몸으로 승지의 앞을 막아 어명을 듣지도, 전교를 쓰지도 못하게 했다. 이에 동궁이 나서서 홍인한을 설득했다.

"이 일은 참섭할 만한 것이 아니지만 사세가 급박하게 됐으니 진실로 마땅히 상소해 사피(사양하고 피함)해야 합니다. 비록 두서너 글자라도 문적 기록이 있은 뒤에야 진소(대리청정을 사양하는 상소)할 수가 있으니, 두서너 글자라도 꼭 탑교(대신에게 내리는 왕명)를 받아 내가 진소할 수 있는 길을 열어 주시오."

자신이 대리청정을 사양하는 상소를 올리려면 일단 전교가 있어야 한다는 것이었다. 하지만 홍인한은 동궁의 말을 무시한 채 손짓으로 승지에게 전교를 쓰지 못하게 했다. 당시 영조와 동궁은 문이 열린 대전 안에 있었고, 대전 밖의 승지와 대신들은 홍인한 뒤에 있어 말소리는 정확히 듣지 못했다고 한다. 그러니 진실은 영조와 동궁, 홍인한만이 알겠지만, 결국 이날도 영조는 대리청정 전교를 내리지 못했다.

여기까지가 〈영조실록〉 영조51년 11월 30일의 기록이다.

그러나 사흘 후인 12월 3일, 부사직[8] 서명선이 상소를 올려 상황을 뒤집었다.

---

8   조선시대 5위에 속한 종5품의 무관직

"신이 삼가 듣건대, 지난달 20일 대신이 입시했을 때 좌의정 홍인한이 감히 '동궁이 알게 할 필요 없다'는 말을 전석에서 진달했다고 합니다. 저군(동궁)이 알지 못한다면 어떤 사람이 알아야 하겠습니까? (…중략…) 그 무엄함과 방자함은 실로 심한 것입니다. (…중략…) 나랏일이 이러하고 대신이 또한 이와 같은데도 옆에서 들은 지 여러 날이 되도록 삼사의 자리에 있으면서 감히 말하는 사람이 없으니, 신은 통곡하고 크게 탄식함을 금할 수 없습니다."

조정 신하들이 홍인한의 눈치만 보느라 대리청정이 이루어지지 못하는 상황에서 서명선의 상소는 영조가 간절히 바라던 말이었다. 영조는 서명선에게 상소를 읽게 했고, 구절마다 그에게 뜻을 물었다. 그때마다 서명선은 홍인한의 불충을 거듭 고하며 통곡했다. 영조는 서명선의 울음소리조차 비분강개함을 담고 있다며 칭찬했다.

대전의 분위기가 서명선과 영조의 바람대로 흘러가고 있었다. 영조는 대리청정을 확정하기 위해 대신들에게 상소의 옳고 그름만을 말해보라 했다. 말 한마디에 면 몇 번이나 저지된 동궁의 대리청정이 이루어질 분위기였다. 이에 홍인한을 따르던 도제조 김상철과 영부사 김상복은 '동궁이 알게 할 필요 없다'는 말을 듣지 못했다고 주장했다. 영조가 곧바로 사흘 전 〈승정원일기〉를 들이라 명하자 승지는 아직 수정하지 못했다고 답했다.

답답해진 영조는 서명선에게 이 일을 어디서 들었는지 물었다. 서명선은 '동궁이 대리청정을 거절하는 상소를 썼으나 아직 올리지 못했다'는 이야기를 '들었다'고 고했다. 영조는 사실 확인을 위해 춘방(동궁전) 입직자를 불렀다. 이때 춘방사서 홍국영이 동궁이 올리지 못한 상소 원본을 들고 등장했다. 사흘 전인 11월 30일에 작성된 동궁의 상소문에는 지극한 효심으로 대리청정을 사양하는 내용과 함께 그날 홍인한의 언행이 그대로 적혀 있었다.

"아! 신이 비록 불초하나 어찌 우리 성상께서 지성으로 측달(불쌍히 여겨 슬퍼함)하시는 뜻을 본받아 고통을 나누기를 다하는 도리를 생각하지 못하겠습니까? 다만 천만 불안한 것이 있는데, 참으로 두 대신의 '알게 할 필요가 없고 염려할 것이 없다'라는 연석에서의 주달과 같은 것입니다. 생각하건대, 신은 아직 나이가 적으니 조정의 일은 알 필요가 없으며, 성후(영조)께서 더욱 건승하시니 좌우 역시 염려할 것이 없습니다. 이것이 더욱 신이 감히 받들어 감당치 못하게 하는 것입니다."

홍인한을 비난하는 서명선의 상소와 대리청정을 사양하는 내용으로 홍인한의 무엄하고 불충한 행동을 고발한 동궁의 상소 원본은 시너지 효과를 일으켰다. 12월 7일, 마침내 동궁의 대리청정이 확정된 것이다. 유배 중이던 김종수는 동궁의 대리청정 이후 복귀했다.

홍인한을 상대로 승리를 거둔 12월 3일은 동궁에게 잊지 못할 날이 됐다. 이에 정조는 즉위 후 '동덕회'를 결성해 매년 12월 3일마다 홍국영, 서명선, 정민시, 김종수와 함께 술자리를 열어 이날을 기념했다.

정조 즉위와
노론 다루기

영조52년(1776년) 2월, 동궁은 영조에게 임오화변의 일이 기록된 〈승정원일기〉의 세초[9]를 청했다. 이로써 사도세자의 비극에 대한 공식적인 기록은 모두 지워졌다. 영조는 세초를 청한 동궁의 마음이 고마웠다. 영조의 신임을 얻은 동궁은 인사권을 발휘해 홍국영을 사인[10]으로 임명했다. 정7품 설서에서 정4품 사인으로 특진한 것이다. 상소를 올린 서명선도 정5품 부사직에서 정2품 이조판서로 특진했다.

3월 5일, 영조가 승하했다. 3월 10일, 장례를 마친 동궁은 경희궁 숭정문에서 즉위식을 올리고 조선의 제22대 임금이 됐으니 그가 바로 정조다.

정조가 즉위하면서 홍국영과 동덕회는 승승장구하기 시작했다. 즉위 바로 다음 날인 3월 11일, 정조는 영조의 행장과 시장[11]을 의논하면서 김종수를 당상으로 삼았다. 3월 13일, 홍국영은 승정원 동부승지로 임명되어 정3품 당상관 반열에 올랐다. 3월 20일, 정조는 사도세자의 존호[12]를 '장헌'으로 올리고, 사도세자의 무덤인 수은묘를 영우원으로, 사당을 경모궁으로 승격시켰다. 그동안 사도세

---

9   조선시대에, 실록을 편찬한 뒤 그 초고를 없애버리던 일. 자하문 밖 조지서에서 사초(史草)를 물에 씻고 종이를 제지 원료로 다시 사용했다.
10 조선시대 의정부에 속한 정4품 벼슬
11 살았을 때의 일들을 적어 올리던 글
12 임금이나 왕비의 덕을 기린다는 뜻에서 올리던 칭호

자를 죄인이라 주장해온 대신들도 감히 반대할 수 없었다.

추숭이 끝난 후 정조는 자신의 왕위계승을 노골적으로 방해한 세력을 처벌하기 시작했다. 그중 가장 먼저 처벌한 사람은 정후겸이었다.

"정후겸을 경원부에 귀양 보내고, (…중략…) 정후겸은 곧 화완옹주의 양아들인데, 홍인한, 홍상간, 윤양후, 윤태연 등과 함께 영종(영조)이 일에 싫증을 내는 틈을 타 안팎으로 결탁해 당여를 배치하고는 권세를 농간하고 국법을 멸시해 온 세상을 교란시켰으며, 임금이 영특하고 총명함을 꺼려서 모함하고 훼방하는 말을 떠벌리어 저궁(정조)을 동요시키려 음모했다. (…중략…) 을미년 겨울에 대리청정하라는 명이 내린 날에는 홍인한이 세 가지의 알 필요가 없다는 말을 진언해 기필코 큰 계책을 극력 저지하려 했다."

— 〈정조실록〉 정조 즉위년 3월 25일

정후겸을 처벌한 것은 그 배후에 있는 홍인한을 처벌하기 위해서였다. 왕실의 안위를 위협하고 왕권을 무시했다면 당적과 상관없이 처벌할 수 있음을 보여주어야 했다. 하지만 아직 조정에는 홍인한의 세력이 많았기에 일단은 이미 세상을 떠난 노론 강경파의 김상로를 처벌했다.

"아! 김상로의 죄악을 이루 주벌할 수 있겠는가? (…중략…) 임오년에 다시 동궁을 설치한 후 하교하시기를, '김상로는 너의 원수다. 내가 강제로 치사시킨 것은 천하 후세에 나의 마음을 드러내려 한 것이다. 비록 임오년의 일을 감히 훗날 다시 들먹이지는 않겠지만, 임오년 5년 전에는 5년 뒤인 임오년의 조짐을 양성한 것이 곧 하나의 김상로일 뿐이다'라 하셨으니, 삼가 머리를 숙여 명을 듣고 가슴속에 명심했었다. 공제[13] 후에는 바야흐로 하교하려 했는데 (…중략…) 이런 마당에 어찌 공제까지 기다리겠는가? (…중략…) 우선 관작을 추탈[14]하라."

— 〈정조실록〉 정조 즉위년 3월 30일

김상로는 이미 세상에 없는 사람이었으나 공적으로는 노론 강경파의 수장이자 영조의 대신이었으며 사적으로는 노론 청명파의 수장인 김종수의 재종조부였다.

노론은 전통적으로 시비와 대의를 떠나 같은 당과 집안사람을 감쌌으나 이때 김종수는 정조의 처벌에 반발하지 않았다. 같은 당적에 같은 가문 후손인 김종수가 정조의 대의와 의리를 따르자 홍인한의 세력을 제외한 노론은 반발할 명분을 찾기가 어려웠다. 4월 7일, 영조의 공제가 끝나자마자 정조는 홍인한을 처벌했다.

"홍인한은 성질이 본시 어리석고 외람되며 학식은 '제(帝)'자와 '호(虎)'자를 분간하지 못한다. 그 형(홍봉한)의 아우이기에 선왕의 불식하는 은덕을 입고 차근차근 승진되어 삼사의 지위에 이르렀으니 (…중략…) 즐거움을 탐내는 것을 묘한 계책으로 여기고 은총을 파는 것을 능사로 삼았으며, 심지어는 '알 필요가 없다'는 말을 자기 입으로 말하

---

13 왕이나 왕비가 죽은 뒤 36일 동안 일반 공무(公務)를 중지하고 조의를 표하던 일
14 죽은 사람의 죄를 논해 살았을 때의 벼슬 이름을 깎아 없애는 일

고도 두려워할 줄을 알지 못했고, 서명선의 상소가 나오기에 이르러서
는 도리어 대항해 반박할 생각만 하고 뉘우칠 도리는 생각하지 않았다.
(…중략…) 명분과 의리를 바르게 하는 도리에 있어서 마땅히 준엄하게
처결해야 할 바이나, 이는 모두가 배우지 못했기 때문인데 어찌 심하게
벌할 것 있겠는가? 홍인한을 우선 삭직(삭탈관직)하도록 하라."

— 〈정조실록〉 정조 즉위년 4월 7일

정조가 아무리 준비된 군주였다 해도 가슴에 품어온 사무치는
원한을 숨기기란 쉽지 않았다. 자신을 죽이려 하고 아버지 사도세
자를 끝내 죽음으로 몰고 간 노론에게 냉정하기란 더욱 어려웠다.
그럼에도 정조는 이 어려운 일을 해냈는데, 이때 승지 홍국영은 곁
에서 전적으로 그를 지지하며 왕명 하나도 놓치지 않고 전달했다.

통청권 혁파

선조8년(1575년) 시작된 당쟁은 전임자가 후임자를 지명하는 이
조전랑[15]의 자대권에서 시작됐다. 이조전랑은 자대권 외에도 당상
관 이하 및 청직(청요직. 삼사라 불리는 사헌부, 사간원, 홍문관)에 대한 인
사권을 가지고 있었는데, 이를 통청권이라 한다. 즉, 이조전랑은 통
청권과 자대권을 이용해 같은 당적의 관리들을 요직에 배치할 수
있었다. 인조반정 이후 줄곧 삼사를 장악한 산당(서인-산당-노론)이

---

15 정랑(정5품)과 좌랑(정6품)을 합쳐서 부르는 말

끝내 당쟁에서 승리한 것도 이러한 이유였다. 그러다 보니 이조전랑과 청요직은 당쟁의 도구가 되어버렸다.

노론과 소론의 당쟁이 격화되자 숙종은 이조전랑의 자대권을 없앴다. 이후 영조는 통청권을 이조의 수장인 판서(정2품)와 그를 보좌하는 이조참판(종2품)이 갖도록 부분적으로 혁파했다. 대신이 통청권을 갖게 되면 왕권으로 어느 정도 통제 가능했기 때문이다.

하지만 이런 방법은 왕권이 강할 때는 유용하지만 왕권이 약하면 무용지물이 될 수 있었다. 영조는 말년에 정후겸 등 자신이 총애하는 이들을 요직에 임명해 곁이 두었는데, 이렇게 능력과 상관없이 임금이 원하는 이를 요직에 앉히고 싶다면 이조와 타협해야 했다. 영조 말년의 조정이 당쟁으로 어지럽고 기강이 문란해진 데는 능력이나 성품 위주가 아니라 영조와 이조가 원하는 이들만 마음대로 뽑았던 것이 한몫했다. 인사는 만사라 하지 않던가. 정조는 인사권을 국왕 고유의 권한으로 확립해 왕권을 세우고자 했다. 그리고 이를 위해서는 통청권의 완전한 혁파가 필요했다.

이조참의는 위로는 판서와 참판을 돕고 아래로는 실무를 담당한 정랑과 좌랑을 관리하는 중간 책임자였다. 당쟁의 요람이 되어버린 이조전랑의 힘을 완전히 약화시키기 위해 정조와 홍국영은 손발을 맞추었다. 5월 29일, 정조는 이조전랑의 통청권을 깜짝 복구했고, 6월 1일에는 홍국영을 이조참의(정3품)로 깜짝 임명했다. 바로 다음 날인 6월 2일, 홍국영은 이조판서 서명선과 함께 통청권 혁파 상소를 올렸고, 정조는 곧바로 윤허했다. 정조의 개혁 의지가 실현되는 과정에서 홍국영의 추진력이 얼마나 큰 역할을 했는지 알 수 있는 부분이다.

송덕상과
재야 노론 청류 포섭

군사부일체를 주장한 정조는 '군주는 군주답고 사대부는 사대부다운' 조정을 원했고, 기꺼이 사대부의 스승이 되고자 했다. 하지만 뿌리 깊은 외척 중심 당쟁으로 인해 조정에서 제대로 된 사대부를 찾기란 쉽지 않았다.

정조는 먼저 사대부를 예우하는 법제를 밝히도록 명하고 이어서 소론의 영수인 윤선거와 윤증 부자(父子)의 관작을 추탈하고 문집을 불태웠으며 사액 철거를 명했다. 앞으로의 노론은 의리를 따르는 바른 사대부가 되어야 하며 그래야 노론을 집권 여당으로 인정하겠다는 의미였다.

조정 신하들에게 이러한 뜻을 전달하기 위해서는 '바른 사대부의 모범'이 될 만한 이를 치켜세울 필요가 있었다. 그러나 그런 '모범'을 도대체 어디서 찾는단 말인가?

이때 홍국영은 정조에게 송시열의 후손 송덕상을 추천했다. 송덕상은 영조 재위 당시에도 여러 차례 벼슬을 받은 적이 있으나 줄곧 사양해온 인물로 영조에게는 그다지 큰 인상을 주지 못했다. 당시 송덕상의 나이는 일흔에 가까웠으나 아직 조정에서 큰 활약을 한 적이 없어 존재감도 부족했다. 하지만 그렇기에 오히려 사대부의 모범으로 내세우기에 적절했다.

6월 18일, 정조는 사헌부 장령(종4품) 송덕상을 곧바로 승정원 동부승지(정3품)로 삼았고, 20일에는 성균관 좨주(종3품)로, 24일에는 이조참의(정3품)로 삼았다. 모든 관직은 추천 절차 없이 정조의 직접 임명으로 이루어졌다.

7월 18일, 정조는 송덕상을 예조참의(종3품)로 임명하며 말했다.

"이미 선정(송시열)에게 전례가 있었으니, 이제 예법을 강구해야 할 때를 당해 춘조(예조)의 관원은 마땅히 산림의 선비를 기다려야 하겠다."

— 〈정조실록〉 정조 즉위년 7월 18일

"잇따라 경의 서계(書啓)를 보건대, 아직 병이 낫지 않았다는 것으로 사양하는 단서를 삼고 있으니, 걱정하고 생각하던 나머지 더욱 허전한 마음이 간절하다. (…하략…)"

— 〈정조실록〉 정조2년 11월 13일

송덕상이 나이와 병을 이유로 벼슬을 사양하자 정조는 이처럼 절절하게 다시 나올 것을 권하기도 했다. 이 절절한 정성의 반은 송덕상이 송시열의 후손이기 때문이었고, 반은 다른 신하들에게 보이기 위한 의도적인 계획이었다.

정조2년(1778년) 12월 12일, 송덕상은 처음으로 정조와 연석에서 마주했다. 이때 홍국영도 함께했는데 다음은 세 사람의 대화 일부다.

홍국영이 말하기를,

"유신(송덕상)이 성문 밖에 거처하고 있어 혹 야대하면 곤란한 점이 있을 것 같습니다."

하니, 임금이 말하기를,

"성안에 거처할 만한 곳이 있으면 조속히 들어와서 거처하도록 하라."

하자, 송덕상이 말하기를,

"성안에는 거처할 만한 곳이 없습니다. 만일 야대하겠다는 명이 있으면 마땅히 미리 들어와 있겠습니다."

했다. 임금이 말하기를,

"선정(송시열)은 서울에 있었을 적에 어디에 거주했는가?"

하니, 송덕상이 말하기를,

"기축년(효종 즉위년, 1649년) 소명을 받들었을 때 처음에는 성밖에 거주하다가, 뒤에 성교(효종의 교지)로 인해 장동(종로구 자하동)으로 옮겨 거처했습니다."

했다.

(…중략…)

임금이 말하기를,

"가까운 시일 안에 다시 부르도록 하겠다."

홍국영은 정조에게 '송덕상이 서울에 거주할 곳이 없으니 집을 마련해주어야 한다'고 이른다. 그러자 정조는 송덕상에게 어느 동네에 살고 싶은지 물었고, 송덕상은 경치도 좋고 궁에서도 가까우며 대신들이 주로 거주하는 고급 주택가를 이야기했다.

사관은 〈정조실록〉에서 송덕상과 홍국영을 함께 비난했다.

"처음 (송덕상이) 연석에 나오려 할 적에 여러 승지들과 옥당(홍문관)이 함께 들어가게 해줄 것을 청했으나 물리치고 단지 홍국영과 함께 들어갔다. 이로부터 출입, 어묵(語默)[16]을 일체 홍국영의 지시에 따랐다."

— 〈정조실록〉 정조2년 12월 12일

실제로 정조가 경연과 야대에서 송덕상을 만날 때면 반드시 홍국영이 함께했음을 〈실록〉에서 확인할 수 있다.

정조3년(1779년) 1월 23일, 정조는 송덕상이 올린 상소에 대한 비답을 내리며 송시열에 대한 존경의 마음을 크게 드러냈는데, 정작 상소는 공개하지 않았다. 사관은 송덕상이 올린 상소의 원문은 볼 만한 것이 없으니 공개하지 말 것을 홍국영이 청했다고 기록하고 있다. 그렇다면 정조가 송덕상에게 내린 은덕과 칭찬은 단지 노론 다루기와 정국 운영을 위함이었고, 이는 당시 예순이 넘은 송덕상이 서른도 되지 않은 홍국영과 정조에게 이용당했다는 뜻이기도 하다. 하지만 송덕상은 이에 노여워하기보다는 자신을 대변하고 대우해주는 홍국영을 은인으로 여겼다.

〈실록〉에는 홍국영이 권세를 믿고 정승 앞에서도 거만하게 위세를 떨었다고 기록되어 있다. 반면 송덕상은 홍국영의 좋은 점만 본 것 같다. 홍국영이 권력을 잃었을 때 끝까지 그를 변호하며 복권을 청한 것도 송덕상이다. 홍국영은 영조를 사로잡았던 특유의 매력으로 송덕상마저 자신과 정조의 편으로 만든 것인지도 모른다.

어쨌든 정조는 송덕상을 우대함으로써 정치에서 소외되어 온 재야 사대부들을 자연스럽게 포섭할 수 있었고, 자신이 바라는 모범 신하의 예시가 송시열임을 거듭 밝힐 수 있었다.

---

16 말하고 침묵하는 것

홍국영을 죽이려 하는 자들을
바른대로 고하라!

홍국영이 순조롭게 출세하고 정조의 통청권 혁파 등 개혁도 차근차근 진행되어가던 6월 23일, 홍문관 수찬 윤약연이 올린 상소문이 엄청난 파장을 몰고 왔다. 윤약연은 상소에서 정후겸 모자와 문녀(영조의 후궁 숙의 문씨), 김상로의 추가 처벌을 주장하며 정조를 신랄하게 비난했다.

"(대리)청정해 오신 지 이미 몇 달이 됐습니다만, 이미 조정 안의 발류 초군한(뛰어난) 인재와 언사(彦士, 재능과 덕망이 뛰어난 선비)가 위로 성상의 간택을 받들게 되고 아래로 중망에 만족할 수 있게 됐음을 듣지 못했고, 또한 산림에 있는 현자가 마음을 돌리고 초빙에 응해 덕성을 훈도해 가고 치도를 자방해 가게 됐음을 듣지 못했습니다. 근래 새로 발탁한 쾌주(송덕상)는 비록 온 조정이 눈을 씻고 보게 되기는 했습니다만, 초래는 예절에 있어서는 오히려 미비한 바가 있었습니다. 신이 감히 전하의 마음을 알 수는 없습니다만, 오늘날의 조정 신하로도 충분히 오늘날의 일을 끝마칠 수 있으므로 다른 사람을 구할 필요가 없다고 여기시는 것입니까? 아니면 또한 뭇 신하들을 깔보시고 드디어 온 세상 사람도 이리저리 찾아보기에 부족하다고 여기시는 것입니까? 장차 성상께서 지혜가 제일 뛰어나 온갖 일을 해나갈 수 있으므로 뭇 신하들의 힘을 빌릴 것 없다고 여기시어 (…중략…) 얼굴이 곱고 말 잘하는 것(홍국영)을 기껍게 여기지 마시고 (…중략…) 삼가 바라건대, 전하께서 신이 올린 말을 고찰해보시고 (…하략…)."

요약하자면, 정조의 인재 등용과 국정 운명은 잘못됐으며 얼굴만 번듯하고 말만 번드르르한 홍국영을 중용하는 것은 다른 신하를 깔보는 것이라는 말이었다. 홍국영을 비난함과 동시에 정조에게 경고를 보낸 것이다.

상소를 읽은 정조는 곧바로 국청을 열었다. 국문을 받은 윤약연은 시종일관 홍인한의 죄는 망발을 한 것에 지나지 않으나 정후겸은 죽어 마땅한 죄를 지었다고 주장했다. 이때 정조가 강도 높은 질문과 심문을 이어가자 윤약연은 마침내 홍국영을 제거하는 것이 상소의 진짜 목표였다고 실토했다. 분노한 정조는 '홍국영을 죽이려 하는 자들을 바른대로 고하라'고 명했고, 윤약연의 입에 호명된 연루자들이 차례차례 국문장으로 끌려왔다. 이때 정조는 끌려온 죄인 한 명 한 명 앞에서 몇 번이나 같은 말을 반복했는데 바로 이 말이었다.

"국가가 고립되어 위태했을 때에 당해, 척리(홍봉한 형제)와 근습(정후겸과 화완옹주 등)들이 모두 딴마음을 먹었는데도 국가를 보호한 것은 홍국영 한 사람뿐이었다. 한쪽 손으로 하늘을 떠받치어 공이 사직에 남게 된 사람인데, 너희 무리가 기필코 장살[17]하려 하니 그 뜻이 어디에 있는 것인가? (…중략…) 국가의 안위가 호흡하는 사이에 달려 있었는데 시종 보호해 간 사람은 유독 홍국영 한 사람뿐이었다. (…중략…) 더구나 지난번 재앙의 무리들이 낮이나 밤이나 몰래 엿보면서 기필코 저군(정

---

17 사형 방법 중 하나로, 때려죽이는 것. 능지처참 다음으로 잔인한 사형 방법으로, 극악무도한 범죄자나 원한이 깊은 적에게만 집행했다. 대부분은 고문 중 죽음을 맞는다.

조)의 우익(오른 날개=홍국영)을 제거하려 했다. 이때에 고립되어 위태함이 어떠했겠는가? 오직 하나의 궁료(홍국영)가 보호해줌을 힘입었고 (…중략…) 즉조(즉위)한 이후에는 오직 이 하나의 신하만을 의지했는데……(…하략…)."

국청에는 대신들도 함께하는 것이 법도였다. 대신들을 앞에 두고, 역적에게 가혹한 국문을 하면서 정조는 몇 번이나 홍국영을 향한 자신의 마음을 그대로 고백한 것이다. 이 사건으로 모든 사람은 홍국영이 대리청정을 성공시킨 주인공임을 알게 됐고, 정조가 홍국영을 어떻게 생각하고 있는지도 똑똑히 알게 됐다. 감히 총애를 다툴 수 없는 경지였다. 이날, 홍계희의 아들들을 비롯한 홍인한의 잔여 세력들이 대거 처벌됐는데 정조는 죄인들에게 처벌을 내리며 이렇게 선언했다.

"홍인한이 아직도 좋은 지경에 있기 때문에 윤약연 무리가 감히 영호하는 짓을 하게 된 것이니, 고금도에 천극하라. 홍인한의 죄는 진실로 온 나라 사람이 아는 바이다. 내가 법에 처하지 않는 까닭은 차마 못하는 뜻에서인데 (…중략…) 신하 된 몸으로서 홍인한의 죄상을 알지 못하는 사람은 이미 역적의 도당인 부류들이다."

이후 삼사에서는 홍인한이 아직 극형을 받지 않은 바람에 이런 일이 일어났다 해 정후겸과 홍인한의 사형을 청했다. 홍인한과 정후겸은 유배지에서 처형됐고, 바로 다음 날 홍국영은 도승지에 임명됐다. 수십 년 넘게 조정을 장악해온 노론 중심의 권력이 홍국영

정조 즉위년(1776년) 6월 23일,
윤약연의 상소로 인한 국문과 처벌

이름	처벌	유배
윤약연(홍문관 수찬)	형벌 6회	사형을 감하여 금갑도에 유배, 사망
이경빈(홍상간 절친)	형벌 1회 추가 후	지도(智島) 유배
홍지해 (어리석은 물건=멍청이)	형벌 2회	사형을 감하여 온성부(穩城府) 유배
홍찬해	형벌 1회 추가 후	사형을 감하여 흑산도 유배
이복해(이선해 형)	장 1백 대 추가	유 삼천리 후 갑산부(甲山府) 유배
이성운	형벌 1회 추가 후	웅천현(熊川縣) 유배
홍인한	유배지 변경	고금도(古今島) 유배

한 사람에게 옮겨진 순간이었다.

노론은 정조와 홍국영의 관계를 주시했다. 홍국영이 노론을 적으로 돌리지 않은 것이 참으로 다행이었다.

외척 척결

도승지에 임명됐을 때 홍국영의 나이는 스물아홉이었다. 이후 봉조하로 은퇴한 서른두 살까지 그 자리에 있었는데, 정조가 재위한 24년 동안 도승지 자리에 있었던 그 누구보다 압도적으로 긴 기간이었다.

이 1,200여 일 동안 도승지 홍국영은 권력의 정점을 누렸다. 물론 관직은 점점 높아졌고 겸직도 많았으나 도승지야말로 홍국영의 대명사와도 같았다.

도승지가 된 홍국영의 첫 번째 과제는 홍봉한에 대한 처벌이었다. 홍인한이 처형되자 홍봉한을 탄핵하는 상소가 줄을 이은 것이다. 정조는 혜경궁 홍씨에 대한 효를 내세워 홍봉한에게 처벌을 내리지 않으나, 홍봉한이 워낙 권력 남용형 비리를 많이 저질렀고 그의 처벌을 바라는 이들이 많았다는 게 문제였다. 대표적인 인물이 바로 김귀주(정순왕후의 오라비)였다. 영조48년(1772년) 김귀주는 정순왕후로부터 홍봉한이 동궁(정조)을 압박하고 협박한 일을 듣고 영조에게 상소를 올렸다. 정순왕후에게 이 이야기를 전한 사람은 동궁이었다. 김귀주는 홍봉한의 잘못이 확실하게 기록된 자신의 상소를 근거로 처벌을 촉구했다.

정조는 김귀주의 의도가 오랜 세월 권력을 남용해온 홍봉한의 처벌보다는 경주 김씨 가문이 동궁을 도왔던 것을 알리고 풍산 홍씨 가문의 권세를 이어받는 데 있다고 보았다.

김귀주는 흑산도에 유배됐다. 이는 정조의 즉위를 노골적으로 방해했던 홍인한이나 정조를 암살하고 홍국영을 제거하려 했던 홍지해가 받은 처벌과 같은 강도였다. 노론 청명당의 김종수는 김귀주를 구명하고자 노력했으나 정조는 처벌 수위를 낮추지 않았다. 이에 관련해 홍국영과 정순왕후는 침묵했으나 그 이유는 달랐다. 홍국영은 침묵으로 정조의 결단을 지지했고, 정순왕후는 오빠를 구명하고 싶은 마음조차 억누른 채 대비의 신분으로 정사에 개입하지 않는다는 것을 보여주기 위해 침묵한 것이다.

김귀주의 처벌 이후 외척의 정치 관여는 확연하게 줄어들었다. 그리고 정조2년(1778년) 12월, 홍봉한이 세상을 떠나면서 사도세자의 죽음 이후 권력을 독점하고 조정을 장악해온 외척이 마침내 사라졌다.

정조 암살 음모

1777년(정조1년) 7월 28일, 존현각에서 밤늦게까지 책을 읽던 정조는 지붕에서 이상한 소리를 들었다. 수색해보니 기와가 들춰지고 자갈과 모래가 흩어진 것이 도둑이라도 든 모양새였다. 홍국영은 역도들의 음모라 판단했으나 증거와 범인을 찾지 못했다.

8월 11일, 누군가 또다시 존현각에 침입했다. 전흥문과 강계휘였다. 10여 일 전 실패했던 정조 암살을 다시 시도하기 위해 야밤에 궁궐에 잠입했다가 발각된 것이다.

곧바로 국청이 열렸다. 암살의 배후는 홍계희[18]의 손자 홍상범이었다. 홍상범 일가는 정조 즉위년(1776년)에 홍국영을 음해하려한 죄로 처벌을 받았는데, 이에 앙심을 품은 것이다. 이들은 정조를 암살하고 홍국영을 제거할 궁리를 하다가 강계휘를 포섭했다. 강계휘는 생활이 궁핍한 전흥문에게 금전을 지원하고 자신의 노비를 아내로 주며 그를 끌어들여 궁에 잠입했다. 이들이 궁에 들어올 수 있었던 것은 강계휘의 딸이 궁녀였고 조카가 액정서(내시부 소속 관

---

18 사도세자의 난행을 과장해 영조에게 보고함으로써 세자를 죽음으로 몰고 간 인물

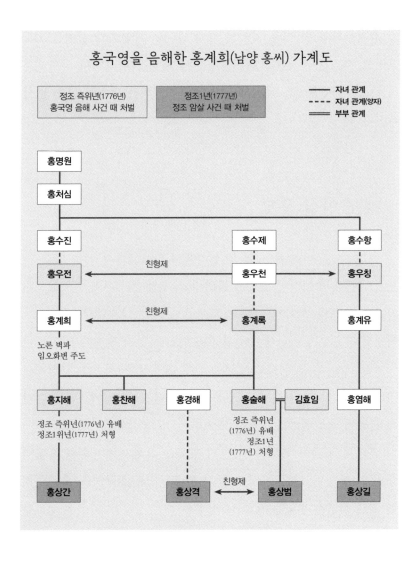

홍국영을 음해한 홍계희(남양 홍씨) 가계도

정조 즉위년(1776년) 홍국영 음해 사건 때 처벌	정조1년(1777년) 정조 암살 사건 때 처벌

─── 자녀 관계
----- 자녀 관계(양자)
═══ 부부 관계

홍명원
홍처심

홍수진 · 홍수제 · 홍수항

홍우전 ←친형제→ 홍우천 → 홍우칭

홍계희 ←친형제→ 홍계록 · 홍계유
노론 벽파
임오화변 주도

홍지해 · 홍찬해 · 홍경해 · 홍술해 ─ 김효임 · 홍염해
정조 즉위년(1776년) 유배
정조1위년(1777년) 처형
정조 즉위년
(1776년) 유배
정조1년
(1777년) 처형

홍상간 · 홍상격 ←친형제→ 홍상범 · 홍상길

아) 별감(내시부와 장원서에 속한 하인)이었기 때문이었다.

전흥문, 강계휘, 홍상범, 홍상길, 홍계능 등이 처형됐고 홍계희의 관작은 추탈됐다. 문제는 이들이 처형되기 전 국청에서 은전군을 임금으로 추대할 계획이었다고 밝힌 것이었다. 은전군은 역모

워크맨(Workman) 홍국영의 관직들

관직명	역할	비고
승정원 도승지	왕명을 출납하는 승정원의 수장	대통령 비서실장
약방 제조	왕에게 탕약을 올리는 부서의 실무 감독	
비변사 제조	군사 및 군수 의결기관 비변사의 실무 감독	
선혜청 제조	조세 기관 신혜청의 실무 감독	
승문원 제조	외교 문서를 작성하는 승문원의 수장	
홍문관 제학	임금의 자문 역할을 하는 홍문관의 실무 감독	
규장각 제조	학술 연구 및 출판 기관의 실무 감독	
중영대장 (오영도총숙위)	5군영을 총괄, 지휘	수도경비사령관
훈련대장	5군영 중 최고 정예병인 훈련도감의 지휘관	
숙위대장	궁궐의 경비를 담당하는 숙영의 지휘관	대통령 경호실장

에 대해 알지 못했다며 결백을 주장했으나 쏟아지는 상소에 정조는 눈물을 흘리며 은전군을 사사했다. 이어서 숙위소를 설치해 홍국영을 대장으로 임명했다. 숙위는 궁궐에서 숙직하며 임금을 지켜야 했으니 홍국영은 궁에 머물면서 언제든 정조와 만날 수 있었다. 권력을 누리는 자리에 있으니 퇴근 없는 삶도 극락이었다.

〈명의록〉 집필

홍국영은 많은 위험으로부터 정조를 지켰으나 한 번도 정조 앞에서 이를 내세우지 않았다. 이미 정조가 조정 대신들 앞에서 홍국영만이 자신을 지켜주었고 자신 또한 홍국영을 의지했노라고 고백했는데 굳이 그런 일들을 내세울 필요는 없었다. 대신 홍국영은 정조 외의 모든 사람에게 위세를 떨었고, 권력에 대한 확신이 생긴 후에는 거침없이 '갑질'을 했다.

그 와중에 정조는 홍국영의 권력을 더욱 키워주었다. 규장각 공사가 완공되자 홍국영을 직제학으로 임명해 관직 하나를 더 내린 것이다. 같은 달, 정조는 김종수에게 어렸을 때부터 써온, 위태롭고 불안한 시절이 고스란히 담긴 〈존현각일기〉를 보여주었다. 이에 김종수는 눈물을 흘렸고, 정조는 지금도 여전히 두렵다고 말했다.

"흔단(서로 다르게 되는 시초)이 척리(외척)에게서 일어났고 화가 궁성에서 선동됐기 때문에 온 세상 사람들은 모두 흉역이 이런 지경에 이른 줄 모르고 있었습니다."

김종수의 반응은 정조가 원하는 대로였다. 몰랐다면 이제부터 알게 하면 될 것이었다.

정조1년(1777년) 3월, 〈승정원일기〉와 〈존현각일기〉를 바탕으로 〈명의록〉을 출간했다. 〈명의록〉은 정조의 대리청정을 반대한 홍인한, 정후겸 등을 역적으로 사사하고 정조를 옹위한 홍국영, 정민시, 서명선의 충절을 찬양했으며, 대리청정 반대와 처벌에 대한 진실을 기록한 책이다. 특히 정적들로부터 필사적으로 정조를 보호했던 홍국영의 이야기가 영웅담이나 위인전처럼 쓰여 있다. 〈명의록〉은 노론 청명당의 수장 김종수의 이름으로 발간됐고, 김종수의 종조부 봉조하 김치인이 축하와 함께 감동했다는 내용의 상소를 올리자 정조는 이렇게 비답했다.

> "(…상략…) 신하인 홍국영이 들어와 눈물을 삼켰고 나가서는 피를 토하면서 이 역적들과 함께 살지 않을 것을 맹세하고 나의 몸을 보호해 간맹(奸萌)[19]을 꺾었다."
>
> ― 〈정조실록〉 정조1년 3월 29일

이보다 더한 표현이 과연 어디에 있을까?

이듬해 1월, 정조는 〈명의록〉의 후속작인 〈속명의록〉까지 출간했다. 이로써 동궁 시절부터 즉위 이후까지 정조가 겪은 고난과 음해에 맞서 홍국영이 얼마나 충성을 다했는지 온 세상이 알게 됐다.

왕실 외척이 되다

1778년(정조2년) 5월, 영조의 삼년상이 끝나자 정순왕후는 정조의 왕비 효혜왕후가 혼인한 지 15년이 지나도록 자식을 두지 못했으니 후사를 위해 후궁을 간택해야 한다는 교지를 내렸다.

---

[19] 간사함이 싹트는 것. 간사한 싹

"아! 4백 년이 된 종사의 의탁이 오직 주상의 몸 하나에 달려 있건만, 춘추가 거의 30에 가까워졌는데도 지금까지 오히려 종사의 경사가 늦어지고 있습니다. (…중략…) 사족(사대부)들 중에서 유한정정(인품이 얌전하고 몸가짐이 조촐함)한 처자를 간택해 빈어(후궁)의 자리에 있게 한다면 삼종의 혈통을 이어가게 되는 방도가 오직 이에 달려 있게 될 것입니다."

정조의 최측근 총신이자 도승지이며 외무, 총무, 재무, 병무 등 거의 모든 분야에 관직을 가진 홍국영이 갖지 못한 단 하나가 바로 외척 자리였다. 외척이 되면 정조의 신하를 넘어 가족이 될 수 있었다. 홍국영은 정조가 거의 평생을 외척에 시달려 온 것을 누구보다 잘 알았으나 자신은 그들과 다르다고 확신했다. 외척이 되어 정정당당하게 죽는 날까지 정조를 지키고 보호할 생각이었다. 시작은 그랬다. 그러나 홍봉한 또한 처음에는 정조를 지키고 보호한다는 명분으로, 어린 동궁을 지키기 위해 더 큰 힘이 필요하다는 생각에 영조가 그에게 권력을 몰아주면서 권력을 잡았다. 그런 홍봉한의 최후를 바로 가까운 곳에서 지켜봤음에도 홍국영은 막상 외척이 될 기회가 오자 이를 덥석 잡았다.

관리가 된 이후 임금이 내리는 관직이나 상을 한 번도 사양한 적이 없고, 정치적 시련으로 모함을 받거나 유배를 가본 적도 없으며, 심지어 아직 탄핵 한 번 당해보지 않았기에 홍국영은 자신만만했다. 조직이 아니라 오직 정조에게만 충성했던 그에게는 아마 제대로 충고를 해줄 사람도, 그를 막을 수 있는 사람도 없었을 것이다.

홍국영은 이제 막 열세 살이 된 자신의 누이를 후보로 올렸고, 그녀는 정조의 첫 번째 후궁으로 간택됐다. 사대부가의 간택후궁은 종2품 숙의로 봉해지는 것이 관례였으나 홍씨는 왕비 바로 아래인 정1품 '빈'으로 책봉되어 '원빈(元嬪)'이라는 작호를 받았다. 홍씨는 창덕궁 인정전에서 가례를 올렸는데 그 화려함과 규모는 왕비의 가례에 버금갈 정도였다. 이는 하늘을 찌를 듯이 치솟은 홍국영의 권세를 보여주었다.

홍국영은 후궁 중 으뜸의 자리에 봉해진 누이동생이 하루빨리 아들을 낳기를 소원했다. 그럼 이 아들을 세자로 만들 생각이었다.

여동생이 후궁이 되자 홍국영은 업무와 상관없이 궁에서 머무는 날이 점점 많아졌다. 궁궐이 집보다 익숙하고 편안한 공간이 되다 보니 문제가 생겼다.

〈실록〉에는 홍국영의 오만함에 대해 이렇게 기록되어 있다.

> 그가 숙위소에 있을 때에 의녀와 침선비[20]를 두고 어지럽고 더러운 짓을 자행했고, 거처하는 곳이 임금이 거처하는 곳과 담 하나로 막혔을 뿐인데 병위를 부르고 답하는 것이 마치 사삿집(개인 살림집)과 같았으며, 방 안에는 늘 다리가 높은 평상을 두고 맨발로 다리를 뻗고 앉았는데 경재(종2품 이상의 정승)가 다 평상 아래에 가서 절했고, 평소에 말하는 것은 다 거리의 천한 사람이 하는 상스럽고 더러운 말투이고 장로를 꾸짖어 욕하고 공경을 능멸했으므로, 이때부터 3백 년 동안의 진신·사대부의 풍습이 하루아침에 땅을 쓴 듯이 없어졌다 한다.
>
> — 〈정조실록〉 정조3년 9월 26일

---

20 조선시대, 상의원에 속해 바느질을 맡아 하던 기녀

정조 즉위 당시 동덕회 회원 및 정조와 가까웠던 인물들

인물	정조	홍국영	김종수	서명선	정민시	송덕상	김상철
정조 즉위년 (1776년) 당시 나이	25세 (1752년 生)	29세 (1748년 生)	49세 (1728년 生)	49세 (1728년 生)	32세 (1745년 生)	67세 (1710년 生)	65세 (1712년 生)

젊은 나이로 권력의 정점에 오른 홍국영은 기득권을 누려온 권력자들 앞에서 한껏 위세를 부렸다. 궁에서 여인들을 희롱해도 아무런 제재를 받지 않았고, 대소신료들은 입궐하면 정조를 알현하기 전 숙위청에 먼저 들러 홍국영에게 인사를 하는 것이 일과가 됐다.

정조는 15년 넘게 온갖 이유로 자신을 괴롭혀온 신하들이 홍국영 한 사람 앞에서 몸을 굽히는 것을 보면서 어떤 생각을 했을까? 대리만족을 느꼈을 수도 있고, 향후 신하들을 어떻게 다루어야 할지 계획을 세우고 있었을지도 모른다.

그러나 정조3년(1778년) 5월, 원빈 홍씨는 후궁이 된 지 1년 만에 후사 없이 갑자기 사망하고 말았다. 이에 홍국영은 허탈함을 넘어 분노를 느꼈다. 정조를 향한 충심 하나로 달려온 인생이었다. 이제 성공을 누려보려는 순간 삶이 끝나버린 것만 같았다. 여동생을 후궁으로 입궁시켰을 때부터 이미 자신의 외조카를 왕위에 올리겠다는 계획이 있었기 때문이다.

흑발의 봉조하

만약 홍국영에게 여동생이 여러 명 있었다면 어땠을까? 좌절하고 분노하기보다 냉정하게 권력을 유지할 계획을 세우지 않았을까? 한명회는 딸이 네 명이었기에 셋째 딸은 예종의 세자빈으로 만들었고 넷째 딸은 자을산군과 혼인시켜 성종의 왕비로 만들었다. 하지만 안타깝게도 홍국영에게는 여동생이 한 명뿐이었고, 원빈 홍씨의 죽음 이후 그는 냉정함을 잃고 조정 대신들을 적대했으며 모든 상황에 감정적으로 대처했다.

한편 정조는 원빈 홍씨의 장례를 후하게 치르고 빈소에 드나들기 수월하도록 창덕궁 단봉문 옆에 집을 얻어주며 홍국영을 위로했다. 정조는 원빈의 행장을 손수 지었고 홍국영은 원빈 홍씨의 장례를 왕비에 버금가게 치렀다. 무엇 하나 과하지 않은 것이 없었으나 홍국영은 만족하지 못했다.

(…상략…) 오빠(홍국영)는 사직을 위호해 외치를 도왔고 빈은 궁액으로 거처해 곤정을 도우면서 스스로 기뻐했다. (…중략…) 하늘이 어찌 나에게 갑자기 큰 사람을 잃어 위로는 자성(정순왕후와 혜경궁)에게 비탄을 끼치고 나로 하여금 창창히 주저해 의지할 수 없는가? 오호라! 하늘이 이미 합가시켜놓고 마치 생각이 있는 듯 홀연히 또 끊어서 상처시켜 국세가 위태롭게 하는 것은 무엇 때문인가? 하늘을 가히 믿을 수 없는 것이 이와 같은가? (…하략…)

— 정조대왕 어제 '인숙 원빈 행장' 중

원빈 홍씨가 졸했다. 임금이 희정당에서 거애(곡을 하며 애도함)했고 백관들은 선화문 밖에서 조애(함께 곡을 함)했다. 신미년의 예(例)[21]에 의거해 5일 동안 조시(조정)를 정지했다. 제4일에 성복(상복을 갖춰 입음) 했는데, 백관들이 천담복(제사 때 입던 엷은 옥색 옷)을 입고 빈문 밖에 모여 곡했으며, 파산관(벼슬에서 물러난 관리)과 관학 유생(성균관 유생)들은 소복(초상 때 입는 하얀 옷)으로 외반(대궐 바깥 언저리)에서 곡했는데, 오상사[22]에서 향을 올렸다. 발인하고 반우(장례 후 신주를 모셔오는 일)할 때 백관들이 성밖에서 영송했고, 오상사, 육조 당랑이 배종(임금이나 높은 사람을 모시고 따라가는 일)했다. 당나라의 〈개원례〉(당나라 예법을 기록한 책) 황조의 비빈의 예에 의거해 시호를 인숙(仁淑), 궁호를 효휘(孝徽), 원호를 인명(仁明)이라고 추증하고 삼도감을 설치했다. 이휘지가 표문을 짓고, 황경원이 지장[23]을 짓고, 송덕상이 지명을 짓고, 채제공이 애책문(제왕이나 왕비의 죽음을 애도해 지은 글)을 짓고, 서명선이 시책을 지었다. 이때 홍국영의 방자함이 날로 극심해 온 조정이 감히 그의 뜻을 거스르지 못했다. 그리하여 홍씨의 빈장에 관한 절차를 예관이 모두 참람(분수에 넘쳐 너무 지나침)한 예를 원용(문헌이나 관례 따위를 끌어다 씀)했고 송덕상은 마땅히 공제가 있어야 한다고까지 했으나 중지하고 시행하지 않았다.

— 〈정조실록〉 정조3년 5월 7일 '원빈 홍씨의 졸기'

---

21 영조27년(1751년) 효장세자의 세자빈인 현빈 조씨가 승하했을 때의 장례
22 의정부, 돈녕부(종친과 외척을 위해 설치한 관서), 의빈부(부마에 관한 일을 관장하던 관서), 충훈부(공신이나 그 자손을 대우하기 위해 설치한 관청), 중추부(일정한 사무가 없는 당상관들이 소속된 관아)
23 죽은 사람의 이름과 신분, 생전의 경력과 업적 따위를 새겨서 무덤 옆에 세우는 묘비와 행장

홍국영은 정조가 여동생의 죽음을 슬퍼하는 모습에서, 그리고 자신과 한 가족이 됐다가 끊어지게 된 하늘의 농간에 한탄하는 글을 쓴 것을 보면서 자신이 권력을 잃게 될 것이라고는 생각하지 못했다. 정조의 흔들림 없는 총애를 굳게 믿은 그는 원빈 홍씨가 살아 있었더라면 진행하려 했던 일들을 서두르기로 했다. 바로 정조와 원빈 홍씨의 아들에게 왕위를 계승하게 하는 것이었다.

홍국영은 정조의 장조카 상계군을 정조와 원빈 홍씨의 양자로 입적시키고 상계군에게 완풍군이라는 새로운 군호를 지어주었다. 완풍의 '완'은 조선 왕성의 본관인 전주의 옛 이름 완산에서 따온 것이고, '풍'은 풍산 홍씨의 본관인 풍산에서 따온 것이었다.

그러나 정조는 양자를 들여 왕위를 물려줄 생각이 없었고, 이복 남동생들을 조정 일에 연루시키고 싶지도 않았다. 일단 왕위계승 후보로 거론되면 진짜로 왕위를 잇지 않는 이상 위험의 싹을 자르기 위해 제거되는 것이 왕조 국가 종친들의 운명이었다. 정조는 윤약연을 비롯한 역도들을 처벌할 때 은전군을 희생시키면서 겪은 고통과 슬픔을 다시는 겪고 싶지 않았기에 완풍군을 기어이 자신과 원빈 홍씨의 양자로 만든 홍국영이 원망스러웠다.[24]

정조가 동궁 시절부터 얼마나 외척에게 시달려왔는지 누구보다

---

24 실제로 완풍군은 홍국영이 권력을 잃은 후 불안한 나날을 보내다가 정조10년(1786년) 스무 살의 나이로 갑작스럽게 세상을 떠났다. 이 죽음은 정조의 첫아들인 의빈 성씨 소생 문효세자의 승하와 관련이 깊다. 정조의 후계자였던 문효세자가 다섯 살이라는 어린 나이로 세상을 떠나면서 완풍군이 다시 한번 세간의 주목을 받게 되자 아들이 역모의 주모자로 몰리게 될 것을 우려한 친아버지 은언군이 독살했다는 이야기도 전해진다. 완풍군은 혼례식을 치른 바로 당일 세상을 떠났는데 그 직전까지 매우 건강했다고 한다.

잘 알고 있고, 정조 즉위 후 외척 축출에 핵심 역할을 해온 홍국영이 완풍군을 제2의 동궁으로 만들어 제2의 홍봉한이 되려 하고 있었다. 그러나 홍봉한이 조정을 장악했을 때처럼 조정 대소신료들은 홍국영의 눈치를 보느라 아무도 그의 잘못을 고하지 않았다. 지금껏 정조의 칼이자 방패이며 바람막이였던 홍국영의 충심과 정조의 총애가 조정의 기강을 무너뜨리고 있었다.

정조는 외척을 몰아내고 개혁을 마친 후 조정을 정상화하려 했지만 조정 대소신료들은 어심을 헤아리기보다 홍국영의 눈치만 봤다. 이제껏 홍국영의 말이 곧 정조의 뜻이었고, 임금과 권력자 모두의 눈 밖에 나지 않으려면 홍국영을 따라야 했기 때문이다.

정조는 외척의 지위와 권력 때문에 변해버린 홍국영에게도 실망했다. 그는 홍국영을 잘 알았다. 홍국영은 고쳐 쓸 수 있는 신하가 아니었다. 폭풍 같은 추진력과 하늘도 두려워하지 않는 성품이 바로 홍국영의 미덕이자 매력 아니던가.

원빈 홍씨가 세상을 떠난 지 100일 정도 지난 9월 26일, 오랫동안 고민하던 정조는 홍국영에게 입조를 명했다. 7년 전 이날은 정조와 홍국영이 동궁과 설서의 신분으로 처음 만난 날이기도 했다.

부름을 받은 홍국영은 이성을 찾았고, 정조와 차대(임금 앞에 나아가 정무를 보고하던 일)한 자리에서 자진 사퇴의 뜻을 밝혔다. 대신들은 당황했으나 정조는 망설임 없이 홍국영의 사직을 윤허했다. 이틀 뒤, 정조는 홍국영을 봉조하로 임명했고, 말과 금을 내려 궁을 떠나는 그를 배웅했다. 권력의 정점에서 갑작스럽게 자진해 백수가 된 홍국영은 미련을 가득 안은 채 정조에게 하직 인사를 올렸다.

최초의
세도정치가

정조와 함께한 시간을 빼면 남는 것이 없었고 은퇴 후의 삶을 생각해 볼 여유도 없었던 홍국영은 제2의 인생을 찾지 못했다. 그는 정조에게 자신이 궁궐 문을 나간 후 다시 정치에 뜻을 둔다면 천신이 용서하지 않을 것이라고 했으나 미련을 버릴 수는 없었다. 조정에서도 홍국영의 사직을 반대하는 상소가 연일 올라왔다. 신하들 역시 홍국영의 은퇴를 믿을 수 없었기 때문이다. 하지만 정조는 단호했다.

10월 8일, 숙위를 폐지했고, 홍국영의 복직을 청하는 상소를 모두 불허했다. 12월 3일, 동덕회 모임 때 정조는 홍국영을 불렀다. 홍국영은 약간의 기대와 희망을 품고 입궁했으나 이는 정조의 배려로 이루어진 작별모임이었다. 해를 넘겨 정조4년(1780년)이 되어서도 홍국영의 복귀를 청하는 상소가 계속 올라왔으나 정조는 묵묵부답이었다. 그 이후에야 비로소 홍국영을 비난하고 그의 처벌을 청하는 상소가 올라오기 시작했다.

2월 26일, 정조의 의중을 파악한 김종수가 가장 먼저 홍국영의 귀양을 청하는 상소를 올렸고 삼사가 동조했다.

"홍국영은 본디 성질이 사납고 재주가 교활합니다. 하늘의 공을 자기 공으로 삼아 그 공을 믿고 스스로 방자해, 조종하고 여탈하는 것이 모두 자기에게서 나왔으며 동정과 언행에 전혀 신하의 분의가 없었습니다. (…중략…) 그도 전하의 신하이니 조금이라도 사람의 마음을 가졌다면 그가 일에 앞서서 이끌어 달성하고 하교를 받들어 순종해 행하는 방법이 절로 남과 달라야 할 것인데, 지난해 5월 이후로 명문(名門)에서 다시 간택하기를 희망하는 뭇 신하는 시일이 급하다 했으나 유독 그만이 국가의 중대함을 생각하지 않고 혹 권병(權柄, 권력으로 사람을 좌우할 수 있는 신분이나 힘)을 잃을세라 염려해, 사람을 대하면 문득 말하기를, '이 일을 다시 거행할 수 없다' 했습니다. 이 일을 다시 하지 않는다는 것이 사속(嗣續, 대를 잇는 것)에 대해 어떠한 것입니까? (…중략…) 이는 우리 전하께서 중대한 4백 년의 종사(宗社)를 위해 저사를 넓힐 도리를 행하고 싶어도 그의 안면에 얽매여 하지 않는 것입니까? 정에 끌려서 하지 않는다면 이는 전하께서 종사를 가볍게 여기시는 것이고, 세력을 두려워해 하지 않는다면 이는 전하께서 자유롭지 못하신 것입니다. 이것은 그의 권세가 큰 것을 과시하고는 싶으나 위로 성덕에 끼치는 누는 생각지 않는다는 것입니다. 진실로 그의 말과 같다면 그가 있어서 다시 간택하지 못하는 것은 그가 막기 때문이고, 그가 떠나서 다시 간택할 수 있는 것은 막는 자가 없기 때문일 것입니다."

홍국영을 무너뜨린 죄목은 원빈의 장례를 치르던 중 간택후궁을 들이는 일에 대해 '다시는 거행할 수 없다'고 한 말이었다. 이 말은 홍국영이 권력을 완전히 잃은 후 그의 처벌을 촉구하는 상소에 빠짐없이 등장했다. 말 한마디가 얼마나 힘이 크던가. 홍인한이 '알 필요가 없다'는 말로 역적이 된 것처럼 후궁을 들이지 못하게 한 홍국영도 후사를 막은 종사의 죄인이 됐다. 정조는 홍국영을 강원도로 보냈는데, 홍국영이 한양을 떠나자마자 그를 향한 성토가 쏟아졌다. 그때마다 정조는 한탄과 자조가 섞인 비답을 내렸다.

"내가 참으로 착하지 못하기 때문에 이런 말이 있게 하고 이런 일이 있게 했으니, 자신을 돌아보면 부끄럽고 괴로워 차라리 죽고 싶다. 모두가 내가 착하지 못하기 때문인데 누구를 허물하겠는가?"

"내가 이런 말을 듣게 되고 경이 이런 말을 하게 했으니, 나는 말이 없고자 한다."

홍국영이 처벌을 받자 그와 친했던 부서와 관리들은 정조의 용서를 구하기 위해 자기 고백과 반성을 이어갔다. 승정원과 사간원에서는 홍국영의 죄를 미리 고하지 못한 것이 부끄럽다며 사직을 청했고, 홍국영을 옹호하며 그의 사직에 반대했던 신하들도 반성하며 사직을 청했다. 홍국영에게는 도성에 다시 들어오지 못하는 처벌이 추가됐다.

자신을 탄핵하며 비난하고 있다는 조정의 소식을 들은 홍국영은 울분을 삼키기 위해 술을 과하게 마시다가 정조5년(1781년) 서른셋의 젊은 나이로 강원도 바닷가에서 세상을 떠났다. 겸손도 실패도 두려움도 모르는, 젊고 오만한 권력 중독자였던 홍국영의 삶은 마지막까지 참으로 홍국영다웠다. 낙향해 학문을 닦고 제자를 양성하며 천수를 누리는 삶이란 그에게는 어울리지 않는다.

홍국영이 강원도에 있을 때 그와 함께 승지 생활을 했던 이병정이 상소를 올린 적이 있다. 그는 홍국영의 처벌을 촉구하는 상소에 지난 시절 홍국영이 했던 '말'을 함께 담았다.

"신이 병신년 5월 21일에 승지로서 입시하고 홍국영도 좌승지로서 함께 연석에 등대했는데, 신이 좌승지의 권세가 너무 크다고 아뢰었더니 홍국영이 불끈 일어났다가 엎드려 말하기를, '근일 세도의 책임을 신이 아니면 과연 누가 맡겠습니까?' 했습니다."

— 〈정조실록〉 정조4년 3월 3일

권력을 휘두르는 것을 자신이 마땅히 짊어져야 할 책임으로 여긴 오만하고 젊은 홍국영의 패기를 그대로 보여주는 말이다.

'세도'란 세상을 참된 도의로 이끄는 성리학의 정치론으로, 송시열이 강조했던 개념이다. 전제왕조 국가에서 세상을 참된 도의로 이끌어야 하는 사람은 군주다. 하지만 그렇게 총명하고 훌륭한 군주는 드물다. 그렇다면 신하 중에서 어질고 도덕이 뛰어난 사람이 그 임무를 맡아야 한다는 것이 바로 '세도'다. 순수한 의미로 그 개념을 강조한 송시열과 달리 권력의 수단으로 이를 해석하면 임금의 선택을 받은 신하 한 사람이 절대 권력을 행사할 수 있다는 의미가 된다. 바로 그런 절대 권력을 구체적으로 실천한 신하가 바로 홍국영이다. 임금의 신임을 받으며 외척 자리를 차지하고 집권 여당을 휘두르며 임금을 제외한 조정의 대소신료를 지배한 홍국영은 세상을 참된 도의로 이끄는 '세도(世道)'가 아니라 권세를 휘두르는 '세도(勢道)'의 초기 모델이자 사례가 됐다. 이후 안동 김씨 가문의 세도정치는 홍국영이 휘둘렀던 세도에서 실패했던 부분을 보완해 리스크를 최소화하고 외직과 하급관리에 이르기까지 범위를 넓혀 특정 가문의 자손들이 대대손손 권력을 누릴 수 있게 만든 '리뉴얼 확장판'인 셈이다.

조선 왕실의
외척 가문

외척의 권력 남용은 정도의 차이가 있을 뿐 조선시대 전반에 걸쳐 늘 있었던 일이다. 왕비의 가문은 물론이요, 총애를 받는 후궁의 집안에서도, 왕실 인척이라 할 수 있는 공주나 옹주의 부마 집안에서도 권력형 비리는 비일비재하게 일어났다. 비리를 저지르거나 중계역할을 한 당사자와 관련자들은 탄핵을 받기도 하고 처벌을 받기도 했으나 임금이 재량껏 덮어주기도 했다. 반대로 외척이라는 이유로 숙청의 대상이 되어 가문이 몰락하거나 멸문지화를 당하는 일도 있었다.

① 안동 김씨 가문 출신 후궁, 영빈 김씨

조선 후기 외척 가문이 본격적으로 형성된 시기는 인조반정 이후였다. 이때부터 왕비는 줄곧 서인-노론 계열 가문에서 배출됐는데, 이 가문들은 서로 이중삼중으로 혼맥을 구축해 권력 기반이 탄탄했다. 효종의 왕비였던 인선왕후의 아버지 장유는 김장생의 제자이자 송시열의 선배였다. 인조의 차남인 효종은 본래 왕위계승 후보자는 아니었고, 그의 왕비 인선왕후는 서인 가문 출신이지만 효종이 봉림대군일 때 혼인했다.

현종의 왕비 명성왕후는 서인 가문 출신이지만 김장생-김집-송시열로 이어지는 산당 계열 가문이 아닌

조선 시대 왕비와 외척들 1

임금	왕비와 후궁	본관	왕비의 아버지	비고
제17대 효종	인선왕후 장씨	덕수 장씨	장유	장유: 송시열의 선배
제18대 현종	명성왕후 김씨	청풍 김씨	김우명	김우명: 김육의 아들
제19대 숙종	인경왕후 김씨	광산 김씨	김만기	김만기: 송시열의 제자
	인현왕후 민씨	여흥 민씨	민유중	민유중: 송시열의 제자
	인원왕후 김씨	경주 김씨	김주신	소론 가문
	영빈 김씨	안동 김씨	김창국	노론 가문

한당의 영수 김육의 손녀였다. 산당과 한당은 서인이라는 같은 뿌리에서 출발했으나 정치적 입장이 달랐다.

산당계 노론 가문이 본격적으로 왕비를 배출하기 시작한 것은 제19대 숙종부터였다. 숙종의 첫 번째 왕비 인경왕후(광산 김씨)는 김장생의 고손녀였고, 두 번째 왕비 인현왕후(여흥 민씨)는 송준길의 외손녀로 그녀의 아버지 민유중은 송시열의 제자였다. 그리고 숙종의 첫 번째 간택후궁은 안동 김씨 가문 출신의 영빈 김씨다.

② 영조의 며느리와 부마

영조는 왕실 인척을 활용해 노론을 견제하고 왕권을 강화한 임금이다. 영조 재위 기간 내내 안동 김씨 가문의 후손들은 벼슬에

조선 시대 왕비와 외척들 2

임금	왕비와 후궁	본관		왕비의 아버지	비고
제21대 영조	정성왕후 서씨	달성 서씨		서종제	노론 탕평당-시파
	정순왕후 김씨	경주 김씨		김한구	노론 청명당-벽파
	정빈 이씨	화순옹주 부마 월성위 김한신	경주 김씨	김홍경	노론 탕평당-시파
	영빈 이씨	화평옹주 부마 금성위 박명원	반남 박씨	박사정	
진종 (효장세자)	현빈 조씨	풍양 조씨 (제22대 정조 양모)		조문명	소론 - 노론 시파
제22대 정조	효의왕후 김씨	청풍 김씨 (제23대 순조 양모)		김시묵	
	원빈 홍씨	풍산 홍씨		홍낙춘	
	수빈 박씨	반남 박씨 (제23대 순조 생모)		박준원	

나서지 않았고, 이 시기에 왕실과의 혼인을 맺은 외척과 부마 가문은 노론 탕평파로 활약했다. 영조가 의도적으로 세력을 키워준 가문들은 조선 후기까지 국정 전반에 걸쳐 막강한 영향력을 발휘했다. 딸이 많았던 영조는 자신의 탕평정치를 실현하기 위해 부마 가문도 적극 활용했는데, 대표적인 가문이 경주 김씨와 반남 박씨다. 월성위 김한신의 경주 김씨 가문은 영조의 계비 정순왕후를 배출하여 부마 가문에서 외척으로 승격했고, 금성위 박명원의 반남 박

조선 시대 왕비와 외척들 3

임금	왕비와 후궁	본관	왕비의 아버지	비고
제23대 순조	순원왕후 김씨	안동 김씨	김조순	철종의 법적 어머니
문조(추증)	신정왕후 조씨	풍양 조씨	조만영	고종의 법적 어머니
제24대 헌종	효현왕후 김씨	안동 김씨	김조근	자식 없음
제24대 헌종	효정왕후 홍씨	남양 홍씨	홍재령	자식 없음
제25대 철종	철인왕후 김씨	안동 김씨	김문근	자식 없음
제26대 고종	명성황후 민씨	여흥 민씨	민치록	순종황제의 어머니
순종황제	순명효황후 민씨	여흥 민씨	민태호	자식 없음
순종황제	순정효황후 윤씨	해평 윤씨	윤택영	자식 없음

씨 가문은 수빈 박씨가 정조의 후궁으로 간택되어 순조의 생모가 됨으로써 외척으로 승격했다.

영조의 시대는 왕권이 강화된 시대이자 왕권을 뒷받침한 외척의 시대이기도 했다. 외척에 질린 정조는 반백 년 가까이 출사하지 않았던 안동 김씨 가문 김조순의 딸을 며느리로 택했다. 김조순은 김수항의 5대손이었으니 긴 세월이 흐른 후였다. 하지만 정조 승하 후 안동 김씨 가문은 조선 역사상 유일무이한 권력을 누리기 시작했다. 세도정치 시대가 열린 것이다.

조선 후기 노론—외척 가문 혼인 관계도

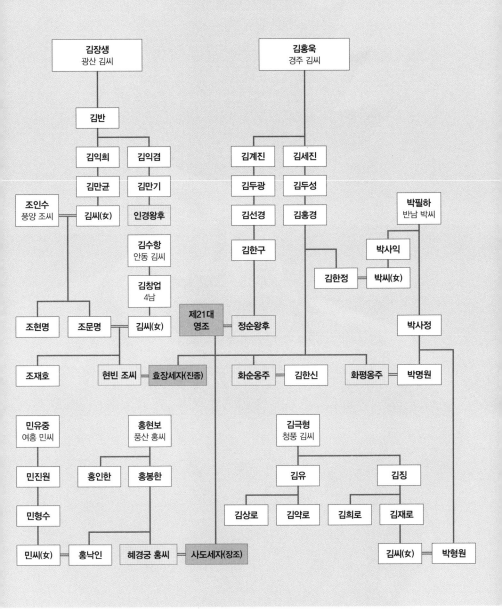

김조순

"안동 김씨의
시대를 열다"

이름 **김조순**

당적 **서인: 노론 시파**

인생을 바꾼 순간 **딸이 세자빈으로 간택되던 날**

결정적 실수 **"우리 막내아들(김좌근)을 잘 가르쳤어야 하는 건데……."**

애증의 대상 **"미워할 사람도, 증오할 사람도 남아 있지 않구나."**

한 줄 평 **선왕을 위한 일들이 가문을 번영시키니, 성은이 망극하여라!**

왕조 국가에서 외척은 언제나 존재했다. 왕실과의 혼인을 통해 외척이 되면 빠르게 부와 권력을 쥘 수 있었다. 하지만 특별한 인맥을 통해 얻은 권력인 만큼 부작용도 컸다. 후궁이라면 '총애 받은 기간과 정도'에 따라 권력을 얻었고, 왕비나 세자빈은 주어진 권력이 큰 만큼 임금의 뜻이나 정쟁에 휘말려 한순간에 몰락하기도 했다.

정치는 백성의 삶과 직결된 문제였으니 외척의 횡포는 백성의 삶을 고되게 만들기도 했다. 하지만 이와 별개로 한 가문의 흥망성쇠와 후궁의 암투는 흥미진진한 일이었기에 백성들은 외척 가문을 욕하기도 하고 부러워하기도 했으며 때로는 동정하기도 했다.

외척의 권력은 대체로 '기간 한정'이었기에 자정작용이 가능했고, 시간이 지나면서 자연스럽게 잊히기도 했다. 하지만 안동 김씨 가문은 달랐다. 세 번 연속 왕비를 배출했고, 60여 년간 권력을 독점해 세도정치를 펼쳤으며, 조선의 마지막과 궤를 같이했기에 잊히지도 못한 채 오늘날까지 외척의 대명사로 남았다.

안동 김씨 가문의 세도정치는 순조의 친정과 함께 시작됐다. 제23대 순조의 장인 김조순은 외척으로부터 시달려온 임금과 왕실을 보호하고자 했다. 시작은 충심이었으나 결과적으로 김조순은 안동 김씨 가문이 권력을 독점하고 세도정치의 시대를 열도록 탄탄한 기반을 만들었다.

김조순 이전에 외척 세도를 펼친 대표적인 인물로는 세조와 성종 때의 한명회가 있다. 세조 시절은 종친과 외척이 많은 권력을 누렸다. 한명회는 네 명의 딸 모두 정략결혼을 시켰고, 이를 통해 권력자가 됐다.[25] 딸의 수 외에도 둘 사이에는 결정적인 차이가 있는데, 한명회는 권력을 쥐기 위해 주도적으로 딸을 왕비로 만든 반면, 김조순은 먼저 딸이 왕비가 됨으로써 세도정치를 펼칠 기회를 얻었다는 것이다.

구(舊) 안동 김씨와
신(新) 안동 김씨

구 안동 김씨와 신 안동 김씨는 본관도 같고 성도 같지만, 두 가문은 선조부터 전혀 다른 인물이었다. 이후의 행보도 판이했다. 구 안동 김씨 가문에서는 출중한 무관을 주로 배출했다. 임진왜란의 명장 김시민 장군이 대표적 인물이다. 반면 신 안동 김씨 가문에서는 주로 문관을 배출했다. 인조반정 이후 청서파로 중용된 김상헌이 대표적인 인물이다.

김상헌은 병자호란 당시 청나라와의 화친을 끝까지 반대한 척화파의 수장이었다. 남한산성에서 화친을 주장하던 최명길과 끝까지 대립하던 그는 청나라 황제에게 바칠 항복문서를 찢어버리기까

---

25 한명회는 첫째 딸을 세종의 외손자와 결혼시켜 왕실과 인연을 맺었고, 둘째 딸은 신숙주의 장남과 결혼시켰다. 셋째 딸은 세조의 장남인 의경세자 승하 후 세자로 책봉된 예종의 세자빈이 됐다. 세자의 장인이 됨으로써 권력의 핵심으로 부상했으나 그의 셋째 딸은 세자빈이 된 이듬해 세상을 떠났다. 왕비의 아버지, 임금의 장인이 될 기회를 놓친 한명회는 세조 승하 1년 전, 막내딸을 의경세자의 차남인 자을산군과 결혼시켰다. 예종 승하 후 한명회를 비롯한 공신들은 열두 살의 자을산군을 임금(제9대 성종)으로 세웠고, 한명회는 자을산군이 스무 살 성년이 될 때까지 절대적인 권력을 누렸다. 하지만 성종5년(1474년) 왕비였던 막내딸이 승하하고 성종7년(1476년) 성종이 간택후궁 윤씨를 새로운 왕비로 맞이하면서 한명회의 세도는 끝이 났다.

지 했다. 인조의 굴욕적인 항복으로 간신히 전쟁은 끝이 났으나 사
대부들은 조선의 명맥을 유지한 최명길이 아니라 마지막까지 지조
와 절개를 지킨 김상헌을 칭송했다. 청나라에 맞서 싸울 능력은 없
었으나 김상헌을 칭송함으로써 사대부의 자존심을 지킨 셈이다. 권
력보다는 명예를, 현실보다는 이상을 추구했던 김상헌이 바로 김조
순의 선조다.

안동 김씨 가문은 인조반정 이후 조정과 재야에서 막강한 영향
력을 발휘했다. 우선 김조순이 등장하기 전까지 조정의 상황을 알
아볼 필요가 있다.

형제 정승을
배출한 가문

안동 김씨 가문은 유난히 손이 귀했다. 그래서 친척들끼리 양자
를 주고받는 일이 잦았고, 그러다 보니 친척들의 사이가 매우 돈독
할 수밖에 없었다. 김상헌은 자신도 백부의 양자로 갔고, 아들이 없
어 조카 김광찬을 양자로 삼아 대를 잇게 했다. 다행히 김광찬은
슬하에 김수증, 김수흥, 김수항까지 아들을 셋이나 두었다. 장남 김
수증은 가문을 돌보았고, 차남 김수흥은 아들이 없는 숙부의 양자
로 갔으며, 영특함이 남달랐던 막내 김수항은 일찌감치 학문에 뜻
을 두었다.

어려서는 할아버지 김상헌의 가르침을 받고, 자라서는 송시열
문하에서 학문을 익힌 김수항은 인조24년(1646년) 진사시에 장원으

로 급제하며 가문을 빛냈다. 인조26년(1648년)에는 김수흥이 사마시에 장원으로 급제했고, 효종2년(1651년)에는 김수항이 알성문과에서 다시 장원으로 급제해 연달아 '형제 장원'의 기록을 세웠다.

현종 재위 말년 김수항은 좌의정에 올랐고 김수흥은 영의정에 올랐다. 형제가 함께 정승에 오른 것이다. 명문가 출신에 실력까지 겸비한 이 형제는 젊은 인재로 이름을 떨치며 산당의 중진으로 활약했고 노론의 원로가 됐다.

현종15년(1674년) 인선왕후 승하 후 김수흥과 김수항 형제는 대공복(9개월 동안 상복을 입는 것)이 옳다고 주장해 현종의 분노를 샀다. 그 결과 김수흥은 영의정에서 파직되어 춘천에 유배됐고, 이미 좌의정에서 물러나 있던 김수항도 얼마 지나지 않아 현종이 승하하고 남인이 조정을 장악하자 유배됐다.

세 번의 환국

김수흥, 김수항 형제가 복권된 것은 다시 서인(노론)이 정권을 잡은 숙종6년(1680년) 경신환국[26] 때였다. 성품이 온화했던 김수항은 남인에 대한 보복을 우선 과제로 삼은 노론의 당론에 얽매이지 않고 조정의 균형을 잡았고, 숙종은 그를 높이 평가해 중용했다. 그 와중에 남인의 지지를 받은 궁녀 장씨가 숙종의 총애를 차지하자

---

26 현종 재위 말년 제2차 예송논쟁의 승리로 정권을 잡은 남인이 숙종6년(1680년) 대거 실각한 사건. 경신대출척이라고도 하며, 이 사건으로 서인이 조정을 장악했다.

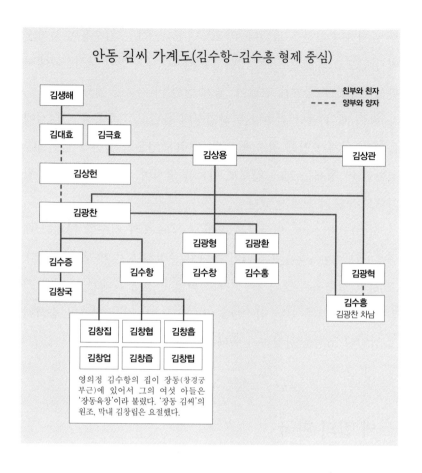

안동 김씨 가계도(김수항-김수흥 형제 중심)

김생해

친부와 친자
양부와 양자

김대효　김극효

김상용　　김상관

김상헌

김광찬

김광형　김광환

김수증　김수항　김수창　김수흥

김창국

김광혁

김수흥
김광찬 차남

김창집　김창협　김창흡
김창업　김창즙　김창립

영의정 김수항의 집이 장동(창경궁
부근)에 있어서 그의 여섯 아들은
'장동육창'이라 불렸다. '장동 김씨'의
원조, 막내 김창립은 요절했다.

노론은 대책을 세우기로 했다. 숙종의 신임을 받는 김수항의 조카
손녀를 간택후궁으로 입궁시켜 장씨를 견제하게 한 것이다.

하지만 결과는 실패였다. 후궁 김씨는 품계는 빠르게 올라갔으
나 독수공방 신세였고, 승은을 독차지한 장씨는 숙종14년(1688년)
숙종의 첫아들을 낳았다. 숙종은 장씨가 낳은 왕자 윤을 원자로 삼
았고, 반대하는 노론을 조정에서 축출했다. 숙종15년(1689년) 노론
에서 남인으로 정권이 바뀌고 노론이 대거 숙청된 이 사건이 바로

기사환국이다.

당시 김수항의 조카손녀는 숙종의 후궁이었고, 그의 가문은 왕실뿐 아니라 산당의 주요 인물들과도 혼인으로 연결되어 있었다. 하지만 노론의 원로이자 핵심 인물이었기에 처벌은 불가피했다. 김수항은 진도에 위리안치됐다가 사약을 받았고, 김수흥은 유배지에서 세상을 떠났으며, 후궁 김씨는 인현왕후와 함께 폐출됐다.

출사한 후 두 번의 예송논쟁과 두 번의 환국(경신환국과 기사환국)을 겪은 끝에 유배지에서 사약을 받게 된 김수항은 아들들에게 벼슬을 하지 말라는 유언을 남겼다. 아버지의 임종을 지킨 장남 김창집은 동생들과 함께 한양을 떠났다. 그 후 김수항의 아들들은 아버지의 당부대로 벼슬을 하지 않고 재야에서 학문을 닦았으나 장남 김창집은 고민 끝에 다시 조정으로 돌아갔다.

노론의 수장

숙종20년(1694년) 노론의 사주를 받고 숙종의 승은을 입은 후궁 최씨가 왕자 연잉군(제21대 영조)을 출산했다. 최씨의 활약으로 인현왕후는 복위됐고, 후궁 김씨도 환궁했으며, 왕비의 자리에 올랐던 세자의 생모 장씨는 희빈으로 강등됐다. 정권도 노론에게 돌아갔다. 남인이 완전히 몰락하고 노론이 정권을 장악한 이 사건을 갑술환국이라 한다.

숙종27년(1701년) 인현왕후가 병으로 승하하자 숙종은 비망기를 내려 후궁 장씨의 자진을 명했고, 이후 후궁 최씨를 출궁시켰다. 그리고 숙종28년(1702년)에는 김주신의 딸을 세 번째 왕비로 맞았으니 그녀가 바로 인원왕후다.

인원왕후의 집안은 소론 계열이었으나 노론과도 사이가 원만했는데, 그녀의 아버지 김주신과 김창집의 어머니 나씨가 사촌 관계였다. 숙종31년(1705년) 어머니의 삼년상을 마친 김창집은 조정에 복귀했고, 숙종33년(1707년) 좌의정에 임명됐으며, 숙종36년(1710년) 우의정을 거쳐 숙종43년(1717년) 마침내 영의정에 올랐다. 아버지 김수항에 이어 김창집도 영의정에 오른 것이다.

김창집이 중앙에서 노론의 영수로 활동 중이던 숙종40년(1714년) 소론의 영수 윤증이 세상을 떠났다. 그런데 이때 회니시비가 또다시 도마 위에 오르면서 당쟁을 부추겼다. 숙종 즉위 후부터 치열한 공방을 벌여온 노론과 소론의 주도권 다툼은 이제 자존심 싸움이 됐고, 송시열과 윤증 모두 세상을 떠났으나 당쟁의 골은 더욱 깊어지고 있었다. 이에 숙종이 직접 나서서 송시열이 쓴 윤선거의 묘비문과 윤증이 쓴 '신유의서'를 읽어본 후 결론을 내렸다.

"'신유의서'에는 윤증이 송시열을 비난한 글이 많지만, 묘갈명(墓碣銘)에는 송시열이 윤선거를 욕한 내용이 없다."

산당에 뿌리를 둔 노론과 소론이 서로 갈라진 지 40여 년 만인 숙종42년(1716년) 노론은 완벽하게 승리했다. 회니시비에서 노론이 승리한 이 사건을 '병신대처분'이라 한다.

신임사화와
역적의 낙인

숙종43년(1717년) 병신대처분을 내린 이듬해 숙종은 승지와 사관까지 물린 채 좌의정 이이명과 독대를 했다. 그리고 세자에게 대리청정하겠다는 의사를 이이명과 김창집 등 노론 대신 7명에게 밝혔다. 그런데 어찌된 일인지, 세자의 왕위계승을 집요하게 경계해왔던 노론 대신들이 마치 기다렸다는 듯 일제히 찬성했고, 몇 달 후 세자의 대리청정이 시작됐다.

탄생부터 세자를 부정하고 반대해온 노론이 대리청정을 찬성한 것은 숙종 재위 기간 중 세자를 교체하기 위해서였다. 대리청정 정무 수행 중 세자가 실수를 하면 이를 공론화해 숙빈 최씨의 아들 연잉군(제21대 영조)으로 세자를 교체한다는 계획이었다.

두 번의 예송논쟁과 수많은 사건, 세 번의 환국 등을 거치며 정권을 장악한 노론은 과연 노련했으나 세자도 만만치 않았다. 모태에서부터 30년 넘게 당쟁과 함께 살아온 세자는 신중한 처신으로 흠 잡힐 만한 언행을 하지 않았다. 그리고 1720년 숙종이 승하하자 대리청정 중이던 세자가 왕위를 계승했으니 바로 제20대 경종이다.

예상치 못한 상황에 초조해진 노론은 경종 즉위 이듬해, 경종과 선의왕후 사이에 자식이 없다는 이유로 최씨의 아들 연잉군을 세제(世弟)[27]로 책봉할 것을 요구하는 무리수를 던졌다.

세 살에 세자로 책봉되어 서른셋에 왕위에 오른 경종은 조선 역

---

27 왕위를 이어받을 왕의 아우

사상 가장 오랫동안 세자 자리를 지켰는데, 그 기간에 두 명의 세자빈을 맞았다. 첫 번째 세자빈은 숙종22년(1696년) 혼인한 심호의 딸(단의왕후)로, 병약했던 심씨는 자식을 낳지 못한 채 세자가 대리청정 중이던 숙종44년(1718년) 세상을 떠났다.

같은 해 경종은 김창집의 제자 어유구의 딸을 두 번째 세자빈(선의왕후)으로 맞았다. 세자빈 어씨는 가례 당시 열네 살에 불과했기에 1~2년이 지난 후에야 합궁이 가능했다. 게다가 책봉 2년 후에는 숙종이 승하해 국상을 치르는 3년 동안 법도에 따라 부부관계를 할 수 없었다. 그러니 아직 숙종의 국상이 끝나지 않은 상태에서 노론의 요구는 분명 억지였지만, 경종1년(1721년) 연잉군은 결국 세제로 책봉됐다.

노론의 욕심은 여기서 끝이 아니었다. 김창집을 위시한 이이명, 이건명, 조태채 등이 경종을 압박해 연잉군의 대리청정 윤허를 받아낸 것이다. 하지만 나흘 후, 소론 강경파의 반격으로 연잉군의 대리청정은 무산됐으며, 김창집, 이이명, 이건명, 조태채 노론 4대신은 임금을 능멸한 죄로 유배됐다. 이어서 수십 명의 노론 인사들이 축출되고 정권이 노론에서 소론으로 바뀌었으니 이를 신축환국이라 한다.

신축환국의 여파가 남아 있던 경종2년(1722년) 목호룡이 노론의 경종 시해 역모를 고변했다. 이에 소론 강경파의 주도로 8개월 가까이 계속된 옥사 끝에 유배지에 있던 김창집, 이이명, 이건명, 조태채는 역모죄로 처형됐고 수많은 노론 인사들이 숙청됐다. 이 사건을 임인옥사라 한다.

신축환국과 임인옥사를 합쳐 신임사화라 하는데, 신임사화 이후 김창집과 이이명, 이건명, 조태채는 4흉 또는 4역으로 불렸고, 김창집에게는 반역자의 낙인이 찍혔다.

영조 재위 50년 동안의 침묵

신임사화는 김창집 자신만이 아니라 후손들에게도 엄청난 영향을 끼쳤다. 아들 김제겸은 유배지에서 사사됐고, 손자 김성행과 김탄행도 연루되어 처형됐다. 당쟁과 환국 속에서 김수항부터 김성행까지 무려 4대가 역모죄로 죽음을 맞으며 안동 김씨 가문은 완전히 몰락했다. 형과 아우가, 아버지와 아들이 정승에 올라 부러움을 샀던 지난날의 영광은 옛일이 됐다.

다행히 연잉군은 경종의 배려로 목숨을 보전했고 세제의 지위를 유지할 수 있었다. 그리고 1724년, 경종이 짧은 재위를 마치고 승하하자 왕위에 올랐으니, 바로 제21대 영조다.

임금이 바뀌자 안동 김씨 가문의 위상도 달라졌다. 김창집은 경종에게는 역적이었으나 영조에게는 둘도 없는 충신이었다. 영조 즉위 후 김창집과 김제겸의 관작(官爵)은 복구됐고, 김성행과 김탄행도 억울함을 풀었다. 하지만 살아남은 자손들은 벼슬길에 나서지 않았다. 김제겸의 아들로 태어났으나 당숙 김숭겸의 양자로 입적되어 화를 피했던 김원행은 재야에서 학문에만 몰두했다. 영조는 재위 중 몇 번이나 김원행에게 관직을 내렸으나 그는 끝내 사양했다. 50년이 넘는 영조 재위 동안 안동 김씨 가문은 학행으로만 명성을

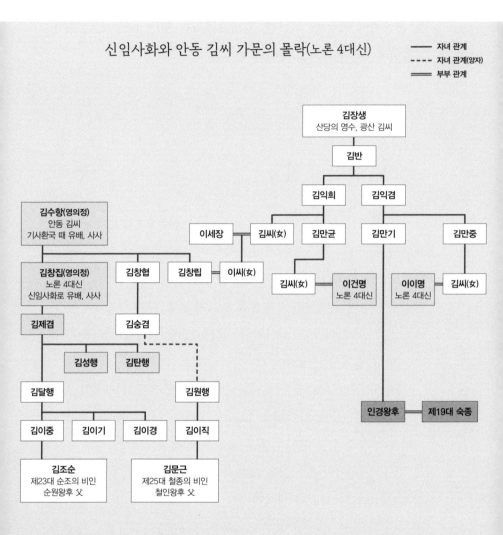

신임사화와 안동 김씨 가문의 몰락(노론 4대신)

— 자녀 관계
---- 자녀 관계(양자)
═══ 부부 관계

김장생
산당의 영수, 광산 김씨

김반

김익희 　 김익겸

이세장 ═ 김씨(女) 　 김만균 　 김만기 　 김만중

김수항(영의정)
안동 김씨
기사환국 때 유배, 사사

김씨(女) ═ 이건명
노론 4대신
이이명
노론 4대신
═ 김씨(女)

김창집(영의정)
노론 4대신
신임사화로 유배, 사사

김창협 　 김창립 ═ 이씨(女)

김제겸 　 김숭겸

김성행 　 김탄행

김달행 　 김원행

인경왕후 ═ 제19대 숙종

김이중 　 김이기 　 김이경 　 김이직

김조순
제23대 순조의 비인
순원왕후 父

김문근
제25대 철종의 비인
철인왕후 父

떨칠 뿐 권력과 담을 쌓은 채 조용히 지냈고, 덕분에 당시의 치열
했던 당쟁에 연루되지 않았다.

　신임사화 당시 김조순의 할아버지 김달행은 목숨을 보전했으나

김이기, 김이중, 김이경 삼형제를 남긴 채 영조14년(1738년) 서른셋의 젊은 나이로 세상을 떠났다. 아버지를 일찍 여읜 삼형제는 빈곤한 가세에도 불구하고 홀로 된 어머니를 극진히 섬겼고, 관리가 되기 위해 학문에 힘썼다. 권력을 위해서가 아니라 홀어머니를 봉양하기 위해 관직이 필요했기 때문이다.

김달행의 아들들은 과거에 급제한 후 중앙이 아닌 지방관으로만 부임했는데, 김조순의 백부 김이기는 목사[28]를, 아버지 김이중은 서흥 부사[29]를 지냈다.

영조41년(1765년)에 태어난 김조순은 가문의 과거에 연연하지 않았다. 신임사화가 일어난 지도 40년이 지났고, 비록 지방관이지만 부친이 관직에 진출한 이상 굳이 재야에서 은거할 필요는 없다고 여긴 것이다. 부친 김이중은 당숙 김원행에게 학문을 배웠는데, 실학파의 수장인 연암 박지원(1737~1805년)과도 교류했다. 이는 성리학 이외의 학문은 모두 이단과 잡학으로 취급해온 노론의 기치에 위배되는 일이었으나, 당쟁이 일상인 조정이 아니라 백성을 보살피는 지방관에게는 학문 못지않게 실리도 중요했다.

아버지의 영향을 받은 김조순은 과거 급제를 위한 공부에 얽매이지 않고 이사문, 김홍운 등으로부터 다양한 학문과 시풍을 배우고 익히며 견문을 넓혔다. 청년 시절에는 사대부에게 금서나 다름없는 무협소설과 통속소설도 읽었고, 〈오대검협전〉이라는 무협소설을 직접 쓰기까지 했다. 그에게 독서와 학문은 즐거움이었다.

---

28 조선시대 관찰사 밑에서 각 목을 다스리던 정3품 외관직
29 조선시대 도호부를 다스리는 종3품 외관직으로 '수령'이라 불렸다.

김조순,
정조의 총애를 받다

1776년 영조가 여든두 살의 나이로 승하하자 동궁이 왕위에 올랐다. 영조의 손자이자 사도세자의 아들인 제22대 정조다. 정조는 외척의 과도한 정치 참여를 배제하고 진정한 탕평을 위해 노력했다. 정조4년(1780년) 3월, 정조는 화빈 윤씨를 두 번째 간택후궁으로 맞았다. 첫 번째 후궁인 원빈 홍씨와 마찬가지로 후사를 위해 맞은 후궁이었다. 하지만 윤씨는 회임하지 못했다.

이 무렵 정조는 자신의 누이동생들과 궁에서 함께 자란 궁녀 성씨에게 승은을 내렸다. 상궁의 신분으로 회임한 성씨는 정조6년(1782년) 9월 정조의 첫아들을 낳았다. 정조는 기뻐하며 성씨에게 후궁의 품계를 내리고 성씨 소생의 왕자를 원자로 삼았으며, 정조8년(1784년)에는 원자를 세자로 책봉했다. 하지만 정조10년(1786년) 6월, 세자가 다섯 살의 나이로 세상을 떠났고, 후궁 성씨마저 세상을 떠났다. 정조11년(1787년) 사랑하는 후궁과 장차 왕위를 물려줄 세자를 모두 잃은 정조는 박준원의 딸을 세 번째 간택후궁으로 맞았다.

당시 낙담해 있던 정조를 위로한 것은 총명하고 젊은 신하들이었다. 정조9년(1785년) 21세의 김조순이 문과에 급제했다. 김조순의 어린 시절 이름은 '낙순'이었는데, 합격자 명단에서 그의 이름을 확인한 정조는 기뻐하며 손수 '조순'이라는 이름을 하사하고 '풍고'라는 호까지 내려주었다. 이때부터 김조순이 그의 본명이 됐다.

정조10년(1786년) 11월, 김조순은 초계문신[30]으로 뽑혔고, 12월에는 예문관 검열에 제수됐다. 보수적인 개혁 군주와 개방적이고 유연한 사고방식을 지닌 노론 명문가의 후손이라는 상반된 성격에도 불구하고 사관으로서 김조순은 정조의 신임을 얻기 시작했다.

하지만 정조와 김조순의 일화 중 가장 흥미로운 이야기는 '연애소설'에 대한 것이다.

> 정미년에 이상황과 김조순이 예문관에서 함께 숙직하면서 당송시대의 각종 소설과 〈평산냉연〉 등의 서적들을 가져다 보며 한가히 시간을 보내고 있었다. 그런데 상이 우연히 입시해 있던 주서(승정원의 정7품 관직)로 하여금 상황이 하고 있는 일이 무엇인가를 보게 했던 바, 상황이 때마침 그러한 책들을 읽고 있었으므로 그것을 가져다 불태워버리도록 명하고서는 두 사람을 경계해 경전에 전력하고 잡서들은 보지 말도록 했다.
>
> — 〈정조실록〉 정조16년 10월 24일

당시 김조순이 동료 이상황과 함께 읽은 〈평산냉연(平山冷燕)〉은 청나라의 유명한 연애소설로 평, 산, 냉, 연이라는 두 명의 미남자와 두 명의 미녀가 짝을 이루어 연애하다가 결혼에 성공하는 이야기였다.

평소 민관에 떠도는 패관소설(稗官小說)을 싫어했던 정조는 김조

---

30 37세 이하의 당하관(정3품 이하, 종9품 이상) 중 재능 있고 젊은 인물들을 규장각에 소속시켜 학문을 연마하게 한 제도. 정조5년(1781년)부터 정조24년(1800년)까지 10차에 걸쳐 138인이 선발됐고, 40세가 되면 졸업시켜 익힌 바를 국정에 적용하게 했다. 선발된 인재는 주로 정조의 각별한 총애를 받는 젊은 관리들로, 초계문신 출신의 대표적인 인물이 바로 김조순과 정약용이다.

순과 이상황을 파직하고 소설을 불태워버렸다. 정조는 당시 상소문 등 공문서에 소설체의 문체나 단어가 자꾸 눈에 띄는 것을 굉장히 불쾌해하던 차였다. 하물며 숙직 중인 관리가 궁에서 연애소설과 통속소설 '따위'를 읽었으니 분노를 참지 못한 것이다. 이때 김조순은 스물셋의 젊은 관리였고, 정조는 군주가 신하들의 스승이 되어야 한다는 가치관을 지닌 서른여섯 살의 위풍당당한 임금이었다.

정조의 엄중한 경고에도 불구하고 관리들이 패관소설을 읽다가 발각되는 일은 계속됐다. 그러자 정조16년(1792년) 정조는 사신단에게 청나라에서 돌아올 때 절대 소설을 가져오지 말 것을 명했고, 역사책이나 경전이라 해도 당나라 때 만들어진 서적은 반입을 금지했다. 그러고는 동지사(정규 사신단)의 서장관[31]으로 청나라에 가는 김조순에게 함답(공문에 대한 회답)을 하게 했다. 그런데 이 함답이 정조의 마음을 아주 흡족하게 했다. 정조는 김조순의 문장을 칭찬하며 소설체의 문장을 공문에 사용한 다른 신하들을 비난했다.

"이 함답을 보니 문체가 바르고 우아하고 뜻이 풍부해 무한한 함축미가 있다. 촛불을 밝혀 읽고 또 읽고 밤 깊은 줄도 모르게 무릎을 치곤 했다. 저 부들부들하다 못해 도리어 옹졸해진 남공철의 대답이나 경박하게 듣기 좋게만 꾸민 이상황의 말, 뻣뻣해 알기 어려운 심상규의 공초는 모두가 입술에 발린, 억지로 자기변명을 위한 소리들이지만, 이 사람만은 할 것은 한다, 못 할 것은 못 한다고 해 결코 스스로를 속이거나

---

31 사신단의 기록관으로, 주로 사행(使行) 중의 사건을 기록해 임금에게 보고하는 임무를 담당했고 외교문서에 관한 직무를 분담했다.

나를 속이려 함이 없음을 알겠다. 이 판부는 파발마를 보내 그에게 알려 그로 하여금 마음 놓고 먼 길을 잘 다녀오게 하라."

— 〈정조실록〉 정조16년 11월 8일

순조의 탄생

정조13년(1789년) 정조의 고모부이자 화평옹주의 부마인 박명원이 지금의 동대문구 휘경동에 있는 사도세자의 묘 영우원을 천장할 것을 아뢰는 상소를 올렸다. 즉위 직후부터 사도세자의 묘를 천장하고자 했던 정조가 마침내 그 뜻을 이루게 된 것이다.

"나에게 있어서는 너무나 원통한 한이 수십 년을 두고 지금까지도 밤낮 마음에 맺혀 있어, 부모의 장사를 제대로 치르지 못해 흙이 피부에 닿는다는 세 글자는 차라리 아무것도 모르고 싶은 것이다. (…중략…) 수원 그 한곳을 하늘이 아끼고 땅이 숨겨 오늘을 기다려 주었으니 그것이 어디 사람 힘으로 될 일인가. (…중략…) 물자를 절약하기 위해 자기 어버이에게까지 절약하지 않는다는 것이 성인의 교훈일진대 나도 내가 할수 있는 도리는 다하여 되도록 최고로 아름답게 꾸며보고 싶다."

— 〈정조대왕 행장〉 중

수원으로 천장 장소를 정한 정조는 수원의 읍 소재지를 팔달산 밑으로 옮기고 광주의 두 면을 떼어 수원에 붙이고 영우원의 새로운 이름을 '현륭'으로 정했다.

10월 5일, 천장이 시작됐다. 다음 날 저녁 수원에 도착한 정조는 천장 장소를 꼼꼼히 답사하며 새벽부터 공사를 감독하고는 10월 9일에 궁으로 돌아왔다. 10월 16일, 사도세자의 새로운 묘소, 현륭원이 완공됐다. 그리고 이듬해인 정조14년(1790년) 수빈 박씨가 마침내 아들을 낳았으니 이 왕자가 바로 제23대 순조다.

왕위를 계승할 원자의 탄생에 자신감을 얻은 정조는 정조17년(1793년) 국왕의 호위를 담당하는 정예군영 장용영을 설치했다. 처음부터 왕권 강화를 위해 설치된 장용영의 외용은 수원화성을 중심으로 이루어졌고, 내용은 도성 한양을 중심으로 이루어졌다. 이어서 정조는 수원부를 화성으로 이름을 바꾸었고, 수원을 정3품 부사에서 정2품 유수로 승격시켰다. 이듬해인 정조18년(1794년) 정조는 채제공의 주도 아래 수원화성의 축조 공사를 시작했다. 그리고 정조20년(1769년) 공사 감독을 맡은 정약용의 활약 덕분에 수원화성이 완공됐다.

세자빈 간택과
정조 승하

정조21년(1797년) 정조는 진작부터 눈여겨보고 있던 김조순을 이조참의에 제수했다. 인재를 천거하고 관리를 추천하는 이조에서 근무하는 동안 당파보다는 능력을 중시하는 공정하고 지혜로운 업무 능력으로 정조를 흡족하게 한 것이다. 정조24년(1800년) 1월 1일, 정조는 열한 살이 된 원자(순조)를 왕세자로 삼고 김조순을 겸보덕[32]에 제수하며 세자에게 이렇게 말했다.

"이 사람이야말로 그릇된 도리로써 너를 보필하지 않을 것이니 너는 스승으로 섬겨라."

— 〈김조순 신도비명〉

김조순을 세자의 스승으로 임명한 정조는 2월 26일 세자빈 초 간택을 진행했다. 간택 후보에 오른 처녀는 여럿이었으나 정조의 마음에는 이미 며느릿감이 정해져 있었다. 이날 정조는 김조순에게 손수 편지를 내렸다.

"(…상략…) 경은 이제 나라의 원구(元舅, 왕의 장인)로서 처지가 전과 달라졌으니 앞으로 더욱 자중해야 할 것이다."

— 〈정조실록〉 정조24년 2월 26일

이미 마음을 정한 정조는 윤4월 9일, 재간택에서도 김조순의 딸을 간택했다. 6월 28일, 김조순은 승지로 임명됐고, 창경궁에서 정조를 알현했다. 이제 남은 것은 삼간택과 가례뿐이었다. 안동 김씨 가문에서 처음으로 세자빈이 탄생하려는 순간이었다.

김조순의 딸을 세자빈으로 간택한 것은 누구의 간섭이나 압력, 입김이 아니라 오직 정조의 단호한 의지였다. 그만큼 정조의 왕권은 강력했고, 당시 안동 김씨 가문은 왕실에 위협이 되지 않았다. 그런데 삼간택을 앞두고 정조가 갑작스럽게 승하했다. 당시 김조순

---

32 조선시대 세자시강원의 정3품 당상관직으로 세자에게 경서와 사서를 강의하며 도의를 가르쳤다.

은 서른여섯, 세자빈으로 간택된 딸은 열둘, 정조는 마흔아홉, 세자
는 열한 살이었다. 삼간택은 무한정 연기됐고, 가례를 앞둔 세자는
선왕의 상을 치른 후 왕위에 올랐으니 그가 제23대 순조다.

왕비의
아버지가 되다

순조는 열한 살의 어린 나이에 즉위했기 때문에 영조의 계비이
자 왕실의 가장 큰 어른인 대왕대비(정순왕후)가 섭정을 했는데, 그
녀는 노론 벽파를 중용했다. 그리고 순조1년(1801년) 1월, 사학(천주
교)을 엄금하는 하교를 내리면서 신유박해[33]가 시작됐다. 이때 정조
가 중용했던 정약용을 비롯한 남인들은 물론 정조의 하나 남은 이
복동생 은언군과 혜경궁 홍씨의 남동생 홍낙임 등도 처형됐다.

대왕대비가 하교하기를,

"선왕(정조)께서는 매번 정학(正學)이 밝아지면 사학(邪學)은 절로 종식될
것이라고 하셨다. 지금 듣건대, 이른바 사학이 옛날과 다름이 없어서
서울에서부터 기호(경기, 호남)에 이르기까지 날로 더욱 치성하고 있다
고 한다. 사람이 사람 구실을 하는 것은 인륜이 있기 때문이며, 나라가
나라 꼴이 되는 것은 교화가 있기 때문이다. 그런데 지금 이른바 사학
은 어버이도 없고 임금도 없어서 인륜을 무너뜨리고 교화에 배치되어

---

33 순조1년(1801년)에 일어난 천주교도 박해 사건

저절로 이적(오랑캐)과 금수(짐승)의 지경에 돌아가고 있는데, 저 어리석은 백성들이 점점 물들고 어그러져 마치 어린아이가 우물에 빠지는 것과 같으니 이 어찌 측은하게 여기지 않겠는가? 감사와 수령은 자세히 효유(曉諭)[34]해 사학을 하는 자들로 하여금 번연히 깨우쳐 마음을 돌이켜 개혁하게 하고, 사학을 하지 않는 자들로 하여금 두려워하며 징계해 우리 선왕께서 위육(교육, 교화)하시는 풍성한 공렬공덕을 저버리는 일이 없도록 하라. 이와 같이 엄금한 후에도 개전하지 않는 무리가 있으면, 마땅히 역률(역적을 처벌하는 법률)로 종사할 것이다. (…하략…)"

— 〈순조실록〉 순조1년 1월 10일

종친과 외척까지 역률이 적용되는 상황이었으나 김조순은 아직 법적으로 외척이 아니었고 노론의 정통 학맥을 계승한 가문 덕분에 정순왕후에게 중용됐다. 정순왕후에게 있어 자신의 가문인 경주 김씨 가문은 힘이 크지 않았고 노론 벽파 또한 소수였기에 김조순을 정적이 아닌 포용의 대상으로 여겼다. 이에 그녀는 김조순에게 벼슬을 하사해 포용의 뜻을 밝혔다. 순조 즉위년(1800년) 7월, 김조순은 총융사[35], 홍문관 부제학[36], 장용대장[37]에 이어 8월에는 정순왕후의 특지로 병조판서에 제수됐다. 김조순은 사직 상소를 올렸으나 정순왕후는 허락하지 않고 오히려 그를 비변사 제조로 임명했다.

---

34 깨달아 알아듣도록 타이르다.
35 조선 후기 5군영의 하나인 총융청의 으뜸 벼슬로 종2품 무관직
36 조선시대에 둔 홍문관의 정3품 관직
37 정조17년(1793년) 숙위소를 폐지하고 새로운 금위체제에 따라 왕권 강화를 위해 설치한 군영인 장용영의 대장. 국왕 호위대의 대장이다.

9월, 정조로부터 문장을 크게 칭찬받았던 김조순은 정조의 시책문[38]을 지어 올렸고, 11월에는 예문관 제학[39]에, 12월에는 규장각 제학에 제수됐다. 순조1년(1801년) 김조순은 형조판서와 예조판서, 이조판서를 두루 거쳤고, 정조가 승하한 지 꼭 1년이 되던 7월, 간곡한 상소를 올려 면직을 청했다.

이조판서 김조순이 상소하였는데, 대략 이르기를,

"신은 죽는 것이 마땅한데도 죽지 않았고, 떠나야 마땅한데도 떠나지 않았으므로 부끄러워 움츠리고 근심하며 두려워하여 가슴속에 품은 심정을 나타내지 못한 지가 1년이 됐는데, 근래에 다행스럽게 조정이 크게 맑아졌고 나라의 형편이 조금 안정되어…… (…중략…) 아! 신은 어리석고 쓸모없는 일개 선비인데 선왕(제22대 정조)의 명철하심으로써 신의 불초함을 알지 못하시고…… (…중략…) 아주 뜻하지 않은 중에 다시 우리 자성 전하(정순왕후)의 발탁 은혜를 입어 융원의 중대한 임무가 허둥지둥 당황하고 흔들려 위태로운 가운데에 갑자기 내렸습니다. 이 소임은 훈신(나라나 군주를 위해 드러나게 공로를 세운 신하)이 아니고 척신(임금과 성이 다르나 일가인 신하, 즉 외척)이 아니면 감당할 수 없는데, 신이 이에 조용하게 받았고 편안하게 그 자리에 있었으니…… (…하략…)"

— 〈순조실록〉 순조1년 7월 4일

김조순의 상소는 선왕에 대한 그리움과 능력에 비해 과한 벼슬

---

38 임금이나 후비(后妃)의 시호를 정할 때, 살아 있을 때의 업적과 덕행을 칭송한 글
39 조선시대 예문관, 집현전, 홍문관, 규장각 등의 종2품 관직

을 맡은 고충을 구구절절하게 털어놓은 것처럼 보였다. 그러나 다르게 보면 선왕과의 각별한 관계를 알리는 한편 자신은 아직 척신이 아니므로 소임을 맡을 수 없다는 말이기도 했다. 정순왕후는 김조순의 상소에 담긴 뜻을 알아차렸다.

순조2년(1802년) 김조순은 문신으로서 가장 명예로운 대제학[40]에 제수됐는데, 이때 사직상소를 무려 4번이나 올려 윤허를 받아냈다. 그해 9월, 정순왕후는 정조의 유지를 받들어 김조순의 딸을 왕비로 간택하고 김조순을 연안부원군에 봉했다. 국혼이 결정되던 날, 김조순과 정순왕후는 정조를 떠올리며 감격해 울기도 했다. 12월, 김조순은 선혜청[41] 제조로 임명됐다. 선혜청 제조는 왕의 장인이 겸직하는 자리라는 점에서 매우 중요했다. 김조순은 정순왕후의 섭정으로 인해 달라진 조정의 흐름에 맞서지 않고 자신을 낮춤으로써 정조의 갑작스러운 승하로 위태로워진 왕의 장인 자리를 마침내 차지했다.

청렴한 관리의
투명한 재정관리

순조3년(1803년) 순조의 장인이 된 선혜청 제조 김조순은 오랜 폐단을 혁파할 것을 건의했다. 조선에서는 환관이 되면 세금이 면

---

40 조선시대 홍문관과 예문관에 둔 정2품 벼슬. 문형(文衡)이라고도 한다.
41 조선시대 대동미, 대동포, 대동전의 출납을 관장한 관청

제되고 그 가족에게는 거주하는 지역의 토지 2결[42]을 주었다. 대신 당사자가 죄를 짓거나 부양할 부모가 사망하면 이런 혜택은 사라지는 것이 원칙이었는데, 김조순은 당시 환관으로 실제 근무 중인 인원이 300여 명에 불과함에도 호조[43]와 선혜청에서 이들에게 제공 중인 토지는 600결이 아닌 무려 2,700결이 넘는다는 것을 지적했다. 2,000결이 넘는 토지는 다시 국가로 환속하는 것이 옳았다. 김조순은 이는 각 고을의 아전과 하급 관리들 사이에서 오랜 세월 쌓여온 부정이니 당장 혁파할 것과 구체적인 지급 방법까지 건의했다.

같은 해 10월, 김조순은 순조2년(1802년)에 정순왕후의 명으로 혁파된 장용영의 문제를 지적했다. 장용영을 관리하는 사람은 없으니 장용영 앞으로 남아 있는 예산 – 돈 8만 냥, 목면 1백여 동, 베 수십 동, 쌀 6백 석 등 – 을 어떻게 처리해야 할지 확인한 것이다. 이에 정순왕후는 호조로 예산을 이송하라고 답했다.

이처럼 김조순은 실무를 담당하면서 나라의 재정을 철저하고 투명하게 보고했고, 나라에 이익이 되는 방향을 건의했다. 이에 정순왕후와 순조는 점차 김조순을 의지했고, 왕실 외척이자 신하로서 김조순의 존재는 점점 중요해졌다.

순조 즉위 이래 왕실은 과부들로 가득했다. 왕위에 오른 직후부

---

42 농토의 면적 단위. 1결은 6마지기로, 1마지기는 보통 200평을 뜻하나 시대와 지역, 토지의 비옥도에 따라 기준이 조금씩 달랐다.

43 조선시대에 호구·공부·전토 및 식량과 기타 재화·경제에 관한 정무를 맡아보던 중앙 관청

터 순조는 증조할머니 정순왕후의 수렴청정을 받았고, 〈한중록[44]〉을 내세운 할머니 혜경궁 홍씨의 하소연에 시달려야 했다. 가깝게는 법적 어머니 효의왕후와 친어머니 수빈 박씨가 있었으나 내명부의 수장도, 조정의 수장도 정순왕후였다.

궁궐 안에서만 자라온 순조에게 또래는 세 살 아래 여동생 숙선옹주뿐이었다. 하지만 숙선옹주는 순조4년(1804년) 혜경궁 홍씨의 6촌 오빠인 홍낙성의 손자 홍현주에게 하가[45]해 궁을 떠난 상태였다. 열셋이 되던 해에야 순조는 자신보다 한 살이 많은 순원왕후와 부부가 되어 비로소 궁 안에 또래가 생겼다. 게다가 순원왕후에게는 김유근과 김원근이라는 두 명의 오라비와 김좌근이라는 남동생이 있었다. 이들은 남자 형제가 없던 순조에게 든든한 형과 귀여운 동생이 되어주었다. 할머니들의 정치만 보아온 순조에게 장인 김조순은 믿을 수 있는 스승이자 어른이었고 든든한 내 편이었으며 처남들은 친구였다.

순조4년(1804년) 정순왕후는 수렴청정에서 물러났고, 이듬해 예순 살의 나이로 승하했다. 이후 얼마 지나지 않아 김조순은 섭정대신이 됐고, 순조는 김조순을 통해 정치를 배워나갔다.

---

44 혜경궁 홍씨가 몇 차례에 걸쳐 집필한 책. 처음에는 정조19년(1795년) 조카 홍수영의 청으로 쓰기 시작했고, 나머지는 정조 승하 후부터 집필했다. 사도세자의 죽음은 친정과 무관하다며 손자 순조에게 억울함을 호소하고자 정치적으로 집필했다는 것이 정설이다. 순조1년(1801년)과 순조2년(1802년)에 이어 순조5년(1805년)에 마지막으로 집필했는데, 마지막 편에서는 정조가 외가를 신원해주기로 약속했다고 언급했다.

45 낮은 곳으로 시집간다는 뜻으로, 공주나 옹주가 귀족이나 신하에게로 시집가는 것을 이르던 말

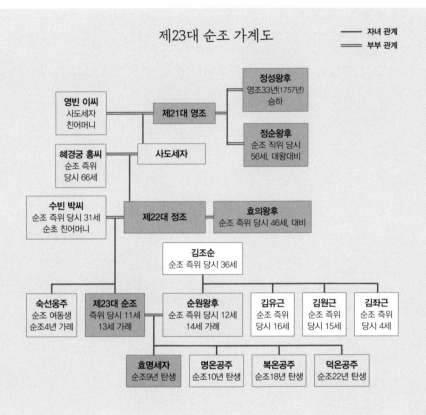

제23대 순조 가계도

	자녀 관계
	부부 관계

정성왕후
영조33년(1757년)
승하

영빈 이씨
사도세자
친어머니

제21대 영조

정순왕후
순조 직위 당시
56세, 대왕대비

혜경궁 홍씨
순조 즉위
당시 66세

사도세자

수빈 박씨
순조 즉위 당시 31세
순초 친어머니

제22대 정조

효의왕후
순조 즉위 당시 46세, 대비

김조순
순조 즉위 당시 36세

숙선옹주
순조 여동생
순조4년 가례

제23대 순조
즉위 당시 11세
13세 가례

순원왕후
순조 즉위 당시 12세
14세 가례

김유근
순조 즉위
당시 16세

김원근
순조 즉위
당시 15세

김좌근
순조 즉위
당시 4세

효명세자
순조9년 탄생

명온공주
순조10년 탄생

복온공주
순조18년 탄생

덕온공주
순조22년 탄생

당쟁의
시대를 끝내다

　섭정대신 김조순은 '정조와의 의리를 저버렸다'는 명분으로 정
순왕후의 인척인 경주 김씨 일족을 비롯해 노론 벽파를 숙청했다.
이때 김조순은 순조의 생모 수빈 박씨의 친정인 반남 박씨 가문과
손을 잡았고, 숙청으로 공석이 된 관직을 두 가문이 사이좋게 나누

어 가졌다. 순조는 자신의 편이라고 믿어 의심치 않던 외가와 처가 사람들이 조정의 요직을 차지하는 것에 일말의 의구심도 품지 않았다.

김조순은 안동 김씨 가문을 등용할 때 무조건 과거를 거치도록 했다. 물론 응시하는 족족 합격이었다. 중요한 건 과거를 통해 관리가 됐다는 기록을 남김으로써 외척의 권력 남용이라는 비난을 최소화하는 것이었다. 처절한 몰락을 경험했던 가문을 막 다시 일으키기 시작한 상황에서 눈앞의 권력을 거머쥐는 데 연연하기보다는 항상 신중하게 행동한 것이다.

이에 김조순은 권력을 독점하지 않고 몇몇 가문과 연대했다. 형조판서 조득영에게 노론 벽파 공격의 선봉을 맡겨 풍양 조씨 가문과 반남 박씨 가문이 권력 지분을 나눠 가지게 해 균형 잡힌 외척 정국을 만들었다. 김조순과 안동 김씨 가문의 주도로 이루어진 외척 중심 정치는 자연스레 서로 대립하며 발전, 성장해온 당쟁의 시대를 마무리 지었다.

순조는 외척을 본능적으로 경계했으나 이는 노론 벽파에 대한 경계였을 뿐 외가와 처가는 예외였다. 순조9년(1809년) 순원왕후가 아들을 낳자 김조순은 훈련대장에서 사직하며 몸을 낮췄고, 그럴수록 순조의 신임은 더욱 커졌다. 이듬해 순원왕후는 첫딸을 낳았고 김조순의 장남 김유근이 과거에 급제했다. 김유근은 순조와 유년 시절을 함께한 처남이었으니 출세는 보장된 것과 다름없었다. 그 사이 안동 김씨 가문은 빠르게 관직과 권력을 장악했다.

비변사 제조

〈조선왕조실록〉에서 김조순은 대부분 관직을 제수받거나 사임을 청하는 것으로 등장한다. 그는 순조 재위 당시 병조판서, 이조판서, 형조판서, 예조판서, 제학, 대제학, 장용대장, 어용대장, 훈련대장, 금위대장 등의 관직을 받았는데, 매번 짧게 근무하고 간곡하게 사임했다. 그가 사임하지 않은 관직은 영돈녕부사[46]와 비변사 제조뿐이었다. 비변사의 도제조, 제조, 부제조는 '비국당상'이라 불렸는데 그중 실세는 전임당상으로 임명된 '제조'였다. 김조순은 실력과 정치적 영향력으로 제조로 임명됐다.

국방부와 행정부를 통합한 기능을 갖춘 비변사의 기능이 강화된 것은 임진왜란 때부터였다. 이때부터 공조판서를 제외한 이조, 병조, 형조, 예조, 호조의 수장인 판서들과 각 군영의 대장들이 비변사 당상을 겸직하면서 국정 전반을 관장하게 된 것이다. 비변사의 권한이 강화된 이유는 두 가지였다. 전시였던 광해군-인조-효종 시절 비변사의 군사적 기능을 전략적으로 강화했고, 당쟁이 격렬했던 숙종-영조-정조 시절에는 삼사와 언관의 권한을 약화하기 위해 의도적으로 비변사의 기능을 강화했다. 이처럼 비변사는 왕권이 강할 때는 당쟁을 견제하고 왕명을 수행하는 역할을 하는 등 왕권 강화와 밀접한 관계가 있었다.

숙종은 46년, 영조는 52년, 정조는 25년을 재위했다. 하지만 비

---

46 조선시대 돈녕부의 장관으로 영돈녕이라 부르기도 했다. 주로 왕의 장인인 국구에게 내리는 벼슬이나, 정승을 역임한 사람이 맡기도 했다. 품계는 정1품

비변사의 구성

관직명	자격	권한	오늘날
도제조	시임대신(영의정, 좌의정, 우의정) 원임대신(전직 정승 혹은 정1품 관직)	실무 없음 (명예직)	대통령
제조	전임당상: 관직과 상관없이 상근 실력 및 정치적 영향력을 보고 임명 예겸당상: 관직에서 물러나면 퇴직 ① 이조, 호조, 예조, 병조, 형조판서 및 강화유수가 겸임 ② 훈련도감, 대제학, 형조판서, 개성유수 어영대장, 수어사, 총융사, 금위대장 수원유수, 광주유수 등 문무 2품 이상 당상관이 겸직	실세는 전임당상	국가 안보 실장, 정책 실장 등
부제조	유사당상: 병무에 통달한 정3품 당상관(문관) 정3품 당상관(문관)	매일 출근	사무 처장
낭청	종6품 12명	실무	비서관

변사를 통해 국정을 처리한 횟수에서는 정조 시대가 압도적이다. 그만큼 정조는 비변사를 통해 많은 일을 처리했다.

하지만 정조 승하 이후 왕권이 약화되자 비변사는 오히려 왕권을 견제하는 역할로 변질되어 신하들, 그중 외척 세도 가문의 손에 넘어갔다. 비변사에서 국정을 주도했던 순조-헌종-철종 시절을 살펴보면 비변사는 〈순조실록〉에서 131번, 〈헌종실록〉에서 12번, 〈철종실록〉에서 59번으로 언급 횟수가 확연히 줄어든다. 이는 임금이 비변사 대신들과 함께 국정을 의논하는 것이 아니라 비변사에서 알아서 국정을 처리했다는 의미이니 비변사가 더 이상 왕

비변사에 대한 〈실록〉 속 왕들의 기록

임금	제14대 선조	제15대 광해군	제16대 인조	제19대 숙종	제21대 영조	제22대 정조
언급 횟수	3,550회 (수정본 46회)	1,346회 (수정본 984회)	234회	361회	273회	523회

내용	대신과 비변사의 제신을 인견하다 호포법 시행에 관해 의논하다 적곡·부역 견감(蠲減) 등에 대해 비변사에서 의논하게 하다 대신과 비국의 재신들을 인견하여 조정의 안정, 인재 등용 등을 논의하다 〈숙종실록〉 대신과 비변사 당상을 인견하다 비변사 당상관을 팔도의 구관 당상으로 나누어 백성을 보살피게 하다 비변사에서 총융청 금위영·어영청의 쌀로 양주·충청도를 진휼하는 일을 아뢰다 〈영조실록〉 홍국영·김종수를 비변사 제조에 차임하다, 정민시를 비변사 제조로 삼다 비변사에서 추수 후 팔도 마병을 좌·우도로 나누어 도시를 설행케 청하다 비변사에서 환곡·곡식의 발매·군정·주전에 대해 아뢰다 비변사의 인사·과거·군량 등에 대한 논의하다 〈정조실록〉 대왕대비가 윤행임을 이조 참판으로 김조순을 비변사 제조로 삼다(순조 즉위년) 김관주를 비변사 제조로 차임하다(순조1년) 조득영을 비변사 제조로 차임하다(순조7년) 〈순조실록〉

명을 수행하는 기관이 아님을 의미한다. 지방관 임명과 세곡, 군사, 비빈 간택에 이르기까지 비변사의 막강한 권한이 세도정치의 근간이 된 것이다. 그렇기에 순조 재위 시절 내내 김조순이 비변사의 전임 당상이었다는 사실은 더욱 의미심장하다.

홍경래의 난

김조순은 한 번도 외직에 나간 적 없이 늘 순조의 곁을 지켰으나 과거에 급제한 안동 김씨 가문의 인사들은 외직에도 많이 임명됐다. 지방관은 백성들의 생활과 직결되어 있었으나 순조는 이를 잘 알지 못했다. 그러는 동안 안동 김씨 가문의 횡포는 점점 커졌고, 마침내 순조11년(1811년) 반란이 일어났다. 바로 '홍경래의 난'이다.

홍경래의 난은 평안도를 비롯한 서북 지역에 대한 차별과 세도 정권의 부정부패에 분노한 농민들의 봉기였는데, 이들은 순조의 장인 김조순과 순조의 외삼촌 박종경이 나라를 어지럽힌 주체라는 격문을 붙였다. 임금의 눈과 귀와 손이 잘 닿지 않는, 차별받는 지역의 백성들은 부임해온 지방관이 어떤 사람인지를 통해 정치의 흐름을 파악하곤 했다.

홍경래의 난을 일으킨 백성들은 안동 김씨와 반남 박씨, 두 가문이 정권을 장악하고 그 일족들이 권력을 남용하고 있음을 지적했다. 만약 이때 순조가 이 격문의 내용을 조사하기로 했다면 안동 김씨 가문은 공들여 차지한 권력을 잃었을지도 모른다. 하지만 순조는 이를 믿지 않았다.

홍경래는 난을 일으킨 후 별다른 전투 없이 가산, 박천, 태천, 곽산, 정주, 선천, 철산 등 청천강 이북 여러 고을을 쉽게 점령했는데, 이는 지방관들의 무능과 무책임함 때문이었다. 박천 군수 임성고는 노모가 잡혀 있다는 소식에 항복했고, 태천 현감 유정양과 용천 부사 권수, 정주 목사 이근주는 성을 두고 도망쳤으며, 철산 부사 이창겸과 선천 부사 김익순(김삿갓으로 잘 알려진 김병연의 할아버지)도 항복했다. 곽산 군수 이영식은 벽장에 숨어 있다가 발각되어 옥에 갇혔고, 다시 도망쳤다. 반란군에 저항하다 목숨을 잃은 가산 군수 정시를 제외하고는 조금의 저항도 없었다. 그중 선천 부사 김익순은 안동 김씨였으니 반란군이 붙이던 격문에 딱 맞는 사람이었다.

홍경래와 반란군은 정주성에서 수개월 동안 관군에 맞서 싸웠으나 결국 패했다. 순조12년(1812년) 홍경래의 난을 진압한 순조는 원자를 세자로 책봉했고, 김조순은 교명문[47]을 지었다. 같은 해 11월, 풍양 조씨 가문의 조득영이 나서서 반남 박씨의 부정부패와 비리를 지적하는 상소를 올렸다. 반란군의 격문에 이름이 오른 김조순과 박종경 중 김조순과 안동 김씨 가문을 보호하기 위해서였다. 풍양 조씨 가문은 안동 김씨 가문에 협조하는 것으로 권력을 보장받은 것이다.

순조에게 받은
환갑선물

순조15년(1815년) 순조의 할머니 혜경궁 홍씨가, 순조17년(1817년)에는 순조의 외삼촌 박종경이 세상을 떠났다. 외척이 사라진 자리는 또 다른 외척이 차지했다. 순조19년(1819년) 풍양 조씨 가문의 여식인 조만영의 딸이 세자빈으로 간택된 것이다. 왕비를 배출한 안

---

47 왕비나 후궁, 세자, 세자빈, 세손, 세손빈 등을 책봉하는 교명(教命)을 내릴 때 국왕이 훈유하는 내용을 적어 내려주는 글

동 김씨 가문과 세자빈을 배출한 풍양 조씨 가문은 뜻이 잘 맞았고 정치적 입장도 크게 다르지 않아 서로를 견제할 이유가 없었다.

순조21년(1821년) 순조의 법적 어머니이자 정조의 왕비인 효의왕후가 승하하고 이듬해 순조의 생모 수빈 박씨가 세상을 떠났다. 조정의 주도권은 풍양 조씨 가문과 안동 김씨 가문의 차지가 됐다.

김조순은 이때도 권력이 커지면 조정에서 물러나 몸을 낮췄다. 순조24년(1824년) 환갑을 맞은 김조순은 홍경래의 난이 일어났던 관서 지역으로 휴가를 다녀온 후 순조에게 절절함을 담아 충언을 고했다.

"신이 이번에 관서에 내려가 백성들의 고통스러움을 귀로 듣고 눈으로 보았으니, 다 말하지 않을 수 없습니다. 본도의 구환(갚을 때가 지난 환곡)이 아울러 계산하면 6만9천3백여 석이 되는데, 그중 3만9천여 석은 유망(일정한 거처가 없이 떠돌아다님. 또는 그런 사람)한 호구에서 받아야 할 것이어서 지적해 받을 곳이 없으며, 2만9천여 석은 현재 있는 호구에서 받을 것인데, 이른바 현재 남아 있는 호구라는 것은 바로 신미년·임신년의 난리(홍경래의 난) 후에 미처 도망하지 못한 고아와 과부들이니……(…중략…) 신의 뜻으로는 주상께서 탕감하라고 특명하시어…… (…중략…) 크게 바로잡아서 받을 수 있는 것은 받아들이고, 받을 수 없는 것은 탕감해준 연후에야 가난한 백성들이 안정될 수 있을 것입니다."

"하늘이 인재를 내림에 있어 어찌 남북의 한계를 두었겠습니까? 그런데 서도의 인사들은 조정에서 한결같이 보는 은택을 입지 못하고 있으니 실로 큰 흠전이 됩니다. (…중략…) 재주를 안고 글에 능한 무리들 역시 스스로 포기하는 것을 달갑게 여기고 있으니, 어찌 애석하지 않겠습니까?"

— 〈순조실록〉 순조24년 9월 7일

김조순은 백성들의 생생한 생활상을 전하고 은덕을 베풀 방법을 알려주었다. 그대로만 하면 순조는 백성을 사랑하는 어질고 현명한 임금이라고 칭송받을 수 있었다. 당연히 순조는 김조순의 말을 그대로 따랐다. 이듬해 김조순이 회갑(예순한 살)을 맞이하자 순조는 그의 막내아들이자 자신의 막내처남인 김좌근에게 6품직 벼슬을 내렸다. 일종의 생일선물이었다.

장남 김유근의 불행과 아내의 죽음

순조27년(1827년) 순조는 열아홉 살의 효명세자에게 대리청정을 명했다. 같은 해, 효명세자와 세자빈 조씨의 장남(제24대 헌종)이 태어났다. 왕실의 후사가 탄탄한 것은 경사였다. 왕실이 경사일수록 김조순은 신중하게 몸을 낮췄다. 김조순의 장남이자 순원왕후의 오빠이며 안동 김씨 가문의 차기 실세인 김유근이 평안도 관찰사로 부임한 것도 이때였다. 순조10년(1810년) 스물여섯의 나이로 과거에 급제한 김유근은 이조참판과 대사헌 등을 역임하며 순조롭게 출세를 거듭했으나 효명세자가 대리청정을 시작하자 외직으로 나간 것이다. 이는 매우 현명한 처사였다.

그런데 충격적인 사건이 일어났다. 황해도 서흥에서 부임지로 향하던 김유근의 일행과 가족 다섯이 살해당한 것이다. 김유근으로부터 면회 요청을 거절당한 전직 관리가 저지른 보복 살인이었다. 충격에 빠진 김유근은 길을 돌려 한양으로 돌아왔고, 평안도 관찰사 부임은 취소됐다. 이 사건 이후 김유근은 한동안 조정에 나가지 않았다.

슬픔이 컸던 탓일까. 이듬해인 순조28년(1828년) 김조순의 아내가 세상을 떠났다. 어머니를 잃은 순원왕후는 크게 슬퍼했고, 순조는 대리청정 중이던 효명세자에게 조문하도록 했다. 그러자 김조순은 상소를 올려 간곡하게 사양의 뜻을 전했다.

"신이 진박(부인의 상을 당함)의 고통 중에 어제 임조하신다는 영을 삼가 보옵고, 처음에는 놀라고 송구스러워하다가 이어서 감동의 눈물을 흘렸습니다. 이 일에 대해서는 옛날에는 그런 예가 있었지만, 국조 수백 년 내에는 아직까지 듣고 보지 못한 일입니다. (…하략…)"

"이번의 상환(초상)에 대해 통곡하고 통곡한다. 우리 곤성(순원왕후)은 하늘에서 내리신 효도로써 부르짖기를 망극하게 하시어, 슬픔과 애훼(부모의 죽음을 슬퍼해 몸이 몹시 여윔)가 정도에 지나쳐 3일 동안 심히 야위셨으니, 나 소자는 초조하고 당황하여 민망함을 말로써 다할 수 없다. 또 상차가 지척에 있는데 자성의 어가가 이미 몸소 가보시지 못한다면, 소자가 대신 가서 정을 펴는 것도 조금이나마 우러러 위로하는 도리가 될 듯하다. (…하략…)"

— 〈순조실록〉 순조28년 8월 13일

순조와 효명세자가 김조순을 얼마나 생각하는지를 알 수 있는 부분이다. 순조는 처가를 자신의 가족처럼 생각했다. 게다가 당시에는 정순왕후도, 혜경궁 홍씨도, 효의왕후도, 수빈 박씨도 이미 세상을 떠난 후였다. 내명부의 가장 큰 어른은 왕비 순원왕후였고, 순조와 효명세자는 함께 왕실의 위엄을 되찾고 조정을 이끌기 위해 노력 중이었다. 즉, 김조순과 그의 아내는 순원왕후뿐 아니라 순조에게도 부모나 마찬가지였다.

명예로운 은퇴

대리청정을 시작한 효명세자는 궁중 예악을 부활시켜 왕실의 위엄을 드높였다. 어머니를 잃고 슬퍼하는 순원왕후를 위로하기 위해 백관을 거느리고 그녀의 탄일을 축하하는 치사[48]와 표리[49]를 올렸고, 순조 즉위 30년과 세수 40세를 기념하는 하례를 직접 진행하며 왕권의 위엄을 높이기도 했다. 하지만 순조30년(1830년) 6월, 효명세자는 대리청정 3년 3개월 만에 갑작스럽게 승하하고 말았다. 하나뿐인 아들이자 후계자를 잃은 순조는 깊은 슬픔에 빠졌다. 순조12년(1812년) 왕세자로 책봉된 효명세자를 위해 교명문을 지었던 김조순은 다시 붓을 들어 효명세자의 제문을 지었다. 정조의 제문과 효명세자의 교명문, 세자빈 조씨의 교명문에 이어 수빈 박씨의

---

48 궁중 음악에서, 악인이 풍류에 맞추어 올리는 찬양의 말
49 임금이 신하에게 내리거나 신하가 임금에게 바치던 옷의 겉감과 안감

지문을 제술한 김조순이 왕실을 위해 지은 마지막 문장이었다.

순조32년(1832년) 김조순은 홍문관과 예문관 대제학에 제수됐으나 사직상소를 올려 윤허를 받았다. 얼마 후, 김조순의 둘째 아들 김원근이 세상을 떠났다. 아내에 이어 외손자 효명세자와 아들까지 앞세운 충격 때문이었는지 김조순은 건강이 상했다. 이 소식을 들은 순조는 어의를 보냈으나 김조순은 끝내 회복하지 못하고 눈을 감았다.

순조는 김조순의 관직을 영의정으로 증직하고 '충문(忠文)'이라는 시호를 내린 후 정조의 묘정에 배향했다. 정조의 충신이 된 김조순은 죽어서도 명예로웠다. 하지만 명예는 이내 잊히고 말았다. 순조의 죽음 이후 가속화된 안동 김씨의 세도정치 때문이었다.

순조는 외척이 국정을 농단하는 것을 알면서도 안동 김씨 가문을 조정에서 축출하거나 처단하지 못했다. 순조의 이러한 우유부단함과 김조순의 노련함 덕분에 안동 김씨 가문의 세도정치는 순조와 김조순의 죽음 이후에 본격적으로 시작됐다. 김조순이 살아 있을 때 이미 안동 김씨가 관직에 대거 진출한 덕이었다. 김조순은 자신을 향한 순조의 신뢰를 무기로 일족이 중앙과 지방의 벼슬을 모두 장악하게 했고, 견제장치 없는 권력을 유지했다. 대신 그는 임금의 신임을 한 몸에 받으면서도 권력을 남용하지 않았고 겸손함을 지켰으며 청렴을 유지했다. 심지어 정적에게조차 온화하게 대했다. 벼슬을 내릴 때마다 사양했고, 마지못해 맡은 자리는 임금의 장인이자 왕비의 아버지로서 당연히 맡아야 할 자리들이었다.

그렇다면 그의 아들들은 어땠을까?

본격 세도정치 시대의 시작

헌종은 즉위하던 해에 아버지 효명세자를 익종으로 추숭했다. 수렴청정을 맡은 헌종의 할머니 순원왕후는 마흔여섯, 신정왕후로 승격된 헌종의 어머니는 스물일곱 살이었다. 순조가 즉위했을 때와 비슷한 상황이었다.

순조에 이어 헌종까지 어린 임금의 즉위와 대비의 수렴청정이 반복되면서 정무는 대부분 구두로 진행됐다. 상소를 올리고, 대책을 토론하고, 삼사가 찬성과 반대의 목소리를 내고, 대신이 중재하는 모습은 점차 사라졌다. 익숙하지 않은 정무였기에 대비와 어린 임금은 문서가 아닌 '말'에 의지했다. 대비와 임금을 잘 아는 친족들은 당연하다는 듯 대신의 자리에 올라 조정을 장악했다. 어린 헌종은 안동 김씨 가문과 풍양 조씨 가문의 권력 다툼을 이용하거나 바로잡을 능력이 없었고, 정치력이 부족한 두 대비는 친정에 의지했다. 본격적인 외척의 시대가 시작된 것이다.

수렴청정 중인 순원왕후에게 정치자문을 해준 사람은 김조순의 장남이자 안동 김씨 가문의 수장인 김유근이었다. 그러나 중풍을 앓던 김유근은 헌종2년(1836년) 실어증에 걸려 정계에서 은퇴했다.

가문의 수장을 잃을 위기에 처한 순원왕후는 헌종3년(1837년) 김조근의 딸을 왕비로 간택해 안동 김씨 가문을 외척으로 만들었다.

헌종4년(1838년)에는 김조순의 막내아들이자 순원왕후의 남동생인 김좌근이 뒤늦게 문과에 급제해 김유근 역할을 대신하기 시작했다.

헌종6년(1840년) 순원왕후는 수렴청정을 거두었다.

그리고 이듬해 헌종7년(1841년) 김유근이 세상을 떠나자 김좌근은 명실공히 안동 김씨 가문의 수장이 됐다. 집안의 막내였던 김좌근은 자신이 가문의 수장이 될 줄은 꿈에도 몰랐을 것이다.

친정을 시작한 헌종은 외가인 풍양 조씨 가문을 이용해 안동 김씨 가문을 견제하고자 했으나 큰 성과를 얻지는 못했다. 풍양 조씨 가문 역시 외척이었기에 권력을 더 많이 차지하는 데 집착했을 뿐 조정을 바로잡을 생각도, 그럴 만한 인재도 없었다. 덕분에 순원왕후와 김좌근을 위시한 안동 김씨 가문은 권력을 지킬 수 있었다.

김좌근은 아버지나 형들보다 훨씬 욕심도 많고 욕망에 충실한 인물이었다. 그는 단 한 번도 외직에 나가지 않았고 세 번이나 영의정에 임명되는 등 화려하고 순조로운 관직 생활을 이어가며 강력한 권력을 휘둘렀다.

김좌근을 수장으로 한 안동 김씨 가문은 1849년 헌종이 스물셋의 나이로 후사 없이 승하하자 강화도에 있던 이원범을 철종으로 즉위시킨 후 왕비를 배출하며 세도정치의 정점에 올랐다. 순조와 헌종, 철종까지 3대에 걸쳐 왕비를 배출한 이들의 세도정치는 중앙부터 지방까지 고루고루 엄청난 폐단을 낳았다. 그리고 그 마지막 집권자이자 부정부패의 정점에 선 김좌근은 철종 즉위 후 무소불위의 권력을 독점했으며, 왕실의 기강은 급속도로 무너지고 나라는 위기를 맞았다.

그렇다면 안동 김씨 가문의 마지막은 어땠을까? 이들은 숙청으로 역사에서 사라지지도, 자손들의 무능으로 몰락하지도 않았다. 흥선대원군이라는 당대의 정치가를 만나 '명예롭게' 물러났다. 흥선대원군은 풍양 조씨 가문과의 인맥을 통해 자신의 둘째 아들을 왕위에 올렸고 그 후 10년 동안 외척이 아닌 종친 위주의 정치를 펼쳤다. 흥선대원군 본인과 종친이 중심이 됐기에 왕실의 위엄이 바로 선 것 같았으나 정치가 아닌 권력과 욕망이 중심이 됐기에 혼란은 계속될 수밖에 없었다.

흥선대원군의 등장으로 안동 김씨의 세도정치 시대가 끝나자 망국의 책임은 여흥 민씨 가문 출신의 왕비 명성황후를 정치적 동지로 삼았던 조선의 마지막 임금, 고종의 몫이 됐다.

4장

왕권이 사라지자 왕실 권력자들의 다툼은 더욱 격렬해졌다.
권력만을 탐하는 자가 권력을 휘두를 명분과 지위를 갖추게 되면
정치는 과연 어디까지 망가질 수 있는가?

대원군과 왕비

왕실의 재건 편

흥선대원군

"집안을 다스리지 못한
권력의 화신"

이름 **이하응**

소속 **왕실**

인생을 바꾼 순간 **아들 재복이가 조선의 임금이 된 날**

결정적 실수 **"며느리를 돌아오지 못하게 했어야 했는데……."**

애증의 대상 **며느리 명성황후, 형 이최응 그리고 고종**

한 줄 평 **빼앗긴 권력을 되찾기 위해 조선을 팔다**

고 종32년(1895년) 경복궁

동이 트고 있었다. 가을 하늘은 청명하고 햇빛은 눈부셨다. 고종은 망연자실해 강녕전에 앉아 있었다. 불과 두어 시간 전의 참상을 직접 목격한 후로 일어나지도 못했다. 옆에는 상투가 풀어지고 옷매무새가 엉망이 된 세자가 앉아 있었고, 그 뒤로 세자빈이 상궁에게 기대어 등을 말고 옆으로 쓰러져 있었다. 세상천지 의지할 곳은 서로밖에 남지 않은 세 사람은 마치 잡혀 온 것처럼 넓은 강녕전 구석에 모여 앉아 부들부들 떨었다. 문 너머로 들려오는 발걸음 소리에 고종과 세자는 본능적으로 몸을 움츠렸다.

'이제 우리 차례인가? 이렇게 끝이란 말인가!'

몇 시간을 울부짖느라 이미 퉁퉁 부어버린 눈에서 또다시 뜨거운 눈물이 흘렀다.

끼이익!

강녕전의 문이 열렸다. 쏟아져 들어오는 햇볕을 등지고 선 두 사내를 본 순간, 고종의 눈이 크게 흔들렸다. 각각 군복과 도포를 입은 사내가 고종을 향해 걸어왔다.

"주상!"

도포를 입은 사내의 목소리에 고종은 눈을 질끈 감았다.

"내 누누이 말하지 않았소. 주상의 아둔함이야 익히 알고 있었으나 지난 군란과 정변에서 얻은 교훈이 그토록 없다는 것이 참으로 한심하오."

도포를 입은 사내는 이미 존엄이 사라져버린 조선의 임금을 향해 거침없이 독설을 퍼부었다. 미우라 공사는 뒷짐을 진 채 부자가 상봉하는 모습을 흥미롭다는 듯 바라보았다.

고종 앞까지 다가온 대원군은 자리에 앉더니 얼굴을 고종의 귀에 바짝 가져갔다.

"지난 계유년(1873년) 창덕궁 공근문이 굳게 닫히기 전, 그때 주상을 상왕으로 올려드리고 준용이를 보위에 올려야 했소. 그랬다면 군란도 정변도 오늘의 참변도 막을 수 있었을 텐데……. 어떻소, 주상? 이 애비가 없으니 주상이 정말로 조선의 왕이라도 된 줄 알았소?"

대원군의 입술이 움직일 때마다 고종은 몸서리를 쳤다. 설마 했는데, 중전이 일본인들의 손에 난도질당하게 만든 장본인이 정말 대원군이라니…… 소름이 돋았다.

"아직 늦지 않은 것이 다행이지. 곧 준용이가 보위에 오르게 될 것이오. 주상과 세자 내외께서는 앞으로 그저 숨만 쉬면서 죽은 듯이 살면 되오. 아시겠소?"

할 말을 모두 마친 대원군은 자리에 벌떡 일어났다. 참담한 몰골로 떨고 있는 고종과 세자 부부를 한껏 비웃는 표정으로 보고 있던 미우라 공사가 비릿한 미소를 지으며 물었다.

"그럼 이제 시작해볼까요? 누구를 부르면 되겠습니까?"

고종에게서 등을 돌린 대원군은 문을 향해 저벅저벅 걸어가며 말했다.

"김홍집 대감부터 들게 하시오. 그리고 약속을 지켰으니 그대도 약속한 것은 반드시 지켜주리라 믿소."

"약속? 하하하하!"

미우라 공사는 우스운 농담이라도 들은 것처럼 허리를 접어가며 웃음을 터트렸다. 발걸음을 멈춘 대원군이 미우라 공사를 노려보았다.

"약속이라……. 대원군께서는 지금 단단히 착각하고 계신 것 같소이다."

간신히 웃음을 멈춘 미우라 공사는 허리에 찬 총을 만지작거리며 대원군을 향해 말했다.

"조선은 앞으로 우리가 시키는 대로만 하면 될 것이오. 우리 일본과 감히 거래를 주고받을 만한 상대가 아니란 말이지. 제 나라 왕비가 죽어나가는 것도 지켜만 보는 주제에 약속은 무슨……."

제멋대로 말을 마친 미우라 공사는 얼굴이 잔뜩 일그러진 대원군을 쓱 쳐다보며 말을 이었다.

"이제 댁으로 돌아가시지요, 대원군 나리. 가시는 길은 우리 군사들이 호위를 해드릴 테니 허튼 생각 하지 말고 얌전히 집으로 돌아가는 것이 좋을 것이오. 알겠소?"

순조30년(1830년) 효명세자가 승하했다. 대리청정을 시작한 지 고작 3년 3개월, 스물두 살의 젊은 나이였다. 순조는 슬픔에 빠졌고 정치적 무력감은 더욱 커졌다. 세자빈 조씨는 고작 스물세 살, 효명세자와의 사이에서 낳은 하나뿐인 아들(제23대 헌종)은 고작 세 살에 불과했다.

순조32년(1832년) 김조순이 세상을 떠났다. 아들에 이어 장인을 잃은 순조의 몸과 마음이 급속히 쇠약해졌고, 2년 후인 1834년 쉰 살도 되지 않은 젊은 나이로 승하했다. 이에 세손으로 책봉된 효명세자의 아들이 일곱 살의 나이로 왕위를 계승했으니, 제23대 헌종이다.

헌종은 조선 역사상 가장 어린 나이로 왕위에 오른 임금이다. 그래서 왕실의 가장 큰 어른이자 할머니인 순원왕후(순조의 왕비)의 섭정을 받았다. 순원왕후가 친정 오빠 김유근에게 조언을 청하면서 안동 김씨 가문의 권세는 더욱 커졌다. 여기에 헌종의 외가인 풍양 조씨 가문도 권력을 놓지 않았다. 조선 조정은 순식간에 두 외척 가문의 손에 들어갔다.

헌종은 자라면서 외척의 세도를 경계했다. 안동 김씨 가문을 견제하기 위해 풍양 조씨 가문에게 힘을 실어주었지만 돌아온 것은 실망뿐이었다. 그저 제2의 안동 김씨일 뿐이었던 풍양 조씨 가문은 헌종7년(1841년) 김유근의 죽음으로 권력에 공백이 생기자 이 기회를 놓치지 않으려 했다. 그러나 욕망이 앞선 나머지 내분이 일어났고, 특별히 뛰어난 인물도 없었기에 결국 헌종 말년에는 다시 안동 김씨 가문이 정권을 장악했다.

헌종은 15년을 재위했으나 후사를 남기지 못한 채 스물세 살의 젊은 나이로 세상을 떠났고, 이후 안동 김씨 가문의 독주가 본격화됐다.

삼종 혈맥의
후손을 찾아서

조선 후기에 접어들면서 왕실은 손이 무척 귀했다. 제24대 헌종이 후사 없이 세상을 떠나자 제22대 정조 이후 임금의 직계혈통이 끊어졌다. 외척 세도 가문도 손이 귀하기는 마찬가지였으나 왕실에 비하면 양자를 들이기가 수월했기에 권력을 대물림하며 요직과 외직을 독점할 수 있었다. 차기 임금을 정할 수 있는 사람은 왕실에서 가장 큰 어른인 순원왕후였다. 그녀는 왕위를 계승하기에 적합한, 가까운 왕족을 물색했다. 그러나 정조, 순조, 효명세자는 모두 아들이 하나뿐이었고 헌종의 직계 선조 중 아들이 둘 이상인 왕족은 사도세자뿐이었다.

사도세자는 후궁 숙빈 임씨와의 사이에서 서장남 은언군과 서차남 은신군을, 경빈 박씨에게서 서3남 은전군을 낳았다. 사도세자가 임오화변으로 세상을 떠난 후, 은언군과 은신군, 은전군은 궁을 나가야 했다.

궁에서 나온 은언군, 은신군 형제가 경제적으로 어려움을 겪자 홍봉한(사도세자의 장인)과 김시묵(정조의 장인) 등이 남몰래 도움을 주었다. 그러나 이 형제는 홍봉한에게 돈을 빌리고 분에 넘치는 가마를 탔으며 시장 상인들에게 빌린 돈을 갚지 않았다는 등의 이유로 영조47년(1771년) 제주도에 유배됐다. 같은 해 김시묵도 은언군 형제에게 수레와 가마를 빌려주었다는 이유로 탄핵됐다.

은신군은 제주도에서 풍토병에 시달리다가 열일곱 살의 어린 나이로 세상을 떠났고, 은언군은 3년 후에야 영조의 사면을 받아 한양으로 돌아올 수 있었다.

은언군 형제의 삶도 불행했으나 은전군의 삶은 더욱 불행했다. 그의 어머니 경빈 박씨는 의대증[1]을 앓던 사도세자의 손에 목숨을 잃었고, 당시 세 살에 불과했던 은전군은 상궁들 손에 키워졌다.

은전군이 열아홉 살이 되던 정조1년(1777년) 정조 암살 시도가 있었으나 실패로 돌아갔고, 붙잡힌 역도들의 입에서는 은전군의 이름이 나왔다. 정조를 암살하고 은전군을 임금으로 세우려 했다는 것이다. 이에 신하들은 은전군을 역모죄로 다스릴 것을 요구했다. 정조는 은전군을 살리기 위해 눈물로 호소했으나 거센 요구에 결국 자진을 명했다. 결백을 주장하던 은전군은 결국 정조2년(1778년) 정조가 내린 사약을 받았다. 그렇게 사도세자의 서자는 은언군만 남게 됐다.

은언군의 삶도 순탄치는 않았다. 정조3년(1779년) 그는 홍국영의 뜻에 따라 장남인 상계군을 이미 세상을 떠난 원빈 홍씨의 양자로 보냈다. 얼마 후 홍국영이 실각했으나 이들의 삶은 여전히 평탄하지 않았다. 정조10년(1786년) 정조의 외아들 문효세자와 그의 생모 의빈 성씨가 연달아 세상을 떠나자 상계군을 임금으로 추대하려는 역모가 발각됐다. 그해 11월, 상계군은 혼인을 치른 직후 자살했는

---

1 옷을 갖춰 입거나 벗지 못하는 일종의 강박증. 사도세자가 앓았다고 전해진다.

데, 그의 나이 고작 열여덟이었다. 상계군의 죽음 이후 은언군은 강화도에 유배됐다.

정조는 은언군이 보고 싶어 은밀히 부르기도 했고, 왕실의 경사가 있을 때면 사면하고자 노력하기도 했다. 그러나 매번 격렬한 반대에 부딪혀 끝내 사면하지 못한 채 승하했다.

순조1년(1801년) 수렴청정에 나선 정순왕후는 천주교 박해를 내세워 남인 세력과 정적을 숙청했는데, 이때 은언군의 부인과 며느리가 천주교 신자임이 밝혀졌다. 은언군은 이들과 함께 유배지 강화도에서 처형됐고, 사도세자의 직계 아들들은 이렇게 모두 세상을 떠났다.

은언군에게는 세상을 떠난 상계군 외에 이복동생 은전군의 양자로 입적된 풍계군과 첩실에게서 얻은 아들 전계군이 있었다. 순조1년(1801년) 은전군 일가가 모두 처형된 후 왕실에게 버림받다시피 한 전계군은 강화도에서 농부로 살았다. 전계군의 아들들은 왕실 혈통이라는 이유로 역모에 자주 연루되어 일찍 세상을 떠났다.

순원왕후는 사도세자의 남은 혈육 중 전계군의 서자인 원범을 순조의 양자로 입적시켜 왕위를 계승하게 했다. 그리하여 1849년 제25대 철종이 즉위했다.

흥선대원군의
가계도

흥선대원군은 똑똑한 종친에게는 역모죄를 씌워 제거하는 안

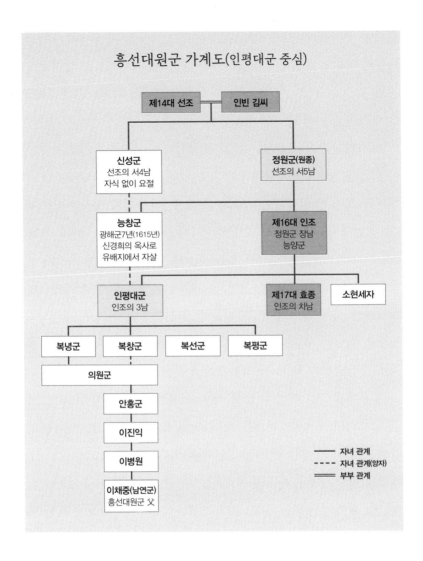

흥선대원군 가계도(인평대군 중심)

제14대 선조 — 인빈 김씨

신성군
선조의 서4남
자식 없이 요절

정원군(원종)
선조의 서5남

능창군
광해군7년(1615년)
신경희의 옥사로
유배지에서 자살

제16대 인조
정원군 장남
능양군

인평대군
인조의 3남

제17대 효종
인조의 차남

소현세자

복녕군

복창군

복선군

복평군

의원군

안흥군

이진익

이병원

이채중(남연군)
흥선대원군 父

―――― 자녀 관계
----- 자녀 관계(양자)
═══ 부부 관계

동 김씨 가문의 의심을 피하기 위해 파락호처럼 굴었고, 여기저기 잔칫집을 찾아다니며 얻어먹는 일이 잦아 '상갓집 개'라 불리기도 했다고 흔히 알려져 있다. 드라마와 영화에서 그렇게 그려지는 일이 많지만, 이는 과장된 면이 적지 않다. 안동 김씨 가문과 노론 벽파에게 공격받거나 역모죄를 뒤집어쓰고 세상을 떠난 왕족은 주로 사도세자의 직계 후손들이었다. 흥선대원군의 가계도를 살펴보면, 정조나 순조, 헌종, 철종에게 너무 먼 종친이었다. 즉, 흥선대원군 은 주목받을 만한 종친이 아니었다.

흥선대원군의 가계도는 다소 복잡하다. 우선 직계 선조는 인조 와 인렬왕후의 3남 인평대군이다. 인평대군은 인조의 막냇동생 능 창군의 양자로 입적했고, 능창군은 숙부 신성군의 양자로 입적했 다. 흥선대원군의 선조인 인평대군(인조의 3남), 능창군(정원군—원종, 인조의 아버지—의 3남), 신성군(선조의 서4남) 모두 왕위와는 거리가 먼 인물이다. 인평대군에게는 4명의 아들이 있었는데 장남 복녕군을 제외하면 복창군, 복선군, 복평군은 경신환국의 여파로 유배되어 세상을 떠났다. 복녕군은 자신의 차남 의원군을 동생 복창군의 양 자로 입적시켰다. 바로 이 의원군이 흥선대원군의 5대조다.

흥선대원군의 아버지 남연군은 〈실록〉에서 '개차반'으로 묘사 된 대표적인 인물로, 가계로 보나 능력 또는 인품으로 보나 안동 김씨 가문이 경계할 만한 종친이 아니었다. 그는 순조34년(1834년) 세상을 떠났기에 손자 고종이 임금이 되는 것도, 아들 흥선군이 대 원군이 되어 섭정하는 것도 보지 못했다. 그래서 남연군에 대한 평 판은 찾아보기 어렵다. 하지만 흥선대원군이 권력을 잡을 기반을 마련해주었다는 점에서 나름 중요한 인물이다.

사도세자의 혈통이 끊어질 지경이 되자 순조는 양자를 들여 제 사를 받들게 했다. 순조15년(1815년) 능창군의 7대손인 이병원의 차 남 이채중이 형과 동생을 제치고 은신군의 양자로 입적됐다. 덕분 에 이채중은 '남연군' 작위를 받고 이름도 '이채중'에서 외자인 '이

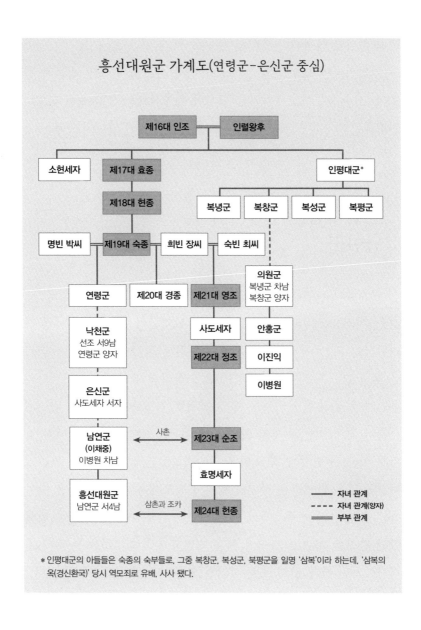

흥선대원군 가계도(연령군-은신군 중심)

제16대 인조 ═══ 인렬왕후

- 소현세자
- 제17대 효종
  - 제18대 현종
- 인평대군*
  - 복녕군
  - 복창군
  - 복성군
  - 복평군

명빈 박씨 — 제19대 숙종 — 희빈 장씨 — 숙빈 최씨

의원군
복녕군 차남
복창군 양자

- 연령군
- 제20대 경종
- 제21대 영조
- 낙천군
  선조 서9남
  연령군 양자
- 사도세자
  - 제22대 정조
- 안홍군
  - 이진익
    - 이병원
- 은신군
  사도세자 서자
- 남연군
  (이채중)
  이병원 차남
  ←사촌→ 제23대 순조
  - 효명세자
- 흥선대원군
  남연군 서4남
  ←삼촌과 조카→ 제24대 헌종

― 자녀 관계
--- 자녀 관계(양자)
═══ 부부 관계

*인평대군의 아들들은 숙종의 숙부들로, 그중 복창군, 복성군, 북평군을 일명 '삼복'이라 하는데, '삼복의
옥(경신환국)' 당시 역모죄로 유배, 사사 됐다.

구'로 개명했다. 이러한 연유로 흥선대원군은 자신이 사도세자와
가까운 혈통임을 강조했다고 한다. 은신군은 숙종의 막내아들 연령

군의 손자로 입적된 인물이었다.

　정리하자면 남연군은 은신군의 법적 아들로 입적된 덕분에 정조의 조카이자 사도세자의 손자이며 숙종에게는 고손자가 됐으니 인평대군의 후손인 본래의 가계보다 왕실과 훨씬 가까워진 셈이다.

흥선대원군의 아버지, 남연군

　이채중이 남연군의 작위를 받았을 때 그에게는 이미 이창응, 이정응, 이최응 세 명의 아들이 있었다. 남연군의 4남이자 훗날 흥선대원군이 되는 이하응은 이채중이 남연군 작위를 받은 후에 태어난 막내였다. 작위를 받은 남연군은 스물아홉의 나이에 사도세자의 무덤인 현륭원을 관리하는 수원관[2]으로 임명됐다. 순조는 뒤늦게 사촌이 된 남연군을 무척 아꼈고, 남연군은 갑작스럽게 주어진 작위와 벼슬, 부귀와 권력을 마음껏 과시하고 싶었다. 현륭원 관리의 책임을 맡은 남연군은 왕실의 평안과 사도세자의 극락왕생을 발원하는 왕실 원찰 용주사에서 고기를 먹고 술을 마시기도 했고, 원래 있던 관리를 자르고 자신의 형을 능참봉으로 임명하는 등 월권을 저지르기도 했다. 보다 못한 사간원 정언 이이희가 상소를 올렸다.

　"만약 윤리를 어지럽힌 죄를 논한다면, 남연군 이구가 바로 그 사람입

2　원소(園所)를 수호하는 일을 맡은 벼슬아치

니다. 경박한 성품과 패악한 버릇 때문에 선비로 있을 때부터 사람들에게 버림받았습니다. 그런데 가까운 종친이 되어서도 그 버릇을 고치지 않고 (…중략…) 원소(현룡원이 있는 수원)에 가서는 고을의 노예를 데리고 용주사의 꽃과 버들과 술에 취해 평립(패랭이, 댓개비로 만든 갓)을 벗어버렸으며, 연지(연못)에서 고기를 잡으면서 포건(베로 만든 건)을 거꾸로 썼습니다. 무뢰배를 불러모아 백성의 가산을 때려 부수어 백 리 안의 사람들이 가게를 닫고 도망했습니다. 악실(상주가 거처하는 방)은 바로 짚자리를 깔고 거처하는 곳인데, 요사스러운 기생들을 데리고 와 낭자하게 술을 마시고 즐겼으며 (…중략…) 흉패한 행동이 갈수록 심했습니다. 능의 참봉을 바꾼 것으로 말하더라도 한 달 전에 강제로 그 수종자(심부름꾼)를 바꾸고 곧바로 그의 형으로 차출했으니, 이는 조정을 얕잡아 보는 하나의 큰 안건입니다. 이와 같은 흉하고 더러운 무리를 결코 수원관이나 가까운 종친의 서열에 둘 수 없습니다.”

— 〈순조실록〉 순조16년 7월 13일

남연군의 행동은 확실히 잘못된 것이었지만 순조는 오히려 종친의 허물을 세세하게 지적한 이이희에게 불쾌함을 느끼고는 그를 파직하여 남연군을 위로했다. 남연군은 수원관으로 근무한 공로로 말과 노비, 전답을 상으로 받았고 종2품 중의대부에서 정2품 승헌대부로 승진했다.

순조의 총애에 남연군은 더욱 기고만장해졌고, 그의 하인과 문객이 백성의 재산을 빼앗는 일까지 생겼다. 이때도 순조는 남연군이 ‘나이가 어리고 마음이 약해 남의 꾐에 빠진 것’이라며 변호해주었고, 그의 노모를 이유로 남연군의 직책만 잠시 박탈했다가 얼마 후 복직시켰다.

이후로도 남연군은 의녀의 종아리를 후려치는 등의 만행을 수시로 저지르며 눈살을 찌푸리게 했지만, 그가 어떤 잘못을 하고 그에 대한 여론이 아무리 좋지 않아도 순조는 남연군을 각별하게 아꼈다.

남연군은 효의왕후(정조의 왕비)가 승하하자 종척집사[3]로 임명됐고 그 후에도 왕실 대소사의 책임을 맡았다. 남연군은 정조와 효의왕후가 묻힌 건릉과 사도세자와 혜경궁 홍씨가 묻힌 현륭원(융릉)의 수원관으로 거듭 승진했고, 사신으로 임명되어 청나라에 다녀오기도 했다.

순조20년(1820년) 남연군이 한창 승승장구할 때 이하응, 훗날의 흥선대원군이 태어났다. 하지만 남연군의 신분과 권력 그리고 순조의 특별한 총애로 인한 이하응의 황금빛 어린 시절은 길지 않았다.

순조28년(1828년) 남연군의 장남 흥녕군 이창응이 열아홉의 어린 나이로 세상을 떠났다. 순조30년(1830년)에는 효명세자가, 순조31년(1831년)에는 남연군의 부인 여흥 민씨가 세상을 떠났다. 순조32년(1832년)에는 김조순이 세상을 떠났고, 1834년에는 순조가 승하했다. 남연군의 장남과 부인 그리고 그의 보호자였던 순조가 연달아 세상을 떠난 것이다.

헌종은 남연군을 종척집사로 임명해 순조의 빈전을 지키게 했다. 이후 남연군은 지병으로 힘든 말년을 보내다가 헌종2년(1836년) 마흔아홉 살의 나이로 세상을 떠났다. 왕실 종친으로서 많은 것을 누리다 간 생애였다.

---

3   국상(國喪) 때에 종친과 왕실의 외척에게 시키는 임시의 벼슬

정말 세도가의
눈치를 보았을까?

　남연군의 죽음 이후 이하응의 삶은 어땠을까? 아홉 살에 큰 형을, 열두 살에 어머니를, 열일곱 살에 아버지를 잃은 이하응은 종친으로서 위풍당당했던 자신의 가문이 예전 같지 않음을 알았다. 남연군의 네 아들 중 유난히 총명했던 이하응은 그 이유가 외척의 세도가 왕실의 위엄을 능가하고 있기 때문임을 알았다. 하지만 그가 할 수 있는 일은 없었다. 그는 착실하게 삶을 살았고, 어머니의 삼년상을 치른 뒤로 여흥 민씨 가문의 여식과 혼인을 올렸다.

　남연군의 가문은 4대가 여흥 민씨 가문과 혼인을 맺었다. 남연군과 흥선대원군, 흥선대원군의 아들 고종, 고종의 아들 순종까지 모두 여흥 민씨 가문의 딸과 혼인했다. 여흥 민씨 가문의 세도는 명성황후 이전에 흥선대원군이 권력을 잡은 순간부터 예정됐던 셈이다. 여흥 민씨 가문은 흥선대원군의 처가와 외가인 동시에 고종의 처가와 외가였으니 권력의 주도권이 흥선대원군에게 있을 때나 고종과 명성황후에게 있을 때나 상관없이 세도를 누렸다. 이것이 여흥 민씨 가문과 다른 외척 세도가의 차이점이다.

　임금의 친척은 '종친'이라 불렸는데, 종친에 대한 명칭과 품계는 건국 후 몇 차례 개정을 거쳐 세조3년(1457년) 마침내 완성됐다. 왕의 직계 자식은 왕비의 소생과 후궁의 소생을 가리지 않고 모두 품계가 없었다. 하지만 종친에게 내리는 작위와 품계는 철저하게 적장자 우선이었고, 세자와 대군, 왕자군의 후손을 정확하게 구분했다.

　은신군의 손자인 이하응은 열다섯 살이 되던 순조34년(1834년)

세조3년(1457년) 완성된 종친의 명칭과 품계

품계	작위	세자	대군	왕자군
무품	대군(大君, 왕비의 아들) 왕자군(후궁의 아들)	왕의 아들		
종1품	군(君)		대군의 적장자	
정2품	군(君)	세자의 중자[4](衆子)	대군의 적장손(長曾孫)	왕자군의 적장자(嫡長子)
종2품	군(君)	세자의 중손(衆孫)	대군의 중자(衆子), 적장증손(嫡長曾孫)	왕자군의 적장손(嫡曾孫)
정3품	도정(都正, 당상관) 정(正, 당하관)	세자의 중증손(衆曾孫)	대군의 중손(衆孫)	왕자군의 중자(衆子), 적장증손(嫡長曾孫)
종3품	부정(副正)		대군의 중증손(衆曾孫)	왕자군의 중손(衆孫)
정4품	수(守)			왕자군의 중증손(衆曾孫)

홍선부정[5]의 작위를 받고 자신대부의 품계를 받았다. 이를 시작으로 헌종 재위 내내 그의 품계와 작위는 계속 높아졌다. 헌종7년(1841년)에는 홍선정에 봉작됐고, 홍선도정을 거쳐 헌종9년(1843년)에는 마침내 홍선군에 봉작됐다. 홍선군에 봉해진 그해, 헌종의 첫번째 왕비 효현왕후가 승하하자 종친으로서 수릉관으로 참여해 종2품 중의대부로 승진했다. 그 후 홍선군은 효명세자와 인연을 맺게

---

4 맏아들 이외의 모든 아들
5 부정은 조선시대 종친부(宗親府), 돈녕부(敦寧府), 훈련원(訓鍊院) 등에 소속된 종3품 관직

된다.

헌종은 즉위 후 아버지 효명세자를 '익종'으로 추존했다. 이에 따라 효명세자의 무덤은 세자의 무덤인 '원'에서 왕의 무덤인 '릉'으로 승격됐는데, 묫자리에 문제가 있다는 이유로 헌종13년(1847년) 경기도 구리시에 위치한 동구릉⁶으로 이장했다. 이때 흥선군은 이장을 담당했고, 이 공로를 인정받아 종1품 숭록대부에 봉해졌다. 남연군이 사도세자와 정조의 무덤을 관리하며 순조의 총애를 받은 것처럼 흥선군도 익종(효명세자)의 무덤을 관리하며 헌종과 신정왕후의 신뢰를 얻은 것이다. 아마도 이 과정에서 흥선군은 풍수에 관심이 생겼을 것이다. 같은 해, 흥선군은 종친부를 실질적으로 운영하는 직책인 유사당상으로 재직했는데, 이때 종친부의 권한을 확대하기 위해 안동 김씨 가문과 정치적 거래를 시도하거나 왕실의 족보 편찬을 종친부에서 간행할 수 있도록 추진하는 등 매우 적극적인 모습을 보였다. 안동 김씨 가문의 눈치를 보느라 몸을 낮추고 파락호 행세를 했다는, 흔히 알려진 이미지와는 전혀 다른 행보였다.

1849년 헌종이 스물세 살의 젊은 나이로 후사 없이 승하하고 철종이 즉위하면서 흥선군은 안동 김씨 세도 권력의 힘을 생생하게 목격하게 됐다.

---

6 제1대 태조 이성계의 건원릉(健元陵), 제5대 문종과 현덕왕후가 묻힌 현릉(顯陵), 제14대 선조와 의인왕후, 계비 인목왕후가 묻힌 목릉(穆陵), 제16대 인조의 계비 장렬왕후의 휘릉(徽陵), 제18대 현종과 명성왕후의 숭릉(崇陵), 제20대 경종비 단의왕후가 묻힌 혜릉(惠陵), 제21대 영조와 계비 정순왕후의 원릉(元陵), 제24대 헌종과 효현왕후, 계비 효정왕후의 경릉(景陵), 추존된 문조(익종, 효명세자)와 신정왕후의 수릉(綏陵)까지 조선 왕조 9명의 왕과 10명의 왕비, 후비가 잠들어 있는 곳이다.

철종의 즉위와
이하전의 죽음

헌종 승하 후 강력한 왕위계승 후보로 물망에 오른 인물은 경원군 이하전이었다. 선조의 친아버지 덕흥대원군의 후손인 이하전은 흥선군의 아내 민씨와 가까운 친척이었고 헌종에게는 조카뻘이었다. 당시 여덟 살로, 항렬로 보나 나이로 보나 헌종의 양자로 입적되어 왕위를 계승하기에 적합했다. 하지만 차기 군주 지명권을 가진 순원왕후는 은언군의 서(庶)손자이자 유배지 강화도에서 빈농으로 살고 있던 이원범에게 왕위를 계승하라는 교지를 내렸다. 이때 순원왕후는 이원범을 헌종이 아닌 순조의 양자로 입적시켜 왕위를 계승하도록 했으니, 그가 바로 '강화도령'이라는 별명으로 불린 제24대 철종이다.

철종의 가족들은 모두 불행하게 죽었다. 천주교 신자였던 할머니와 큰형수는 순조1년(1801년) 신유박해 때 처형당했고, 할아버지 은언군도 같이 처형당했다. 품계와 작위를 받지 못한 채 강화도에서 빈농으로 살았던 아버지 전계군은 헌종7년(1841년) 병사했고, 전계군의 유일한 적자이자 철종의 이복형인 회평군은 헌종10년(1844년) 역모죄로 사사됐다.

안동 김씨 가문과 순원왕후는 가난보다 왕실을 두려워했던 철종을 순조의 양자로 입적시켜 왕으로 삼았다. 철종은 13년을 재위했는데, 이 기간에 안동 김씨의 세도정치는 절정에 이르렀다.

철종의 왕비는 당연히 안동 김씨 가문 출신이었다. 하지만 자식을 낳지는 못했다. 철종이 후사를 두지 못하자 이하전이 다시 왕위계승 후보로 거론됐다. 하지만 안동 김씨 가문은 이를 원치 않았고, 결국 철종13년(1863년) 이하전은 역모죄로 스물한 살의 나이에 제주도에 유배되어 사약을 받았다.

이하전의 죽음을 목격한 흥선군은 큰 충격을 받았다. 이에 일부러 안동 김씨 가문의 실력자를 찾아가 큰아들의 벼슬자리를 부탁하는 등 다루기 쉬운 종친의 모습을 보이며 노련하게 처신했다.

남연군 묘를 이장하다

안동 김씨 가문의 희생양이 되지 않기 위해 조심하긴 했으나 흥선군은 누구보다 권력에 대한 야망과 집착이 강했다. 그런 야망이 가장 잘 드러난 일화 중 하나가 바로 아버지 남연군의 묘를 이장한 것이다.

남연군의 묘를 이장한 곳은 충청도에 있는 천년고찰 가야사의 금탑이 있던 자리였다. 전해지는 이야기에 따르면 흥선군은 이곳이 2대에 걸쳐 천자(황제)가 나올 천하의 명당이라는 풍수가의 말에 이장을 결심했다고 한다. 이 과정에서 승려들의 반발이 있었으나 '원인을 알 수 없는' 화마로 가야사가 전소되면서 문제가 해결됐다.

남연군의 묘를 이장하기 전, 흥선군과 그의 형제들은 하나같이 가야사 탑신이 나타나 꾸짖는 꿈을 꾸었다. 이에 형들은 이장을 망설였으나 흥선군은 오히려 모두 같은 꿈을 꾼 것이야말로 이곳이 명당이라는 증거라며 이장을 강행했다. 이때 흥선군은 가야사 주변

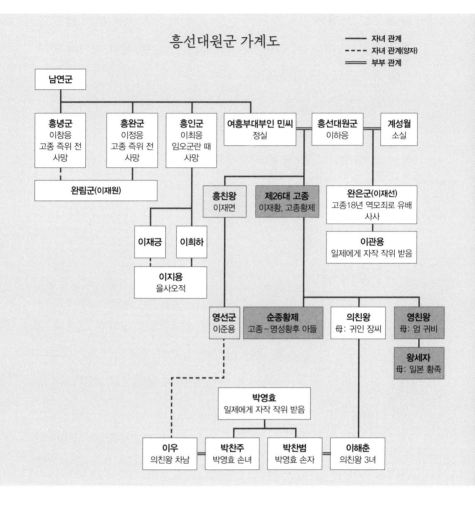

흥선대원군 가계도

─── 자녀 관계
---- 자녀 관계(양자)
═══ 부부 관계

남연군

흥녕군
이창응
고종 즉위 전
사망

흥완군
이정응
고종 즉위 전
사망

흥인군
이최응
임오군란 때
사망

여흥부대부인 민씨
정실

흥선대원군
이하응

계성월
소실

완림군(이재원)

흥친왕
이재면

제26대 고종
이재황, 고종황제

완은군(이재선)
고종18년 역모죄로 유배
사사

이재긍　**이희하**

이관용
일제에게 자작 작위 받음

이지용
을사오적

영선군
이준용

순종황제
고종-명성황후 아들

의친왕
母: 귀인 장씨

영친왕
母: 엄 귀비

왕세자
母: 일본 황족

박영효
일제에게 자작 작위 받음

이우
의친왕 차남

박찬주
박영효 손녀

박찬범
박영효 손자

이해춘
의친왕 3녀

마을 사람들이 이장을 도와주자 아버지 남연군의 관을 싣고 온 상여를 이곳에 주고 갔다. 사람들은 이 상여를 '남은들 상여'라고 불렀다고 하는데, 현재 중요민속문화재 제31호로 충남 예산 남은들 마을에 보존되어 있다. 흥선군은 남연군의 묘를 이장하고 난 후, 훗날 고종이 되는 둘째 아들을 낳았다.

흥선군이 남연군의 묘를 이장했을 당시 그의 큰형은 이미 세상에 없었기에 '전해지는 이야기'의 어디까지가 진실인지는 알 수 없다. 하지만 가야사의 화재와 흥선군이 남은들 마을에 상여를 주고 간 것은 사실이다. 훗날 흥선군이 대원군 자리에 올라 섭정했을 때, 독일인 오페르트가 바로 이 남연군의 묘를 두 번이나 도굴하려다 발각됐다. 흥선대원군이 쇄국을 고집하게 된 이유 중 하나다. 또한 남연군의 묘를 이장한 후 고종과 순종이 대한제국의 황제로 즉위했고 그 후 대한제국이 일본에 병합되어 나라가 사라졌으니 2대에 걸쳐 천자가 나온다는 말도 확인된 셈이다.

살아 있는
'대원군'이 되다

안동 김씨 세도정치가 절정에 달한 철종8년(1857년) 순원왕후가 승하했다. 이 시기에 흥선군은 이조참의, 승정원 동부승지, 한성부 판윤 등을 지낸 이호준과 가깝게 지냈다. 이호준은 정실에게서 아들을 얻지 못했고 서자만 한 명 있었다. 흥선군은 자신의 서녀를 이호준의 서자에게 시집보내 사돈 관계를 맺었다. 이호준은 하나뿐인 서자를 몹시 아껴서 자신의 재산을 서자에게 모두 물려주었다. 또한 먼 친척의 아들을 양자로 삼아 제사를 받들게 했는데, 이 양자가 바로 이완용이다.

이호준과의 인맥은 흥선군의 운명을 바꿔놓았다. 이호준은 흥선군에게 자신의 사위이자 신정왕후의 조카인 조성하를 소개해주었다. 철종이 후사를 얻지 못하는 상황에서 차기 임금을 지목할 권리를 가진 신정왕후가 누구를 임금으로 삼을지 고민하고 있을 무렵, 흥선군은 이호준의 주선으로 조성하 등과 접촉해 신정왕후와 은밀하게 만났다. 흥선군은 자신의 둘째 아들을 신정왕후의 양자로 보낼 것을 제안했고, 신정왕후는 이 제안을 받아들였다. 이후 흥선군의 둘째 아들 이재황이 신정왕후와 익종(효명세자)의 양자로서 왕위를 계승했으니, 바로 제26대 고종이다.

전계대원군의 서자인 철종은 혈통이나 덕망 같은 명분이 아니라 안동 김씨 가문의 선택으로 왕위에 오른 임금이었다. 반면 고종은 남연군의 후손으로 왕실과 적당히 가까운 종친이었고 흥선군은 풍양 조씨 가문과도 잘 지내왔기에 신정왕후는 만족스러웠다. 하지만 흥선군의 형 흥인군 이최응은 조카 고종이 왕위에 오른 것이 불만이었다.

사실 남연군의 자손 중에서 왕위를 계승할 가장 유력한 인물은 완림군 이재원이었다. 완림군은 남연군의 장손으로, 아버지 흥녕군 이창응은 이미 세상을 떠난 후였다. 하지만 완림군은 나이가 서른셋이라 왕위에 오르면 신정왕후의 수렴청정이 불가능했다. 그렇다면 흥인군의 아들 이재긍도 고려할 만했으나 당시 일곱 살에 불과했다. 헌종이 일곱 살에 즉위하면서 생긴 외척과 신하들의 횡포를 충분히 겪은 신정왕후는 이를 다시 반복하고 싶지 않았다.

왕위에 오르기에 적합한 종친을 찾기가 쉽지 않던 상황에서 이제 열두 살이 된 이재황을 신정왕후의 양자로 보내겠다는 흥선군의 제안은 매력적이었다. 흥선군이 굳이 차남을 제안한 것은 당시 장남 이재면이 열아홉 살이라 이재면이 왕위를 계승한다면 신정왕

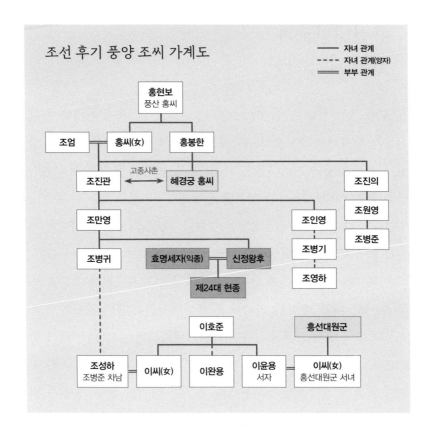

조선 후기 풍양 조씨 가계도

```
───── 자녀 관계
----- 자녀 관계(양자)
═════ 부부 관계
```

홍현보
풍산 홍씨

조엄 ═══ 홍씨(女)   홍봉한

고종사촌
조진관 ◄──► 혜경궁 홍씨   조진의

조만영   조인영   조원영

조병귀   효명세자(익종) ═══ 신정왕후   조병기   조병준

제24대 헌종   조영하

이호준   흥선대원군

조성하   이씨(女)   이완용   이윤용   이씨(女)
조병준 차남   서자   흥선대원군 서녀

후가 수렴청정할 수 있는 기간이 너무 짧아지기 때문이었다. 그렇기에 신정왕후는 이재황이 여러모로 가장 마음에 들었고 그를 양자로 입적시켜 왕위를 계승하게 했다. 흥선군의 계획이 적중한 것이다.

고종이 즉위한 후 흥선군은 조선 최초이자 유일무이한 '살아 있는 대원군'이 됐고, 신정왕후의 정치 파트너가 됐다.

흥선대원군과
안동 김씨 가문

고종 즉위 첫날, 신정왕후는 영의정 김좌근, 좌의정 김병하 등 대신들과 함께 흥선대원군의 예우에 대해 논의했다. 대원군은 대궐 출입과 정치 개입을 위해 '대신'의 예우를 노렸으나 그의 속셈을 아는 안동 김씨 세력은 종친의 예우를 주장했다. 대비 조씨는 이 주장을 수렴하는 대신 다른 해결 방법을 찾았다. 대궐과 운현궁[7] 사이에 새롭게 문을 내어 흥선대원군의 대궐 출입이 편하게 배려한 것이다.

비록 대신들과 국정을 논할 수는 없었으나 지름길과 쪽문을 통해 수시로 대궐 출입이 가능해진 흥선대원군은 신정왕후를 통해 과감한 개혁을 추진했다. 그는 인사를 개편하면서 종친을 대거 발탁했다. 또 서얼이 진출할 수 있는 관직을 확대하고 순조 즉위 후 60년 가까이 철저하게 소외된 남인을 등용하기도 했다. 종친은 벼슬을 할 수 없다는 것을 비롯해 여러 금기사항을 깨고 신분이나 당파를 떠나 능력 있는 인재를 등용한 것이다.

이러한 인사개편은 파격적이었으나 발탁된 인재들이 모두 유능한 것은 아니었다. 과거에 응시한 종친들은 무조건 합격했고, 과거를 거치지 않고 벼슬을 받는 일도 많았다. 흥선대원군과 신정왕후를 연결해준 이호준과 그의 아들 이윤용, 이완용도 출세를 보장받았다. 고종1년(1864년) 이호준은 마흔을 넘긴 나이에 과거에 급제했고 홍문관을 거쳐 승정원 승지로 발탁됐다. 단번에 당상관의 지위

---

7   흥선대원군의 사저. 고종이 태어난 곳으로, 궁궐이 됨에 따라 운현궁으로 불리게 됐다.

에 오른 것이다. 벼슬아치의 성씨가 안동 김씨에서 전주 이씨로 바뀌었을 뿐, 세상이 갑자기 살기 좋아진 것은 아니었다. 그래도 왕실에 충성할 이들이 생겼다는 것에 의미가 있었다.

흥선대원군의 인사정책 중 가장 놀라운 것은 안동 김씨 세력을 억지로 배척하지 않았다는 점이다. 만약 안동 김씨 가문을 대대적으로 숙청하려 했다면 반발이 엄청났을 것이다. 3대에 걸쳐 왕비를 배출해온 안동 김씨 가문은 권세를 유지하는 대신 외척 자리에서 물러나게 됐음을 순순히 받아들였다. 조정의 실세인 좌의정은 여전히 안동 김씨 가문 출신의 김병학이었으나 안동 김씨 가문의 수장 김좌근은 스스로 영의정을 사임하고 명예롭게 은퇴했다.

김좌근의 후임으로 영의정에 임명된 인물은 신정왕후의 친정인 풍양 조씨 가문의 조두순이다. 가혹한 수탈과 부정부패로 동학농민운동의 도화선이 된 고부 군수 조병갑은 조두순의 서(庶)조카다.

새로운 외척 가문의 탄생

고종은 혼인하지 않은 상태로 왕위에 올랐기 때문에 왕비를 간택하는 것은 중요한 문제였다. 안동 김씨 가문과 풍양 조씨 가문이 세도를 떨칠 수 있었던 것은 왕비를 배출한 덕이었다. 고종의 왕비를 간택하는 것은 흥선대원군의 손에 달려 있었고 이는 세도 가문을 상대할 수 있는 가장 큰 무기였다. 고종의 왕비는 기존 외척 세도 가문을 견제하고 왕권에 도움이 돼야 했다. 무엇보다도 흥선대원군이 통제할 수 있어야 했다. 그리하여 고종3년(1866년) 흥선대원군의 강력한 입김에 의해 왕비로 간택된 처녀가 바로 민치록의 딸이었다.

숙종의 계비 인현왕후를 배출했던 여흥 민씨 가문은 흥선대원군의 집안과 2대에 걸쳐 혼인을 맺어왔다. 흥선대원군에게 여흥 민씨 가문은 처가이자 외가로 이미 한 가족이나 다름없었다. 게다가 왕비로 간택된 민씨는 아버지도, 남자 형제도 없는 외동딸이라 더욱 만족스러웠다.

민치록은 아들이 없어 양자를 들였는데, 그 양자가 바로 흥선대원군의 처남 민승호[8]였다. 중전 민씨의 유일한 남자 형제인 민승호는 대원군의 처남인 동시에 고종의 외삼촌 겸 처남이었기에 흥선대원군은 안심했다. 여흥 민씨 가문이 외척으로서 부와 권력을 누리게 된다 해도 자신이 허용하는 범위 내에서만 가능하다고 생각한 것이다.

허나 이는 섣부르고 오만한 속단이었다. 고종의 즉위와 중전 민씨의 등장은 안동 김씨 가문이 외척의 지위를 잃었음을 의미했고, 흥선대원군의 묵직한 존재감은 외척 세도정치의 시대가 저물어가고 있음을 상징했다.

---

[8] 흥선대원군의 부인 민씨에게는 민태호, 민승호, 민겸호까지 세 명의 남자 형제가 있었는데 민승호는 그중 차남이었다.

민심을 얻은
개혁들

고종 즉위 초, 신정왕후와 흥선대원군은 정치적 파트너 관계였다. 신정왕후의 전폭적인 지원 하에 진행한 흥선대원군의 개혁은 백성들의 열렬한 지지를 얻었다. 그 대표적인 것이 바로 서원의 철폐와 호포법의 시행이었다.

고종1년(1864년) 신정왕후는 서원의 폐단을 직접 밝히며 서원에 소속된 토지와 일꾼을 상세히 조사했고, 보고를 올리지 않은 지역의 지방관은 엄벌로 다스렸다. 사대부와 유생들은 당황했고, 이들과 결탁해온 탐관오리도 처벌을 면치 못했다. 사대부는 흥선대원군의 선조를 모시는 사원을 건립하기도 하고 경상도의 유생들이 상경해 반대 상소를 올렸으나 흥선대원군은 눈 하나 꿈쩍하지 않았다.

"백성을 해치는 자는 공자가 다시 살아난다 해도 용서하지 않을 것이다. 지금의 서원은 도적떼의 소굴이 되어버린 지 오래다."

수백 년간 당연하게 누려온 세금과 군역에 대한 혜택이 하루아침에 사라지자 사대부들은 당황했으나 백성들은 환호했다. 민심을 개혁의 동력으로 삼은 흥선대원군은 600개가 넘는 서원을 철폐했다. 전국에 남은 사원은 47개뿐이었다. 흥선대원군의 개혁을 지지했던 노론과 남인을 비롯한 유생들은 서원 철폐에 반대했다. 그 대표적인 인물은 이항로였고, 이항로의 제자 최익현은 훗날 흥선대원군의 실각을 주도하게 된다.

서원 철폐를 통해 사대부와 관아의 유착을 끊어낸 흥선대원군은 계속해서 탐관오리와 토호의 수탈과 탈세를 엄하게 추궁 및 처벌하고 사창을 실시해 환곡의 문제점을 개선했다. 식량이 모자라는 봄에 관청에서 곡식을 빌려준 뒤 가을걷이 후에 이자를 붙여 갚도록 한 환곡은 백성들을 위해 만든 제도였으나 왕명이 유명무실해지고 중앙 정부가 문란해지자 지방관들은 백성들에게 억지로 곡식을 빌려준 뒤 몇 배의 이자를 붙여 식량을 강탈했다. 이렇게 거둬들인 곡식으로 자신의 재산을 늘렸고, 문제가 생기면 뇌물로 수습했다. 대원군은 환곡을 관청이 아닌 민간에서 운영하게 했다.

환곡과 사창 그리고 호포제 시행을 통해 대원군은 바닥난 재정을 안정적으로 확보했다.

왕권 회복을 위한 개혁들

민심을 달래고 국고를 채운 흥선대원군은 의정부[9]의 기능 회복에 박차를 가했다. 순조 이후 세도정치의 요람 역할을 해온 비변사의 기능을 축소하고 의정부의 기능 회복을 추진한 것이다. 신정왕후는 의정부 청사를 새로 짓도록 내탕금[10]을 쾌척했고, 고종2년(1865년) 비변사는 의정부에 병합됐다.

---

9   조선시대 백관의 통솔과 서정을 총괄하던 최고의 행정기관
10   조선시대, 내탕고에 넣어 두고 임금이 개인적으로 쓰던 돈

홍선대원군의 강력한 지지 세력은 군인이었다. 비변사를 폐지한 대원군은 삼군부[11]를 부활시켰다. 삼군부는 이내 왕실과 홍선대원군의 친위군이 됐다. 삼군부의 무장을 발탁할 때 종친과 외척을 배제하고 출신 지역과 상관없이 능력 있는 인물을 뽑아 우대했기 때문이다.

비변사로부터 병권을 되찾고 삼군부 군사의 지지를 얻은 홍선대원군은 다음 개혁에 박차를 가했다.

경복궁 중건과
대원군의 부상

서원 철폐로 사대부의 힘이 한풀 꺾이고 기세등등했던 안동 김씨 가문이 조용해지자 대원군은 박수를 받았다. 길게는 수백, 짧게는 수십 년 동안 하지 못했던 개혁을 빠르게 이룬 것은 놀랄 만했다. 세금을 횡령한 관리를 처벌하고 탐관오리를 용서치 않는 신정왕후의 지엄한 교지도 환호를 받았다.

실추됐던 왕실의 위엄이 바로 서기 시작하자 홍선대원군은 경복궁 중건을 추진했다.

"돌이켜보면 익종께서 대리청정으로 바쁘신 가운데에도 여러 번 옛 대

---

11 고종2년(1865년)에 홍선대원군이 다시 조직해 군무·숙위 문제를 담당하고 변방에 관한 사항을 관장했다. 고종17년(1880년) 폐지되어 통리기무아문에 소속됐다가 1882년 임오군란 후에 다시 설치됐다. 그러나 12월에 다시 통리군국사무아문에 소속됐다.

궐터(경복궁)를 돌아보면서 기필코 다시 지으려 하셨지만 미처 착수하지 못하셨다. 헌종께서도 그 뜻을 이어받아 공사하시려 했으나 역시 시작을 못 보시고 말았다. 아! 오늘을 기다리느라 그랬던 것 같지 않은가. 우리 주상(고종)은 즉위하시기 전부터 옛 대궐터로 돌아다니면서 살펴보셨다. (…중략…) 이는 비단 조상의 못다 한 사업을 이으려는 성스러운 뜻일 뿐만 아니라 넓고도 큰 도량이시니 실로 백성들의 복이리라. 우리나라가 발전할 무궁한 터전도 실로 여기이리라."

"이처럼 중대한 사업은 나의 힘으로는 감당하기 힘들다. 그래서 모두 대원군에게 일임했으니 매사를 꼭 그와 의논해 처리하라."

남편 익종을 떠올리며 절절한 교지를 내린 신정왕후는 경복궁 중건을 확정한 후 그 임무를 흥선대원군에게 맡겼다. 흥선대원군은 많은 인력과 자본이 필요한 경복궁 중건을 통해 진정한 권력자로 거듭났다. 공사의 총책임을 맡아 실권을 손에 넣자 인맥을 통해 자본을 확보했고, 이를 토대로 독자적인 세력을 구축했다. 자금이 바닥나자 강제 기부에 해당하는 원납전을 거두고 세금을 인상하거나 추가했으며 심지어 금지했던 매관매직까지 은밀히 부활시켰다. 고종3년(1866년) 중건 중이었던 경복궁의 전각과 목재가 화재로 소실되자 능지뿐 아니라 사유지에서까지 나무를 벌채하고 당백전[12]을

---

12 흥선대원군 정권이 고종3년(1866년)에 발행한 화폐로 모양과 중량이 당시 통용되던 상평통보의 5~6배에 지나지 않았으나 명목가치가 실질가치의 20배에 달할 정도로 대표적인 악화(惡貨)였다. 제작된 지 반년 만에 유통이 중지됐으나 물가 폭등과 재정악화라는 폐단을 낳았다.

발행하기도 했다. 이 과정에서 가까스로 회복세에 오른 재정은 나빠졌고 왕실에 대한 반감도 발생했으나 서원 철폐를 강행했을 때 사대부들의 반발을 개의치 않았던 것처럼 흥선대원군은 백성들의 불만에도 경복궁 중건을 강행했다. 그에게 개혁은 권력을 강화하는 수단이었다.

병인박해와
대원군의 권력 장악

고종3년(1866년) 고종이 열다섯 살이 되자 신정왕후는 수렴청정을 거두었고, 이를 기점으로 흥선대원군은 권력을 완전히 장악했다. 신정왕후가 수렴청정을 거둔 배경에는 천주교 박해가 있었다. 순조와 헌종 때 몇 차례의 박해에도 불구하고 천주교는 암암리에 퍼져 있었다.

천주교는 국법으로 금한 상태였으나, 대원군의 부인 민씨 또한 독실한 천주교 신자였다. 고종의 유모를 통해 천주교를 접한 그녀는 '마리아'라는 세례명까지 받은 상태였다. 흥선대원군도 천주교에 대해 잘 알고 있었고 프랑스 선교사와 교류를 하기도 했으나 풍양 조씨 가문을 실각시키기 위해 천주교 박해를 주장했다. 이를 통해 조영하와 조성하 등 풍양 조씨 계열 인물들이 좌천했고, 아홉 명의 프랑스 선교사가 참수당했으며 수천 명의 신자가 처형당했다. 이 사건이 바로 한국 천주교 사상 최대의 박해라 불리는 병인박해다.

병인박해 이후 신정왕후는 수렴청정을 거두었고 흥선대원군은 무소불위의 권력을 손에 넣었다. 게다가 하늘도 대원군의 편이었다.

같은 해 미국 상선 제너럴셔먼호가 장마로 불어난 대동강을 거슬러 평양에 도착했다. 백성들은 이들을 예의로 대했으나 무장한 선원들은 관리들을 감금하고 교역을 요구했다. 분노한 백성들과 관리들은 평안도 관찰사 박규수의 지휘에 따라 제너럴셔먼호를 공격하고 불태워버렸다. 이후 흥선대원군은 서양과의 교류를 일절 거부하는 통상 수교 거부 정책을 펼쳤다.

그로부터 얼마 지나지 않아 병인박해를 이유로 프랑스가 강화도를 침공했으나 조선군은 이를 막아냈을 뿐 아니라 승리하기까지 했다. 온 국민이 척화와 쇄국을 지지했고 서양 오랑캐를 몰아낸 대원군의 지지도는 더욱 치솟았다. 흥선대원군이 '왕약왈(王若曰)'로 시작하는 전통을 무시하고 '대원위분부(大院位分付)'로 시작되는 공문을 사용하기 시작한 것도 이 무렵이었다. 흥선대원군은 왕위에 오르지만 않았을 뿐 사실상 왕이나 다름없었다.

고종5년(1868년) 독일 상인 오페르트가 통상을 거부하는 대원군을 설득, 사실상 협박하기 위해 남연군의 무덤을 도굴하는 만행을 저질렀다. 분노한 흥선대원군은 병인양요 이후 척화와 쇄국으로 단합된 전국 곳곳에 척화비를 세웠다. 서양이라는 공공의 적과 전쟁이라는 위기는 대원군의 권력을 견고하게 만들었다.

"서양 오랑캐가 침범함에 싸우지 않음은 곧 화의하는 것이요, 화의를 주장하는 것은 나라를 파는 것이다."

예상치 못한
반격

　계속되는 국가의 위기는 대원군에게 힘을 실어주었으나 서서히 반발하는 움직임이 일어나기 시작했다. 가깝게는 친정할 시기를 넘기고 청년이 된 고종과 중전 민씨가 있었고, 서원 철폐에 반대했던 사대부와 유생들이 있었으며, 동학을 따르는 농민들도 있었다. 정치적 부패와 가중된 수탈로 고통받던 백성들 사이에서 평등을 외치던 동학은 전라도, 경상도, 충청도, 강원도 등으로 빠르게 퍼져나갔다. 우리 고유의 민속신앙과 유교, 불교, 도교를 결합한 동학은 체제의 전복을 꾀하는 반란세력이 아니라 척화를 주장하는 흥선대원군의 정책과 비슷했다. 하지만 고종1년(1864년) 혹세무민의 죄로 처형된 교조 최제우의 신원을 줄기차게 주장하던 동학도들은 흥선대원군이 이를 계속해서 거절하자 실망할 수밖에 없었다.

　흥선대원군은 불만을 품은 세력을 제대로 파악하지도, 견제하지도 않았다. 그만큼 자신만만했던 것이다. 하지만 흥선대원군의 실각은 순식간에 이루어졌다.

　고종10년(1873년) 최익현이 대원군의 체제를 비판하는 상소문을 올리자 고종이 이를 '칭찬'하며 그를 호조참판으로 승진시켰다. 반면 최익현의 처벌을 주장하는 관리들은 파직했다. 얼마 후 고종이 최익현을 제주도로 귀양 보내자 조정은 잠시 혼란에 빠졌으나, 곧 고종의 어심을 확인할 수 있었다. '유배'를 통해 최익현의 안전을 보전한 것으로, 이후 고종은 운현궁과 경복궁 사이를 오가는 대원군 전용 출입문을 봉쇄했다. 입궐이 금지된 대원군은 고종의 본심을 알 길이 없어 초조했다. 그는 지난 10년 동안 아들 고종의 마음을 한 번도 헤아려보지 않았기에 이러한 변화를 받아들일 수가 없었다. 그때, 고종이 엄숙하게 선언했다.

"나는 오직 자성(신정왕후)에게 효도할 뿐, 다른 것은 모른다. (…중략…) 그대들은 나와 자성께 충성해야 한다. 그밖에 또 누구에게 충성하려 하는가?"

흥선대원군은 처음 보는 단호한 아들의 모습에 당황했다. 고종에게 다른 속내가 있었다면, 고종이 진작부터 이처럼 총명했다면 몰랐을 리가 없었다. 그제야 흥선대원군은 자신의 손으로 뽑은 중전 민씨를 떠올렸다. 고종은 이미 스물두 살이었기에 흥선대원군의 집권은 명분이 없었다. 생각지도 못하게 권력을 잃은 흥선대원군은 자신의 권리를 빼앗겼다고 생각했다.

실권 이후 발생한
폭탄 테러와 경복궁 화재

고종의 친정이 시작된 지 얼마 지나지 않아 신정왕후의 처소인 경복궁 자경전에 불이 났다. 고종은 사건을 조사하는 대신 흥선대원군이 중건한 경복궁을 떠나 창덕궁으로 이어(移御)[13]했다. 흥선대

---

13 임금이 거처하는 곳을 옮기는 것

원군도 운현궁을 떠나 양주로 내려갔다.

1년 후인 고종11년(1874년)에는 중전 민씨의 어머니와 오빠 민승호 그리고 어린 조카가 폭탄 테러를 당했다. 민승호 앞으로 온 상자를 연 순간 폭탄이 터진 것이다. 중전 민씨의 어머니와 조카는 즉사했고, 민승호는 전신 화상으로 밤새 고통에 시달리다가 동틀 무렵 숨을 거두었다. 세간에서는 폭탄을 보낸 배후가 대원군이라는 소문이 돌았다. 이 사건으로 중전 민씨와 대원군은 돌이킬 수 없는 원수가 됐다.

한양을 떠난 대원군은 서슬 퍼런 눈으로 고종과 중전 민씨에 대한 불만의 소리에 귀를 기울였다. 그는 사대부와 백성들이 고종에게 실망하기를 기다렸다. 그래야 권력을 되찾을 기회가 올 테니까. 그리고 그의 바람은 현실이 됐다. 고종이 친정을 시작한 지 얼마 지나지 않아 운요호 사건이 일어난 것이다.

제물포를 거쳐 강화도에 접근한 일본 군함 운요호는 조선의 접근 금지 경고를 무시한 채 강화도로 밀고 들어왔다. 조선에서 부득이하게 발포하자 응사를 해왔다. 조선 수군과 주민은 막대한 피해를 보았다. 하지만 일본은 조선이 먼저 발포해 어쩔 수 없이 응전했다고 주장하며 개항을 요구했다. 고종11년(1874년) 2월, 조선은 최초의 근대적 조약이자 불평등 조약인 조일수호조규, 일명 '강화도 조약'을 체결했다.

불과 몇 년 전 서양과의 전투에서 승리를 거두었던 조선이 일본에 패배하고 불평등 조약을 체결하자 비난 여론이 들끓었다. 이에 대원군은 고종이 문제를 해결하기 위해 자신을 부르리라 믿었다. 하지만 고종은 시대의 변화에 적응하기 위해 노력할 뿐 대원군을 찾지 않았다. 그리고 그해 11월, 경복궁에 다시 화재가 발생했다. 이번에는 왕비의 침전인 교태전에서 화재가 시작돼 열다섯 개가 넘는 전각을 잿더미로 만들었다. 왕실의 위엄을 세우고자 백성의 고혈로 중건한 경복궁이 정치 싸움으로 인해 손실된 것이다.

임오군란과
짧은 재집권

고종18년(1881년) 8월, 고종의 이복형이자 대원군의 서자인 이재선을 임금으로 추대하려 했던 역모가 드러났다. 가담한 인물 대부분은 대원군과 가까운 관계였다. 이재선은 사약을 받았다. 이제 대원군에게 고종은 임금이 아니라 권력을 빼앗아간 정적이었다.

고종19년(1882년) 대원군에게 기회가 왔다. 임오년이었던 그해는 가뭄이 심해 흉작으로 이어졌고 민심 또한 흉흉해졌다. 이때 1년째 급료를 받지 못한 오군영 소속 군인들의 불만이 폭발한 사건이 일어났다. 우선 지급하기로 약속된 한 달치 급료를 받기 위해 선혜청 앞에 모인 이들에게 겨와 모래가 잔뜩 섞인 쌀을 지급한 것이다. 분노한 군인들은 선혜청 책임자 민겸호의 집으로 쳐들어가 민겸호와 하인을 때려죽이고 흥선대원군의 형 흥인군 이최응까지 죽인 후 창덕궁으로 몰려가 중전 민씨를 찾았다. 왕비를 죽이기 위해 군인들이 대궐을 습격한 이 사건을 임오군란이라고 한다. 이때 폭도로 변해버린 군인들의 배후에 대원군이 있었다고 전해진다.

흥선대원군은 임오군란으로 10년 만에 권력을 되찾았고, 중전 민씨는 구사일생으로 창덕궁을 빠져나가 목숨을 건졌다. 대원군은 고종을 폐위하고 장손 이준용을 왕으로 즉위시킬 계획이었다. 당시 이준용은 열세 살로 그를 왕으로 세우면 적어도 7년은 자신이 다시 권력을 장악할 수 있을 터였다. 하지만 고종이 너무나 순순히 권력을 이양하는 바람에 임금을 교체할 명분을 잃었다.

고종으로부터 전권을 받은 대원군은 중전의 죽음을 선포하고 장례를 명했다. 중전 민씨가 다시는 궁으로 돌아와 왕비의 자리에 앉지 못하게 조치한 것이다.

임오군란으로 대원군은 권력을 되찾았으나 조선은 많은 것을 잃어야 했다. 임오군란 당시 교관이 살해당하고 공사관이 불에 타는 바람에 명분이 생긴 일본은 피해보상을 요구하며 조선에 군대를 파견했고, 사태를 지켜보던 청나라도 군사 5천 명을 보냈다. 운현궁을 방문한 청나라 군사들은 예를 갖추었다. 이에 대원군은 안심하고 그들이 주둔하는 동별영을 방문했는데, 돌변한 청나라 군사들이 대원군과 그의 장남 이재면을 감금하고 임오군란을 일으킨 군인들과 그 가족들을 몰살했다. 그리고 대원군을 텐진으로 압송했다.

권력을 빼앗긴 지 9년, 대원군은 다시 자신의 천하가 올 것이라 믿었으나 결과는 참담했다. 자신의 손으로 재건한 경복궁은 잿더미가 됐고 역모는 실패로 돌아가 아들(서장자 이재선)을 잃었으며 포로의 신세로 압송됐다. 왕실의 위엄은 땅으로 떨어졌고 청나라는 조선의 내정에 간섭할 명분을, 일본은 조선에 군대를 주둔시킬 명분을 손에 넣었다. 권력을 향한 대원군의 집착이 열강의 침략 앞에 놓인 조선의 위태로운 운명을 앞당긴 것이다.

갑신정변,
급진 개화파와 손을 잡다

임오군란은 조선의 체제가 얼마나 빈약한지, 고종이 얼마나 무능한지를 백성들은 물론 전 세계에 보여준 사건이었다. 고요한 은둔의 나라 조선의 민낯은 막장 그 자체였다. 군인들은 제 나라 왕비를 죽이겠다며 대궐로 쳐들어가 난동을 부렸으나 임금은 이를 수습하지 못했다. 군인들과 함께 입궁해 왕비의 죽음을 선언하고 고종을 허수아비로 만든 장본인은 임금의 아버지였다.

대원군이 청나라로 압송된 지 한 달 후 창덕궁으로 돌아온 중전 민씨는 대원군을 증오했고, 권력에 집착했으며, 백성을 믿지 않게 됐다.

임오군란 이후 고종과 중전 민씨는 영국, 독일, 이탈리아, 러시아 등의 열강과 수교를 맺었다. 서구 열강의 탐욕을 조선의 힘으로 막을 수 없다면 열강을 이용해 열강을 막겠다는 이이제이(以夷制夷) 전략을 택한 것이다. 중전 민씨는 외교 능력이 탁월했으나 그녀에게 가장 중요한 것은 본인의 안전과 권력 유지였다.

하지만 고종21년(1884년) 중전 민씨는 믿었던 개화파로부터 배신을 당했다. 김옥균을 위시한 급진 개화파가 갑신정변을 일으킨 것이다. 우정국 개국 축하연에 맞춰 폭탄을 터트리고 불을 지른 개화파는 민태호, 민영목, 조영하 등 중전 민씨 세력을 집중적으로 제거했다. 중전 민씨의 조카 민영익은 개화파의 칼에 맞았으나 간신히 목숨을 건졌다. 미리 일본과 손을 잡은 김옥균은 고종과 중전 민씨를 인질로 삼았다.

개화파는 서둘러 내각을 구성했는데 이때 대원군의 세력을 대거 임명했다. 대원군의 조카 이재원과 이재완은 각각 영의정과 병조판서에, 장남 이재면은 좌찬성에 임명됐다. 이재면의 아들이자 대원군이 사랑하는 손자 이준용도 벼슬을 받았다.

정변 사흘째 되던 날, 김옥균은 14개조의 정강(政綱)[14] 정책을 발표했는데, 그 첫 번째가 바로 청나라에 압송된 대원군을 최대한 빨리 모셔온다는 것이었다.

개화파는 외세를 끌어들이고 일본의 군사력에 의존했으며 척화의 상징과도 같은 대원군 세력과 손을 잡고 정변을 성공시켰다. 고종은 신하의 손에 볼모로 잡히는 치욕을 다시 겪었고, 대원군은 재집권의 기회를 얻었다. 하지만 고종과 중전 민씨는 청나라 군사에게 은밀히 도움을 요청했고, '조선 총독'의 임무를 맡은 위안스카이는 다케조 일본 영사를 압박해 병력을 철수시켰다. 위안스카이가 이끄는 청나라 군사들이 창덕궁에 도착하자 정변을 주도한 김옥균, 박영효, 서재필 등은 다케조를 따라 일본으로 망명했다.

대원군의 귀환과
역모

갑신정변이 일어난 이듬해 청나라와 일본은 텐진조약을 체결했다. 각자의 주둔군을 조선에서 철수시키고, 이후 조선이 청나라나

---

14 정당이 이루고자 하는 정책의 대강

일본에 파병을 요청하면 파병 전에 상대국에 통보하며, 문제가 해결된 후에는 군대를 철수한다는 것이 조약의 주요 내용이었다. 텐진조약은 조선을 두고 청나라와 일본이 맺은 조약이지만 조선의 입장은 철저하게 배제되어 있었다.

고종이 친정을 시작한 지 10년째 되던 해에 일어난 갑신정변은 참담하게 끝났고, 텐진조약 체결 후 청나라는 고종을 압박하기 위해 대원군을 조선으로 돌려보냈다.

청나라 군대의 호위를 받으며 제물포를 거쳐 한양으로 돌아온 대원군은 고종 내외가 자신을 환대하고 순종하길 기대했으나 고종은 아버지를 외면했다. 고종의 마음을 확인한 대원군은 또다시 장남 이재면을 왕으로 세우려는 역모를 계획했으나 실패했다. 역모죄는 삼족을 멸하고 능지처참으로 다스리는 것이 국법이었으나 고종은 친형과 아버지를 처형하지 못했다. 그러자 대원군은 고종 23년(1886년) 위안스카이와 손을 잡고 장손 이준용을 왕위에 앉히려는 역모를 재차 꾀했다. 하지만 이번에도 사전에 발각되어 실패했다. 세 번이나 역모를 꾀하고도 임금의 아버지라는 이유로 용서받은 대원군은 이후로도 권력에 대한 미련과 집착을 놓지 못했다.

대원군과 고종은 대립했고, 중전 민씨의 일족들은 왕권을 위협하지 않는다는 이유로 권력을 차지한 채 탐욕스럽게 재산을 축적했으며, 백성은 난민으로 전락했다. 이런 상황에서 고종31년(1894년) 1월, 전봉준을 위시한 동학농민군이 전라남도 고부군(지금의 정읍)의 탐관오리 조병갑의 행패와 수탈을 견디지 못하고 봉기했다.

동학농민운동과
청일전쟁

고부군의 봉기는 순식간에 대규모 무장투쟁으로 전개됐다. 대원군과 고종은 고부군의 봉기가 이제까지의 민란과는 다름을 알아차렸다. 고종은 조병갑을 체포하고 이용태를 안핵사[15]로 파견해 민심을 달랬다. 하지만 이용태가 오히려 고부 백성을 겁박하며 강압적인 수사를 펼치면서 상황은 걷잡을 수 없이 커졌다. 동학농민군은 순식간에 전라도를 장악했다. 비옥한 곡창지대를 다스리며 백성들을 마음껏 수탈해온 수령들은 농민군이 도착하기도 전에 관아를 버리고 도망쳤다.

고부에서 봉기를 일으키기 1년 전, 전봉준은 운현궁에서 대원군을 만난 적이 있었다. 고종은 동학농민군과 대원군의 야합을 의심했고, 동학농민군이 관아를 습격하자 그들을 폭도로 규정했다. 고종은 신식 무기를 갖춘 관군을 보냈으나 전투에서 대패했고, 농민군은 조선 왕실의 본거지인 전주성을 점령했다. 당황한 고종은 청나라에 파병을 요청했다. 청나라 군대가 조선에 들어오자 텐진조약에 따라 일본군도 부산과 인천을 통해 조선에 들어왔다.

고종31년(1894년) 6월, 대원군은 고종을 협박하기 위해 무장한 군인을 앞세워 대궐을 점령한 일본 공사와 함께 경복궁에 입성했다. 무력에 굴복한 고종은 12년 전 임오군란 때처럼 대원군에게 업무와 군무를 넘겼다. 일본과 손잡은 대원군은 중전 민씨 세력을 숙

---

15 민심을 수습하고 사건의 진상을 조사하는 특별 임무를 맡은 관리

청하고 내각을 새로 구성했다.

한편, 동학농민군을 진압하던 청나라와 일본은 아산만에서 격돌했다. 청일전쟁의 시작이었다. 이때 대원군과 일본의 연합에 균열이 일어났다. 대원군은 중전 민씨와 고종의 폐위를 원했다. 고종의 폐위가 어렵다면 양위의 형식을 빌려 손자 이준용을 왕위에 앉힐 계획이었다. 그러나 일본은 대원군의 야심과 권력욕을 이용했을 뿐 그의 요구사항을 들어줄 생각은 없었다. 이에 대원군은 재빨리 태도를 바꿔 청나라 및 동학농민군과 은밀하게 접촉했다. 반일 감정을 가진 청나라와 동학농민군을 이용하려 한 것이다.

대원군이 변심하자 일본은 고종과 협상을 시도했다. 권력을 돌려주는 대신 갑신정변 실패 후 일본에 망명한 친일 개화파를 사면하고 그들을 주요 관리로 임명하는 조건이었다. 고종이 이를 수락하면서 대원군은 다시 권력을 빼앗겼다. 이때 이준용의 역모가 드러났는데 대원군 부인 민씨의 선처 호소와 각국 공사들의 개입으로 사형이 아닌 유배가 결정됐다. 간신히 손자의 목숨을 살린 대원군은 다시 쫓겨났다. 고종10년(1873년) 최익현의 상소로 실권한 후 20년 동안 세 번의 역모를 일으켰다가 가까스로 목숨을 부지했고, 세 번이나 재집권에 성공했으나 모두 짧은 춘몽으로 끝난 것이다.

대원군의 재집권은 실패했으나 동학농민군은 일본군 축출을 위해 북진했다. 서울을 점령한 후 일본군을 축출할 계획이었다. 하지만 북진하던 중 충청도 공주 부근에서 벌어진 우금치 전투에서 일본군과 연합한 관군에게 몰살당하고 말았다. 살아남은 농민군은 흩어졌고 전라도 순창으로 몸을 피한 전봉준은 12월에 체포되어 이듬해 처형당했다. 이후 일본은 야욕을 드러내며 동학 잔당을 토벌한다는 명목으로 조선 백성을 마구잡이로 죽이고 약탈을 자행했으나 고종도, 대원군도 이를 막지 못했다. 권력을 향한 지배층의 집착과 무능이 조선의 망국을 앞당기고 있었다.

시모노세키 조약과
을미사변

고종32년(1895년) 3월, 동학농민군 토벌이 어느 정도 정리되자 일본은 청일전쟁의 마무리를 위해 시모노세키에서 조약을 체결했다. 청일전쟁에서 패배한 청나라는 일본의 조건을 모두 수용했다. 일본은 제1조에서 조선이 완전한 자주독립국임을 선언했다. 이는 청나라와의 충돌 없이 조선을 마음껏 침략하기 위한 초석이었다.

시모노세키 조약에서 일본이 청나라에 요구한 것은 요동반도였다. 조선 침략의 초석을 만들고 요동반도를 얻은 일본은 동양 최초로 열강의 입지를 세운 것에 기뻐했으나 이내 좌절하고 만다. 러시아, 프랑스, 독일이 요동반도를 청나라에 돌려줄 것을 요구한 것이다. 당황한 일본은 영국과 미국에 도움을 청했으나 러시아가 함대를 파견하며 위협하자 배상금을 받는 조건으로 요동반도를 포기할 수밖에 없었다.

이 과정에서 고종과 중전 민씨는 일본을 굴복시킨 러시아에 깊은 감명을 받았다. 이후 고종은 일본의 요구로 구성된 친일 개화파 내각의 주요 인물들을 사직시키고 그 자리에 친미파와 친러파 색채가 짙은 인물들을 임명했다. 이미 요동반도를 잃은 일본은 조선

대원군의 권력 득실에 따른 사건들

고종1년(1864년)	서원 철폐, 김좌근(안동 김씨 세도정치의 수장) 은퇴
고종2년(1865년)	비변사 폐지, 삼군부 부활, 경복궁 중건 공사 시작
고종3년(1866년)	제너럴셔먼호 사건, 고종 가례, 경복궁 화재 발생 천주교 박해(병인박해), 대왕대비 조씨 수렴청정 중단 병인양요
고종5년(1868년)	오페르트 도굴사건, 척화비 건립
고종10년(1873년)	최익현의 상소, 대원군 실권(타의적 잠정 은퇴) 고종 친정, 경복궁 화재, 창덕궁 이어
고종11년(1874년)	중전 민씨 일가(어머니, 양오빠, 조카) 폭탄 테러 사망
고종12년(1875년)	운요호 사건
고종13년(1876년)	강화도조약 체결
고종18년(1881년)	이재선(대원군 서장자, 고종 이복형) 역모, 처형
고종19년(1882년)	6월: 임오군란, 대원군 재집권, 중전 민씨 사망 선언 7월: 청나라 군대 개입, 대원군 텐진 억류 8월: 중전 민씨 환궁
고종21년(1884년)	갑신정변
고종22년(1885년)	청나라와 일본 텐진조약 체결
고종23년(1886년)	대원군 귀환 이재면(대원군 장남, 고종 친형) 역모 사전 발각 이준용(대원군 장손) 역모 사전 발각
고종31년(1894년)	동학농민혁명, 청나라와 일본 개입, 대원군 재집권 동학농민군 토벌, 전봉준 처형, 청일전쟁
고종32년(1895년)	시모노세키조약, 을미사변
고종33년(1896년)	아관파천, 대원군 완전 은퇴, 낙향
1898년	민씨 부인 사망(1월), 대원군 사망(2월)

이 러시아와 친밀한 외교 관계를 형성하자 긴장했다. 조선이 러시아를 비롯한 열강의 도움을 받아 진정한 독립국 지위를 유지한다면 청일전쟁 승리에도 얻는 것이 없는 셈이었다.

고종32년(1895년) 일본은 조선 주재 일본 공사를 군인 출신 미우라 고로로 교체했다. 친러 정책을 주도하는 중전 민씨를 제거하기 위해서였다. 이를 위해 미우라 공사는 대원군을 포섭했다. 대원군은 미심쩍어하면서도 권력을 위해 일본이 내민 손을 잡았다. 자정을 훨씬 넘긴 밤, 무장한 일본 낭인들은 대궐로 쳐들어가 고종과 중전 민씨를 찾아냈다. 일본군이 경복궁을 에워싼 가운데 낭인들은 중전 민씨를 시해하고 시신을 불태웠다. 중전 민씨가 일본 낭인들에게 시해된 이 사건이 바로 을미사변이다.

날이 밝을 무렵, 미우라 공사와 함께 입궁한 대원군은 반쯤 넋을 잃은 고종에게 중전을 폐위하고 정권을 넘길 것을 요구했다. 을미사변으로 일본은 조선 지배권을 확립했고 고종은 아내이자 동지였던 중전을 잃었으며 또다시 아버지에게 권력을 이양했다.

중전 민씨의 참혹한 최후는 조선 백성들의 반일 감정을 불러일으켰다. 대원군 시절을 그리워하고 중전 민씨와 그 일족을 비난했던 백성들은 전국에서 의병을 일으켜 일본군을 습격했다. 의병활동은 일본이 조선을 병탄한 후 독립운동으로 이어졌다. 중전 민씨는 '중전마마'로 백성들의 가슴에 남았고, 대원군은 빠르게 잊혀갔다.

을미사변 이듬해인 1896년 2월, 고종과 세자는 일본군이 감시하는 경복궁을 탈출해 러시아 공사관으로 피신했다. 러시아는 고종의 신변을 보호하며 일본이 조선에서 차지했던 이권 사업을 가져갔다.

경복궁에 남은 친일 내각은 붕괴했고, 러시아 공사관 출입이 가능한 소수의 친러파가 득세했다.

을미사변 이후 대원군은 그토록 원했던 권력을 장악하지 못했고, 아관파천이 일어나자 한양을 떠나 양주로 낙향했다. 러시아 공사관에서 1년을 보낸 고종은 1897년 2월, 최익현의 상소와 독립협회의 청원을 수렴해 경복궁으로 환궁했다.

1898년 2월, 대원군이 일흔아홉의 나이로 세상을 떠났다. 한성부는 임금의 아버지인 대원군의 장례를 7일장으로 치렀으나 고종은 끝내 참석하지 않았다.

명성황후

"불행을 욕망의 동력으로 삼은 왕비"

이름 **민자영**

소속 **왕실**

인생을 바꾼 순간 **어머니가 돌아가시던 날**

결정적 실수 **"아직도 모르겠다. 도대체 무엇이 문제였을까?"**

애증의 대상 **대원군!**

한 줄 평 **지존의 사랑을 받고 권력을 얻었건만 결국 내 몸 하나 지킬 수가 없었네**

고

종21년(1884년) 경우궁

시정잡배 같은 놈들이 고종과 왕비를 위아래로 훑어보며 침을 뱉더니 비웃음을 터트렸다. 왕비의 얼굴은 하얗게 질려갔다. 조카 민영익이 반 시신이 된 모습을 본 왕비는 이미 제정신이 아니었다. 보다 못한 내관 유재현이 김옥균을 비롯한 무뢰배들에게 소리쳤다.

"전하께서 계신 곳에서 이게 무슨 망동이란 말이오!"

왁자지껄하던 웃음소리가 순간 잦아들었다. 김옥균은 비릿하게 미소를 짓더니 일본군에게 눈짓을 했다. 일본군은 기다렸다는 듯 총을 세워 내관을 마구 구타한 후 칼을 뽑아 들었다.

"죽이지 마라! 죽이지 말란 말이다!"

기함한 고종이 외쳤다. 하지만 일본군의 칼은 사정없이 유재현의 몸을 갈랐다.

"으악!"

유재현이 고종과 왕비의 눈앞에서 시뻘건 피를 뿜으며 쓰러졌다. 허공에서 버둥대던 고종의 손도 힘없이 무릎으로 떨어졌다. 질끈 감은 눈에서 눈물이 흘렀다. 이제 경우궁에 자신과 왕비를 지켜줄 이는 아무도 없었다. 총칼로 무장한 일본 경찰과 군인들이 담장을 에워싸고 있었다.

왕비는 핏발이 선 눈으로 김옥균을 노려보았다. 김옥균은 왕비의 시선을 그대로 마주하며 고종에게 정강을 전했다. 고종은 떨리는 손으로 종이를 펼쳤다.

첫째, 대원군을 즉각 환국케 하고 청나라에 대한 사대, 조공 허례를 폐지할 것

"하!"

정강의 첫 조장을 본 왕비는 몸을 떨더니 개화파를 매섭게 쏘아보았다. 들숨과 날숨마다 고통과 치욕이 온몸을 타고 돌았다. 왕비는 이를 악물며 주먹을 쥐었다. 얼마나 힘을 주었는지 손톱이 손바닥을 파고드는 것이 느껴졌다.

'대원군을 즉각 환국하게 하라?'

왕비는 개화파가 건넨 정강의 첫 항을 읽고 또 읽었다.

'이런 미친놈들을 보았나! 몇 번이나 국모를 죽이려 한 대원군을 다시 데려오라니, 네놈들은 대체 누구의 신하란 말이냐! 이 위기를 벗어나기만 하면 모두 가만두지 않겠다. 네놈들 하나하나 사지 육신을 산산조각 낼 것이다! 반드시! 오늘의 일에 대해 반드시 책임을 물을 것이야!'

영원히 지나지 않을 것 같은 밤이 지나고 아침이 왔다. 왕비는 거울을 보며 표정을 가다듬었다. 위기를 넘기려면 일단 찢어 죽여도 시원치 않을 역도들을 구슬러야 했다.

"김 공, 정강은 잘 보았소. 하나하나 경의 우국충정이 담겨 있더군. 개혁은 전하도 나도 늘 바라는 바였소. 이를 잘 실현하려면 전하께서 교지를 내리셔야 하는데 경우궁에서 내린다면 교지에 위엄이 서지 않을 것이오. 게다가 경우궁은 대책을 논하기에 너무 좁고 불편하니 오늘 중으로 창덕궁으로 가야겠소."

부드럽고 자애로운 왕비의 목소리에 김옥균은 소름이 돋았다. 무언가 불길한 예감이 들었으나 왕비의 청을 거절할 수도 없었다.

그날, 고종과 왕비는 창덕궁으로 이어했다. 곧이어 청나라 대군이 한양에 들어왔다는 소식이 들려왔다. 창덕궁에서 점심 수라상을 받은 고종과 왕비는 조심스럽게 상 아래를 더듬거렸다. 과연 종이가 붙어 있었다.

'영익 치료 중. 궁을 옮길 것. 청나라에 순응할 것.'

상 밑에 붙어 있던 종이에는 짧지만 다양한 소식이 담겨 있었다. 내용을 확인한 왕비는 종이를 국그릇에 담갔고 상궁은 얼른 국에 담긴 종이를 잘게 찢어 들이켰다. 상궁이 국그릇을 깨끗하게 비우는 것을 확인한 왕비는 수저를 내려놓았다. 상을 내가는 상궁이 왕비를 보며 작게 고개를 끄덕였다. 흥분 때문인지 두려움 때문인지 몸이 떨려왔다. 청나라 군대가 제때 오기만 한다면 오늘 중으로 저들은 모두 역도가 될 것이었다. 왕비는 고종의 손을 꼭 잡았다.

"미안하오."

고종이 왕비를 보며 조용히 말했다. 늘 대원군이 문제였다. 그때마다 고종은 왕비를 볼 면목이 없었다.

"아닙니다. 종묘사직을 생각하시어 마음을 굳건히 하소서. 전하 곁에는 제가 있습니다."

왕비는 오히려 미소를 지으며 고종을 위로했다. 그 말에 마음이 놓인 고종은 왕비의 가녀린 어깨에 머리를 기댔다.

종친이자 정치가였던 흥선대원군에 대한 평가는 비교적 좋은 편이다. 그의 가족이 훗날 친일을 선택했거나 애국을 선택했거나 대중들은 흥선대원군 자체만을 바라보며 평가한다. 흥선대원군에 대해 잘 알지 못한다 해도 '격동의 시대를 대표하는, 어쨌거나 대단했던 분'으로 존경하고 찬탄하기도 하고 부러워하기도 한다.

반면 흥선대원군과 동시대를 살았던 명성황후에 대한 평가는 극과 극을 달린다. 조선의 멸망을 재촉한 사악한 왕비라는 평가가 있는가 하면, 조선의 자립을 꾀하기 위해 서구 열강을 상대로 외교를 펼치다가 일본의 손에 시해된 비운의 왕비라는 평가도 있다.

흥선대원군과 명성황후는 권력을 추구하고 권력을 사랑했다는 점에서 닮았다. 어쩌면 두 사람은 서로를 이해할 수 있는 유일한 상대였을지도 모른다. 그러니 이들은 동지가 될 수도 있었을 것이다. 하지만 누구보다 영민했고, 시대와 권력의 흐름에 민감했으며, 어렵게 손에 넣은 권력을 나누고 싶지 않았던 두 사람은 결국 강력한 경쟁자가 될 수밖에 없었다. 흥선대원군과 명성황후의 처절했던 권력 다툼은 한심하면서도 안타깝고, 욕되면서도 영광스러웠던 조선의 마지막 모습을 보여준다. 이 과정에서 보이지 않게 가장 중요한 역할을 한 인물은 고종이다. 두 사람이 그토록 갈구한 권력을 줄 수 있는 사람은 오직 고종뿐이었기 때문이다.

명문가의
고명딸

명성황후는 노론 명문가인 여흥 민씨 가문의 딸로 태어났다. 그녀의 아버지 민치록은 인현왕후의 아버지 민유중의 5대손이었다. 명성황후의 집안은 민유중의 제사를 주관하는 종가였으나 안타깝게도 손이 너무나 귀했다. 민유중의 손자 민익수부터 민백분, 민기현, 민치록에 이르기까지 모두 외동아들이었다.

노론 강경파였던 명성황후의 선조들은 숙종과 경종, 영조 시대에 정계를 주도했으나 정조가 즉위한 후 벼슬길이 막혔다. 이에 본가인 여주에 종가를 마련해 낙향했다. 다행히 제23대 순조 때부터는 벼슬길이 다시 열려 명성황후의 할아버지 민기현은 대사간, 도승지 등의 벼슬을 역임했고 충청 감사와 개성 유수 등 외직에도 나아갔다. 그는 한양에 머물 때, 인현왕후가 자란 곳이자 그녀가 폐출될 당시 머물렀던 안국동 집에서 지냈다. 이 집의 대청에는 영조가 직접 쓴 '감고당(感古堂)'이라는 현판이 걸려 있어 훗날 감고당이라 불리게 됐다.

정조22년(1799년)에 태어난 민치록은 지극히 평범한 인물이었다. 그는 순조14년(1814년) 한 살 연상의 해주 오씨와 혼인했다. 민치록의 장인 오희상은 안동 김씨 가문 출신의 산림 김원행의 학풍을 계승한 존경받는 학자였다. 오희상의 장녀는 민치록과, 차녀는 김보근과 혼인했으니 여흥 민씨와 안동 김씨는 혼맥으로 단단히 연결된 셈이었다. 덕분에 순조26년(1826년) 민치록은 음서로 장릉[16] 참봉이 됐고, 이후 과천 현감, 임피 현령 등 주로 외직을 돌았다.

비록 오씨 부인에게서 아들을 얻지는 못했고 하나 낳은 딸도 일찍 세상을 떠났으나 오씨 부인의 친정은 민치록에게 든든한 울타리였다. 하지만 그녀는 순조33년(1833년) 서른여섯 살의 젊은 나이로 세상을 떠났다. 민치록은 스무 살도 되지 않은 이씨를 두 번째 아내로 맞았고, 이 어린 아내는 연달아 두 딸과 아들을 낳았다. 그러나 안타깝게도 세 아이 모두 일찍 세상을 떠났다. 그러던 중 철종2년(1851년) 9월 25일, 막내딸이 태어났다. 쉰이 넘어서 얻은 귀한 늦둥이였다.

아들이 없었던 민치록은 민치구의 둘째 아들 민승호를 양자로 들였다. 당시 민승호는 이미 장성한 나이였고 누나는 흥선군의 부인이었다.

철종8년(1857년) 쉰아홉이 되던 해에 민치록은 영천 군수에 임명됐다. 하지만 부임한 지 얼마 지나지 않아 병을 얻어 다시 여주로 돌아왔고, 이듬해에 세상을 떠났다. 명성황후는 아홉 살, 민승호는 스물아홉 살이 되던 해였다.

한양에서의 새로운 삶

명성황후는 어머니와 함께 여주에서 아버지의 삼년상을 치른 후 한양으로 올라왔다. 한양에는 오빠 민승호가 있었다. 민치록의

---

16 제16대 인조와 왕비 인열왕후 한씨의 능

양자가 된 민승호는 철종12년(1861년) 민유중의 봉사손[17] 자격으로 관직에 올랐으니 양어머니 이씨와 여동생 민씨를 부양할 만했다.

한양으로 터전을 옮긴 명성황후는 민승호의 집에서 새로운 생활을 시작했다. 이때 명성황후는 민승호의 친누나이자 12촌 언니이며 훗날 시어머니가 될 흥선군의 부인을 처음 만났다.

이 무렵 흥선군은 차남 이재황을 왕위에 올리기 위해 한창 물밑 작업을 하고 있었다. 흥선군 부부는 책 읽기를 좋아하고 책을 두세 번 읽는 것만으로도 외울 만큼 비상한 기억력을 타고난 명성황후를 눈여겨보기 시작했다.

명성황후가 한양에 올라온 지 3년째 되던 1863년 12월, 철종이 승하했다. 진즉 흥선군과 밀약을 나눈 신정왕후는 흥선군의 차남 이재황을 효명세자의 양자로 삼아 왕위에 올렸다.

1864년 1월, 이제 막 열세 살이 된 고종은 임금이 됐고, 흥선군은 흥선대원군으로 승격됐으며, 그의 부인 민씨도 여흥부대부인으로 승격했다. 무엇보다 살아 있는 몸으로 대원군의 자리에 앉은 흥선대원군의 지위와 권세는 순식간에 달라졌다. 영특함과 총명함이 남달랐던 명성황후는 흥선대원군의 변화를 가까이서 지켜보며 권력을 꿈꾸기 시작했다.

---

17 조상의 제사를 맡아 받드는 자손

왕비의
자리에 앉다

1864년 1월, 명성황후는 친정어머니 이씨, 양오라비 민승호와 함께 안국동 저택 감고당으로 들어갔다. 이때 명성황후의 꿈에 인현왕후가 나타나 그녀가 왕비가 될 것을 예언했다고 한다. 고종의 〈행록〉에 따르면 명성황후의 꿈에 등장한 인현왕후는 그녀에게 옥으로 만든 구슬을 주며 이렇게 말했다.

"너는 마땅히 나의 자리에 앉을 것이다. 너에게 복된 아들을 주리니, 우리나라 억만 년의 무궁한 복을 편안케 하리라."

인현왕후는 명성황후의 친정어머니 이씨의 꿈에도 등장해 이렇게 말했다고 한다.

"이 아이를 잘 가르쳐야 한다. 나는 종묘사직을 위해 크게 기대한다."

인현왕후의 예언은 반은 맞고 반은 틀렸다. 명성황후는 왕비가 됐으나 우리나라 억만 년의 무궁한 복을 편안케 하지는 못했으니 말이다.

어쨌든 명성황후는 왕비를 꿈꾸기 시작했고, 그러는 사이 철종의 삼년상이 끝났다. 고종3년(1866년) 2월, 고종은 열다섯 살이 됐고, 신정왕후는 수렴청정을 거두었다. 그리고 왕비 간택이 시작됐다.

〈매천야록〉에 따르면 고종이 왕위에 오르기 전 흥선군은 안동 김씨 가문의 젊은 수장 김병학을 비밀리에 만나 장차 그의 딸을 왕비로 삼겠다는 약속을 했다고 한다. 외척 지위를 유지할 수 있게 해준다는 제안이었고, 그래서 안동 김씨 가문은 고종의 즉위를 반

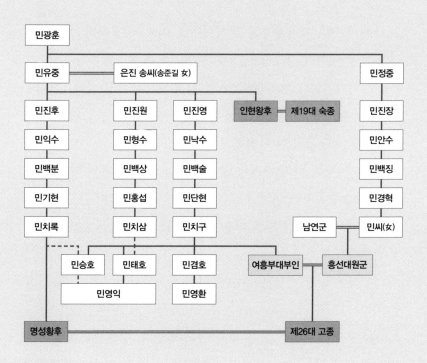

조선 후기 여흥 민씨 가계도

민광훈

민유중 === 은진 송씨(송준길 女)　　민정중

민진후　　민진원　　민진영　　인현왕후 === 제19대 숙종　　민진장

민익수　　민형수　　민낙수　　민안수

민백분　　민백상　　민백술　　민백징

민기현　　민흥섭　　민단현　　민경혁

민치록　　민치삼　　민치구　　남연군 === 민씨(女)

민승호　　민태호　　민겸호　　여흥부대부인 === 흥선대원군

민영익　　　　민영환

명성황후 === 제26대 고종

대하지 않았다는 것이다. 고종은 자신의 즉위에 이렇게 복잡한 사연이 있다는 것을 알지 못했다. 알 필요도 없었고, 알려준 사람도 없었다. 왕위는 고종의 것이었으나 왕권은 아버지 흥선대원군의 것이었기 때문이다.

고종3년(1866년) 2월 25일, 민치록의 딸과 김우근의 딸, 조면호의 딸 등이 초간택에서 뽑혔다. 이로써 안동 김씨 가문과 풍양 조씨 가문의 체면을 세워준 흥선대원군은 2월 29일 진행된 재간택에서 민치록의 딸을 왕비로 확정했다. 최종 간택이 진행된 3월 6일, 민치록은 영의정에 추증됐고, 그가 그토록 애지중지했던 늦둥이 막내딸은 고종의 왕비로 결정됐다. 같은 날, 명성황후는 감고당에서 시댁 운현궁으로 거처를 옮겼다. 혼례를 치르기 전까지 왕비 수업을 받기 위해서였는데, 이 역시 흥선대원군의 뜻이었다.

3월 9일, 경복궁 인정전에서 납채[18]례를 하고, 3월 20일 같은 장소에서 책비[19]례를 행했다. 왕비의 납채례와 책비례를 경복궁 인정전에서 행한 것은 의미심장했다. 흥선대원군은 임진왜란 이후 방치되다시피 했던 경복궁 재건에 힘을 쏟고 있었는데, 경복궁 재건은 단순히 궁을 보수하는 것이 아니라 무너진 조선 왕실의 위엄을 다시 세운다는 의미도 있었기 때문이다. 명성황후는 거의 300년 만에 경복궁에서 납채례와 책비례를 행한 왕비였다.

3월 21일, 명성황후는 운현궁에서 고종과 가례를 올렸다. 고종과 명성황후의 결혼식은 흥선대원군의 권력을 보여주는 자리이기도 했다.

결혼식을 마친 고종과 명성황후는 가마를 타고 창덕궁으로 가서 첫날밤을 보냈고, 다음 날 경복궁 인정전에서 신하들에게 축하를 받았다. 이로써 열다섯 살의 고종과 열여섯 살의 명성황후는 부부가 됐다.

---

18 남자 집에서 혼인을 하고자 예를 갖추어 청하면 여자 집에서 이를 받아들이는 것
19 비빈(妃嬪)으로 책봉하던 일

명예롭고
외로운 나날

혼례를 치를 당시 자신보다 아홉 살이 많은 궁녀 이씨에게 푹 빠져 있던 고종은 순정을 지킨다며 왕비를 멀리했다. 시어머니 신정왕후와 시숙모 철인왕후 그리고 흥선대원군 부부 모두 고종이 왕비를 냉대하는 것을 알았으나 방관했다. 신정왕후는 스물세 살에 남편 효명 세자를 잃고 40년 가까이 혼자 살았고, 철종의 왕비 철인왕후도 스물일곱 살에 과부가 됐다. 명성황후는 감히 그녀들 앞에서 외롭다는 투정을 부릴 수 없었다.

명성황후가 신혼의 달콤함 대신 외로운 나날을 보내던 고종5년 (1868년) 윤4월, 창덕궁에서 사내아이의 울음소리가 우렁차게 울려 퍼졌다. 궁녀 이씨가 고종의 첫아들을 낳은 것이다. 이씨는 종4품 숙원에 봉해졌다. 오랜만에 손자를 안은 대비들은 기뻐했고, 궁에는 날마다 웃음꽃이 피어났다.

고종은 이씨 소생의 아들이 너무나 사랑스러운 나머지 원자로 삼고자 했다. 후궁의 아들이어도 원자로 봉해지면 왕위를 계승할 가능성이 컸다. 경종도 어머니 희빈 장씨가 숙원이었던 시절, 태어난 지 얼마 되지 않아 원자로 봉해지지 않았던가.

대비들이 고종의 기쁨을 함께 나눌수록 명성황후는 무력감을 느꼈다. 남편과 시댁 어른들의 사랑을 받지 못하는 초라한 상황에서 친정에 의지하고 기댈 수도 없었다.

물론 여흥 민씨 가문도 서서히 빛을 보기는 했다. 명성황후의 양오라비 민승호는 고종이 즉위한 후 서른을 훌쩍 넘긴 나이에 문과에 급제해 홍문관 교리에 임명됐고, 곧 당상관[20]에 올랐다. 명성황후가 왕비가 된 후에는 정3품 이조참의로 임명됐고, 이듬해에는 호조참판으로 승진했다. 민승호의 동생 민겸호는 고종2년(1865년) 음서로 관직에 올라 다음 해에는 알성시 장원으로 과거에 급제해 홍문관 부수찬이 됐다. 하지만 이는 명성황후의 오빠라서가 아니라 종친을 중용한 흥선대원군의 인사정책 덕분이었다.

원자의 탄생과 대원군의 실각

아들을 낳은 숙원 이씨는 얼마 후 다시 임신해 딸을 낳았다.

이씨가 임신과 출산을 반복하는 동안 고종이 드디어 왕비에게 눈을 돌렸다. 고종7년(1870년) 5월, 명성황후는 마침내 임신을 했다. 하지만 반드시 왕자를 낳아야 한다는 압박감 때문이었을까? 배가 한창 불러오던 12월, 그만 유산을 하고 말았다. 안타깝고 슬픈 일이었으나 좋은 일도 있었다. 고종의 총애가 드디어 명성황후에게로 향한 것이다. 유산의 아픔을 함께하며 부부의 정은 한층 단단해졌

---

20 조선시대, 조의를 행할 때 당상 교의에 앉을 수 있는 관계 또는 그 관원. 문신은 정3품 통정대부, 무신은 정3품 절충장군 이상의 품계를 가진 자로, 문관에는 정승과 판서, 좌·우참찬, 한성부판윤, 팔도관찰사, 사헌부 대사헌과 사간원 대사간 및 홍문관의 대제학과 부제학, 성균관 대사성, 승정원의 승지 등이 포함된다. 입는 옷이나 이용하는 가마 등에서 당하관과 뚜렷한 차이가 있었고 특권도 많았다. 당상관은 순조, 헌종, 철종 등 외척 세도정치 기간에 남발되어 당시 〈실록〉의 인사기록에 등장하는 문반 당상 관직 역임자의 수는 740여 명에 달한다.

고, 명성황후는 거의 곧바로 다시 임신했다. 그리고 고종8년(1871년) 11월, 마침내 첫아들을 낳았다. 하지만 왕자는 항문이 막힌 채 태어났고 태어난 지 나흘 만에 눈을 감았다. 유산에 이어 아들을 잃는 슬픔을 함께 나누며 고종과 명성황후의 사랑은 더욱 깊어졌다.

몸조리가 끝나자마자 명성황후는 다시 임신했고 고종10년(1873년) 2월, 공주를 낳았다. 명성황후가 고종의 총애를 독차지하며 임신과 출산을 거듭하는 사이 고종의 첫사랑 숙원 이씨의 존재감은 점차 희미해졌다.

고종10년(1873년) 봄, 명성황후는 꿈을 꾸었다. 하늘이 열리고 오색 구름이 영롱하더니 그 하늘에 '만년토록 태평하리라'라는 글이 보이는 꿈이었다. 꿈속의 광경은 황홀했다. 태몽이 분명했다.

얼마 후 명성황후는 임신했고, 하늘이 약속한 귀한 원자를 품은 왕비를 보면서 고종은 마침내 왕으로서 첫 행보를 시작할 용기를 얻었다. 재위 10년 동안 고종은 한 번도 아버지 흥선대원군에게 맞서지 않았다. 용기도 없었고 왕권을 되찾을 지략도 없었기 때문이다. 하지만 이제 고종의 곁에는 아내이자 총명한 책사인 왕비가 있었다.

고종은 대원군의 개혁 중 서원 철폐에 반대했던 이항로, 기정진, 최익현 등에게 친정의 뜻을 슬며시 보였다. 처음에는 대원군의 눈을 피해 은밀하게 뜻을 전했으나 생후 8개월 된 공주가 세상을 떠나면서 고종은 마음을 단호하게 먹고 내각 변화를 준비했다.

10월 25일, 동부승지 최익현이 상소를 올렸다.

"최근 몇 년간의 일들을 보면 정치는 옛 법을 함부로 고치고 인사는 나약한 사람만을 임명하고 있습니다. 대신과 육경들은 아무 의견도 아뢰지 않고 대간과 시종들은 딴청만 피우고 있습니다. (…중략…) 떳떳한 윤리와 의리는 파괴되고 관리들의 기강은 무너지고 있습니다. 나라를 위해 일하는 사람은 괴벽스럽다[21] 하고, 개인을 섬기는 사람은 처신을 잘한다 하고 있습니다. 아첨하는 사람은 뜻을 펼치는 반면 정직한 관리들은 숨어버렸습니다. (…중략…) 염치없는 사람은 버젓이 기를 펴지만, 지조 있는 사람은 맥없이 죽음의 고비에 놓이게 됩니다. 이 결과 하늘에서는 재변이 나타나고…… (…하략…)"

— 〈고종실록〉 10권, 고종10년 10월 25일

최익현은 상소에서 대원군을 언급하지 않았으나 그가 지적한, 옛 법을 함부로 고친 사람이 흥선대원군이라는 것을 모르는 사람은 없었다. 상소문을 본 고종은 곧바로 비답을 내렸다.

"매우 가상하다. 우리 열성조께서는 이런 일에 상을 아끼지 않았으니, 그대를 호조참판에 제수한다. 만약 이렇게 정직한 말에 다른 의견을 내는 사람이 있다면 소인배임이 틀림없다."

최익현의 상소는 엄청난 파장을 일으켰다. 먼저 좌의정과 우의정이 책임을 지겠다며 사직을 청했고, 사간원, 사헌부, 홍문관, 승정원에서는 스스로를 탄핵했으며, 성균관 유생들은 최익현의 상소가 인륜을 무너뜨렸다며 공무를 중단했다. 고종은 이들을 모두 파

---

21 성격 따위가 이상야릇하고 까다로운 데가 있다.

직했다. 그러던 중 사헌부 장령 홍시형이 최익현을 지지하는 상소를 올렸다. 고종은 그 자리에서 홍시형을 홍문관 부수찬에 제수하며 칭찬했다.

신하들은 혼란에 빠졌으나 명성황후는 미소를 지었다. 남편이 자랑스러웠다. 왕비가 행복해하며 자신을 격려하자 고종은 뿌듯했다. 대단한 사람이 된 것 같았고 존경받는 기분이었다.

흥선대원군은 고종의 갑작스러운 변화에 놀랐으나 권력을 내려놓을 생각도, 돌려줄 생각도 없었다. 권력을 휘두른 10년 동안 한 번도 고종의 의사를 묻지 않았던 그는 그제야 고종을 간절하게 만나고 싶었다. 설득하든 꾸짖든 만나서 이야기를 하고 싶었던 것이다.

하지만 이미 늦어버렸다. 고종은 운현궁과 경복궁을 오가는 대원군 전용 출입문을 주저 없이 닫아 걸었다. 이제 대원군은 고종의 부름을 받아야만 경복궁에 들어갈 수 있게 됐다. 고종10년(1873년) 11월, 굳게 닫힌 경복궁 후문처럼 고종과 흥선대원군의 사이도 닫힌 것이다.

밤과 낮이 바뀐 생활

11월, 최익현은 서원의 복구를 주장하는 상소문을 다시 올렸다. 이때 고종은 태도를 바꿔 '최익현의 상소에 나를 핍박하는 말이 있다'며 그를 제주도에 유배했다. 대원군으로부터 최익현을 보호하기 위한 조치였으나 상소문에 고종의 심기를 거스르는 내용이 있는 것도 사실이었다. 최익현의 상소에는 '최근 지나치게 먼 친척 자제를 양자로 들여 대를 잇고 있는데 이는 결코 자연스럽지 못하니 금하라'는 내용이 있었다. 고종은 먼 친척인 익종(효명세자)의 양자가 되어 왕위에 올랐고, 고종의 할아버지 남연군 또한 먼 친척인 은신군(사도세자의 서자)의 양자가 되어 출세를 보장받았다. 명성황후의 아버지 민치록도 먼 친척인 민치구의 차남 민승호를 양자로 들여 대를 잇지 않았던가. 최익현의 상소는 대원군 실각의 계기가 됐으나 정작 최익현은 고종의 어심을 정확히 읽지 못했다. 고종의 어심을 정확히 아는 사람은 왕비뿐이었다. 11월 5일, 고종은 친정을 선언했고, 다시는 최익현을 중용하지 않았다.

명성황후가 고종의 마음을 잘 아는 것처럼 고종도 왕비의 마음을 헤아렸다. 고종은 수원 유수로 재직 중이던 명성황후의 오빠 민승호를 이조참판으로 발탁했다. 이어서 오랫동안 경연관으로 재직하며 자신의 스승 역할을 해준 박규수를 우의정으로 임명했다. 쇄국을 주장하던 대원군과 달리 박규수는 개화를 주장하는 소수 인물 중 하나였다.

이처럼 고종이 인사개편을 통해 새로운 정국을 구상하고 있던 12월, 갑작스러운 화재로 인해 경복궁에 있던 신정왕후의 처소 자경전과 인근 전각이 소실됐다. 경복궁 화재 이후 흥선대원군은 경기도 양주로 내려갔고, 고종과 명성황후는 미련 없이 경복궁에서 나와 창덕궁으로 이어했다.

고종11년(1874년) 2월 8일, 창덕궁에서 하늘이 점지해준 아들(순종)이 태어났다. 왕자는 건강했고 고종과 명성황후는 기쁨을 만끽했다. 20대 초반의 부부인 고종과 명성황후는 창덕궁에서 밤늦도록 연회를 즐기는 일이 많았다. 이들은 자정을 넘긴 시간까지 여흥을 즐겼고, 이를 위해 특별한 절차 없이 수시로 입궐이 가능한 '별입시'라는 직책까지 만들었다. 이 별입시를 통해 고종과 명성황후는 청년들과 만나 연회를 함께 즐기며 정치 이야기를 나누었다. 훗날 일제에 국권을 빼앗긴 후에도 끝까지 고종의 편에서 활약한 이용익, 이범진, 김가진, 정병하, 한규설 등이 이때 창덕궁을 드나들던 별입시 출신들이다.

민승호 일가의
죽음

고종과 명성황후는 재능을 갖춘 젊은 인재들과 자주 어울리는 한편 대원군의 세력을 약화하는 작업을 계속했다. 〈매천야록〉에 따르면 이조참의로 임명되어 인사권을 손에 넣은 민승호는 대원군의 사람들을 모조리 파직했다. 덕분에 고종과 명성황후는 빠른 속도로 중앙과 지방에 자신의 사람들을 심을 수 있었다. 민승호는 점점 힘이 생겼고, 고종과 명성황후의 신임을 받으며 승승장구했다.

민승호는 고종의 처남이기도 했으나 대원군의 처남이기도 했다. 고종의 최측근으로 활약하는 민승호를 예의 주시하던 대원군은 고종11년(1874년) 10월, 부사과[22] 이휘림을 통해 상소를 올렸다. 효심을 강조하며 대원군을 다시 모셔와야 한다는 상소를 본 고종은 '문

---

22 조선시대 5위에 두었던 종6품 무관직

장이 고약하고 내용은 억지이며 방자하다'는 이유로 이휘림을 평안도에 유배했다. 대원군을 다시 부르지 않겠다는 고종의 의지는 확고하고 단호했다. 그에게는 정치를 함께 꾸려나갈 최고의 협력자인 왕비 명성황후가 있었다. 고종은 그녀를 절대적으로 신임했다.

고종의 마음에도, 조정에도 자신의 자리가 없음을 확인했지만 대원군은 권력을 포기하지 않았고 오히려 더욱 강경하게 나갔다. 이휘림이 유배에 처해진 지 한 달쯤 후인 11월 28일, 민승호의 집에 폭탄이 배달됐다. 민승호와 그의 어린 아들 그리고 명성황후의 어머니인 해평부인은 그 자리에서 사망했다. 폭탄 테러의 배후가 누구인지는 끝내 밝혀지지 않았으나 민승호를 잘 알고 있으며 그에게 원한이 있는 자가 분명했다. 고종은 민승호에게 '충정(忠正)'이라는 시호를 내려 애도했다.

민승호와 친정어머니의 죽음 이후 명성황후는 변했다. 그녀는 밤에 잠을 잘 이루지 못했고, 고종은 왕비의 바뀐 습관에 맞춰 밤낮이 바뀐 생활을 했다. 부부는 흥선대원군을 미워하면서 유대감이 더욱 깊어졌고 서로를 지켜주고자 했다. 고종은 불안해하는 왕비를 달래는 데 성심을 다했다.

세자 책봉

고종12년(1875년) 2월, 고종은 돌이 지나지 않은 원자를 세자로 책봉했다. 만삭의 몸으로 경사를 맞은 명성황후는 세자 책봉 축하 비용으로 100만 원[23]을 썼다. 얼마 후 명성황후는 왕자를 낳았으나 아기는 10여 일 만에 세상을 떠났다. 명성황후는 고종과의 사이에서 4남 1녀를 낳았으나 결국 살아남은 것은 세자뿐이었다. 아이들이 자꾸 요절하자 명성황후는 세자의 건강에 집착해 세자의 건강을 위해 자주 굿판을 벌이는 등 무속에 빠져들기도 했다.

고종과 명성황후가 사적으로 사용하는 돈은 보통 왕의 공식적인 비자금이라 할 수 있는 내탕금에서 충당했다. 하지만 결코 뇌물을 마다하는 임금이 아니었던 고종은 뇌물을 주는 관리들을 단속하기는커녕 오히려 기뻐했고 금액을 비교해 충성 정도를 가려내기도 했다.

명성황후의 인척들이 권력을 장악한 것을 두고 왕비의 입김 때문이라고들 하지만 사실 여흥 민씨 일가의 파격적인 과거 급제와 승진은 고종이 즉위하면서부터 시작됐다. 이는 고종의 외가이자 흥선대원군의 처가였기에 누린 혜택이었다. 즉, 그들을 키운 것은 흥선대원군이었다. 다만 흥선대원군 섭정 시기에 여흥 민씨 가문을 비롯한 외척들은 권력을 함부로 남용하지 못했다. 권력을 주는 것도, 권력을 유지하게 하는 것도, 권력을 빼앗는 것도 모두 흥선대원군의 뜻이었기에 그의 눈치를 볼 수밖에 없었던 것이다.

민씨 가문에 권력을 준 사람은 흥선대원군이었으나 그 권력을 마음껏 휘두르게 해준 사람은 고종과 명성황후였다. 고종 부부는 뇌물의 정도에 따라 벼슬을 주거나 승진시켰다. 매관매직이었다.

왕과 왕비가 이렇다 보니 민씨 일족을 비롯한 관리들의 기강도

---

23 1882년 제물포조약 당시 일본이 요구한 배상금이 55만 원, 1884년 한성조약 당시 일본이 요구한 배상금이 12만 원이었다. 1875년 100만 원은 이를 훨씬 웃도는 금액이다.

순식간에 흔들렸다. 하지만 왕비에게 중요한 것은 자신의 영달과 마음의 평온 그리고 이를 위한 재물뿐이었다.

민영익과
개화파의 부상

민승호와 그의 아들이 폭사한 후 고종과 명성황후는 민태호의 아들 민영익을 민승호의 양자로 삼았다. 민승호와 가장 가까운 친척은 친동생 민겸호였으나 그는 대원군의 처남이었다. 반면 민영익의 가문은 명성황후가 왕비가 된 후에도 권력에서 소외되어 있었다. 민영익의 아버지 민태호는 친아버지 민치오가 세상을 떠났을 때 관을 살 돈조차 없어 시신을 짚자리로 말아 초상을 치러야 했다. 민태호는 동생 민규호의 집에 얹혀 살면서도 민치록의 양자가 되어 벼락출세한 민승호와 민겸호 형제를 경멸했다고 한다. 그 후 민태호는 민치삼의 양자가 됐고, 민규호는 철종10년(1859년) 문과에 급제해 관직에 올랐다. 민규호는 민씨 일가 중 유일하게 영의정에 임명됐던 인물이기도 했다.

민규호는 고종 즉위 초, 흥선대원군의 쇄국정책을 강하게 비판하며 개화를 주장했다. 흥선대원군의 정책을 부정하고자 했던 고종과 명성황후에게 민규호는 필요한 인재였다. 게다가 민태호는 청렴하고 강직해 자신의 아들 민영익을 명성황후가 민승호의 양자로 발탁하자 반대했다. 이에 민규호가 형을 설득했다.

"천의(명성황후의 뜻)를 어찌 감히 어기겠습니까? 양자를 보내 함께 부귀를 누리는 것도 좋지 않겠습니까?"

민태호는 자신을 부양해온 동생의 말을 따랐다.

민승호의 양자로 갔을 때 열다섯 살이었던 민영익은 명성황후의 전폭적인 지지를 받았고, 3년 후인 고종14년(1877년) 문과에 급제해 관직에 나온 후 파격적인 승진을 거듭했다. 민규호도 이조판서로 승진했으나 고종15년(1878년) 병으로 세상을 떠났다. 고종19년(1882년)에는 민태호의 딸이자 민영익의 여동생이 세자빈으로 간택되면서 민영익은 겨우 스무 살의 나이로 여흥 민씨 가문의 수장이됐다.

〈매천야록〉에 따르면 민영익은 하루 세 번 입궐했고, 집으로 돌아오면 뇌물을 들고 찾아온 손님이 가득했다고 한다. 하지만 부귀영화와 권력이 조금도 아쉽지 않았던 민영익은 뇌물을 주는 사람이 아니라 자신이 원하는 사람들과 어울렸다. 홍영식, 김옥균 등 개화파였다.

강제 개화의 시작,
강화도조약

고종11년(1874년) 청나라는 고종에게 일본을 막기 위해 미국, 프랑스와 수교할 것을 조언했다. 당시 신하들은 반대했으나 개화를 염두에 두고 있던 고종과 명성황후는 고민했다. 먼저 고종은 오래 전 단절된 일본과의 국교를 재개했으나 결과는 좋지 않았다. 고종 12년(1875년) 운요호 사건으로 인해 조선은 일본과 불평등한 수호조약인 조일수호조교, 즉 강화도조약을 체결했다.

"의정부는 조회를 보냅니다.

양국이 화목하게 지낸 지 300년이나 됩니다. 사신과 예물이 오가고 정은 형제와 같아 각각 인민들을 편안하게 해 서로 다툰 적이 없습니다.

무진년(1868년) 이래 귀국이 혁신한 사정을 살피지 못해 갖가지 의심의 단서가 있었으며, 귀국에서 여러 번 사신과 서계(書契)를 보냈으나 선뜻 받아들이지 않아 마침내는 이웃 나라와 우의가 막히는 처지가 됐습니다.

작년 가을에 귀국 기선(汽船)이 강화도(江華島)에 왔을 때에도 소동이 있었는데 이번에 귀 대신이 사신으로 경내(境內)에 이르러 폐국(弊國) 사절과 서로 만나보고 두터운 뜻을 알게 되면서 종전의 의심이 하루아침에 풀렸으니 어찌 기쁨을 이길 수 있겠습니까?

체결할 조약의 각 조항을 받아보고 우리 조정에서는 이미 폐국 사절에게 위임해 모여서 토론하게 했습니다.

무진년 이래 양국 사이에 오간 공문들은 다 폐지해 휴지로 만들고, 영원토록 친목을 유지하고 함께 양국의 경사를 도모하게 됐으니 역시 이웃 나라와 좋게 지내려는 귀국의 선린(善隣)의 우의를 밝힐 수 있을 것입니다."

앞서 고종5년(1868년) 일본은 메이지유신[24] 결과 왕정복고 사실

---

24 일본 메이지 천황 시절, 700여 년 내려오던 막부를 무너뜨리고 왕정복고가 이루어져
    중앙집권 통일 국가를 이룬 사건. 메이지 정부는 학제, 징병령, 지조개정(地租改正) 등
    일련의 개혁을 추진하고, 부국강병의 기치하에 구미(歐美) 근대국가를 모델로 삼았다.
    일본 자본주의 형성의 기점이 된 변혁 과정으로, 군사력 강화에 집중했다.

을 알리는 사절을 조선에 파견한 적이 있다. 당시 섭정 중이던 흥선대원군은 일본이 문서에 황제라는 용어를 사용하고 일방적으로 관직과 호칭 등을 바꿨다는 이유로 사절단을 접견하지 않았고, 끝내 국교가 단절되기에 이르렀다. 강화도조약 당시 조선에서는 이 부분을 지적하며 새롭게 국교를 재개하자는 뜻을 밝혔다. 조약을 체결할 당시 조선에서 가장 신경 쓴 부분은 예법이었다.

일본이 작성한 초안을 본 조선 측에서 '대일본국황제폐하'라는 말을 고칠 것을 요구하자 일본은 기꺼이 수렴했다. 일본이 원한 것은 자존심이 아니라 조선 침략의 발판을 마련하는 것이었다. 이를 알지 못한 조선은 내용이 불평등하다는 것조차 인식하지 못한 채 강화도조약을 체결했다. 두 달 후 고종과 명성황후는 일본에 수신사를 파견했다. 순조11년(1811년) 조선통신사가 파견된 후 65년 만의 공식 사절이었다.

수신사로 파견된 이들은 일본의 변화에 깜짝 놀랐지만, 이를 따라가기보다는 성현의 가르침을 보전하는 것이 더 중요하다고 보고했다. 하지만 고종과 명성황후는 정책 방향을 개화로 잡고 내정 개혁을 실시했다.

죽은 왕비가
돌아오다

문호개방 이후 조선을 방문한 일본과 서양의 사절들은 깜짝 놀랐다. 강력한 쇄국정책 기간 동안 막연하게 조선을 은둔의 나라, 닫헌 나라라고 생각했던 이들은 고종과 명성황후가 나란히 앉아 국정을 논하는 평등한 모습에 당황했다. 고종은 왕비의 의견을 존중했고 그녀의 발언에 귀를 기울였는데, 이는 일본은 물론 서양의 사절들에게도 매우 낯선 모습이었다. 이 낯선 모습은 '고종이 왕비의 꼭두각시'라는 소문이 되어 퍼져 나갔다.

고종17년(1880년) 제2차 수신사 일행이 귀국하자 고종과 명성황후는 곧바로 군사 개혁에 착수했다. 신식 군대가 일본의 발전에 큰 역할을 했다고 판단한 것이다. 고종은 통리기무아문[25]을 설치했고 고종18년(1881년) 오군영에서 차출한 정예병들을 별기군으로 편성, 서구식 군사훈련을 받도록 했다. 하지만 이런 변화는 엄청난 반발을 불러왔다. 최익현은 도끼를 짊어지고 상경해 개화 반대 상소를 올렸고, 유생들도 한목소리로 개화를 반대했다. 그럼에도 명성황후는 흔들리지 않았고, 그녀의 단호함은 고종에게 큰 힘이 됐다.

개혁에는 돈이 끝도 없이 들었다. 또한 신식 무기를 갖추고 일본 교관에게 훈련받는 별기군의 우대 이면에는 1년 이상 월급을 받지 못한 구식군인들이 있었다. 고종19년(1882년) 6월 초, 호남의 세곡선이 한양에 도착하자 고종과 명성황후는 구식군인들에게 일단 1개월 치 봉급을 쌀로 받아가도록 했다. 그동안 군인들의 봉급을 빼돌려온 선혜청 제조 민겸호는 모래와 겨가 섞인 쌀을 지급했고, 분노한 군인들은 민겸호의 집으로 쳐들어갔다. 이들은 곡식들이 가득 찬 창고를 보자 눈이 뒤집혀 민겸호를 때려죽이고 그의 집을 부

---

25 고종17년(1880년) 12월 21일, 변화하는 국내외 정세에 대응하기 위해 국내외의 군국기무 업무를 총괄하여 맡아보던 관아

순 뒤 창고에 불을 질렀다. 민겸호 못지않은 탐관 흥인군 이최응도 죽였다. 악인을 처벌한 군인들은 흥분해 별기군 소속의 일본 교관마저 죽이고 일본공사에 불을 질렀다.

그 후 자신들의 힘으로는 사건을 수습하는 게 불가능하다고 판단한 이들은 운현궁을 찾아갔다. 흥선대원군이 군인들을 우대했던 기억을 떠올린 것이다. 흥선대원군은 궁지에 몰린 이들을 창덕궁으로 보냈다. 믿을 구석이 생긴 군인들은 왕비를 죽이기 위해 총칼을 들고 대궐에 난입했다. 이때 대원군은 아내 여흥부대부인 민씨와 함께 군인들과 궁으로 향했다.

명성황후는 궁녀의 옷으로 갈아입고 여흥부대부인 민씨가 타고 온 가마에 몸을 숨겼으나 군인들에게 발각되고 말았다. 이때 무예별감 홍계훈이 군인들 앞을 막아서더니 명성황후를 가리키며 '궁녀가 된 나의 여동생'이라고 했다. 홍계훈은 구식군인 출신이었기에 군인들은 그의 말을 믿었다. 덕분에 극적으로 대궐을 빠져나온 명성황후는 고향 여주를 거쳐 충주 장호원으로 피신했다.

초라한 몰골로 피신 중인 명성황후를 본 한 노파가 혀를 차며 안타까운 목소리로 말했다.

"중전이 음란해 난리가 나는 바람에 아가씨가 여기까지 피난하고 고생이구려."

절망의 순간, 명성황후는 처음으로 백성의 시선을 알게 된 것이다. 이후 명성황후는 죽는 날까지 백성의 편에 서지 않았다.

한편 엉망이 되어버린 창덕궁에서 고종과 흥선대원군은 10년 만에 얼굴을 마주했다. 왕비가 사라진 것을 안 순간부터 모든 의욕을 잃은 고종은 흥선대원군에게 전권을 맡겼다. 흥선대원군은 서둘러 왕비의 죽음을 선포하고 장례를 진행했다. 관에는 시신 대신 수의를 넣었고 무덤의 이름(정릉)과 시호(인성)까지 정해졌다.

명성황후는 피난 중인 장호원에서 자신의 장례 소식을 들었다. 앞날이 막막하던 그때, 명성황후는 한 여인을 만났다. 신을 모시는 무당이라는 여인은 숨어 지내던 명성황후를 찾아와 조심스럽게 큰절을 올린 뒤 '중전마마는 반드시 환궁할 것'이라고 예언했다. 무당의 말은 명성황후에게 지푸라기 같은 희망이 됐다.

한편 군인들이 대궐에 난입해 왕비를 죽이고 고종을 위협했다는 소식에 청나라는 서둘러 파병을 했다. 당시 서구 열강과 일본에 밀려 체면이 말이 아니었던 청나라는 제후국인 조선의 임금을 구원하는 것으로 대국의 위엄을 세우고자 했던 것이다. 이는 서구열강과의 전쟁이나 일본과의 정면충돌에서 승리하는 것보다 훨씬 간단한 일이었다.

한양에 입성한 청군은 3일째 되던 날 대원군을 배에 태워 톈진으로 압송한 후 일부 군사를 한양에 남겨놓고 충주 장호원으로 내려갔다. 명성황후는 청나라 군사들의 호위를 받으며 창덕궁으로 돌아왔는데, 이때 그녀의 곁에는 환궁을 예언한 무당이 함께 있었다.

한편 일본은 청나라에서 군사를 파병해 사건을 수습했다는 것에 당황했다. 청나라는 왕과 왕비에게 생명의 은인이었고, 흥선대원군이 톈진에 있는 동안 조선의 내정에 깊숙이 간섭할 수 있게 된 것이다.

한 발 늦은 일본은 조선에 강력한 피해보상을 요구했다. 제물포항에 정박한 일본 군함 위에서 피해보상 회담이 진행됐는데, 일본은 사망한 일본 교관의 장례를 융숭하게 치르고 피해자의 유족과 부상자에게 5만 원을 지급할 것과 매년 10만 원씩 5년 안에 50만 원을 배상할 것, 대관을 특파하고 국서를 보내 사죄할 것 등을 요구했다. 가해자인 조선은 일본의 무리한 요구를 들어줄 수밖에 없었다. 일명 '제물포 조약'을 체결한 후 고종과 명성황후는 박영효, 김옥균, 민영익 등 개화파 관리들을 일본에 사죄사로 파견했다.

흔들리는 개화정책과
무당 진령군의 국정농단

임오군란 이후 고종과 명성황후의 개화정책은 정체를 맞았다. 명성황후가 자신의 환궁을 도와준 청나라에 의지했기에 그녀의 마음을 돌려야만 개화정책이 진행될 수 있었다.

고종20년(1883년) 김옥균은 고종과 명성황후가 가장 총애하는 민영익을 보빙사로 추천했다. 사신의 신분으로 미국에 간 민영익은 유럽을 순방하고 돌아왔다. 미국은 조선이 가장 먼저 수교를 맺은 서구 국가였다. 김옥균은 넓은 세상을 보고 돌아온 민영익이 명성황후의 마음을 움직여 개화정책에 활기를 되찾아주기를 기대했다. 하지만 김옥균의 기대와 달리 서구 세계 순방을 마치고 돌아온 민영익은 완고한 보수파로 변해 있었다.

민영익은 선진 문명국이라 불리는 서구 국가들을 돌아보면서 부러움이 아닌 괴리감을 느꼈다. 조선에서 생각했던 개화의 모습과 개화에 성공한 나라들의 모습은 너무나 달랐다. 민영익은 일본을 본받는 개화 대신 조선이 추구해온, 전통적인 사대 외교에서 더 큰

가치를 보았고 청나라의 보호를 받는 것에서 의미를 찾았다.

민영익의 변화는 개화파에게 큰 충격이었다. 개화파는 고종과 명성황후를 설득할 수 있는 인물을 잃었고, 명성황후는 자신과 생각이 일치하는 민영익을 더욱 총애했다.

개화파가 갈피를 잡지 못하는 사이 명성황후도 정책의 방향을 잃었다. 대원군이 추구했던 쇄국을 따를 수도, 그렇다고 개화를 강행할 의지도 없었던 그녀는 무속에서 돌파구를 찾았다. 명성황후는 한양으로 데려온, 자신의 환궁 날짜까지 맞힌 영험한 무당을 위해 창덕궁 동쪽 성균관 인접한 곳에 사당을 세워주었다. 무당은 자신을 관우의 딸이라고 주장했다. 관우는 중국에서 가장 사랑받는 장군으로, 사당 이름은 관우를 모신 '관왕묘'가 됐다. 명성황후는 무당에게 '진실로 영험하다'는 뜻으로 '진령군'이라는 군호를 내렸다. 왕족도 아닌 무당이, 그것도 여성이 군호를 받은 것은 조선 건국 이후 처음이자 마지막이었다.

죽음의 고비를 겪은 명성황후는 의심과 두려움이 많아졌다. 청나라가 태도를 바꿔 흥선대원군이 돌아올까 두려웠고, 일본이 또 무엇을 요구할지 두려웠으며, 백성들의 시선과 배신이 두려웠다. 미래가 불확실할수록 명성황후는 진령군에게 의지했다. 진령군은 명성황후의 두려움을 풀어주고 그녀가 듣고 싶은 말을 해주는 사람이었다.

만약 세간에 알려진 것처럼 명성황후가 청나라 군대를 이용해 흥선대원군에게 반격을 가하고 환궁에 성공할 정도의 정치 감각을 지녔다면 무당 진령군의 말에 그토록 집착하지 않았을 것이다. 스스로 난국을 헤쳐 나갈 지혜를 갖춘 리더가 무속에 의존했을 리가 없다. 명성황후가 진정으로 청나라 군대를 '이용'하고자 했다면 임오군란 이후 청나라와의 관계에서 이해득실을 따져가며 유리한 고지를 차지했을 것이다. 하지만 명성황후의 능력은 거기까지 미치지 못했다. 임오군란 이후 진령군에게 의존하고, 청나라에 휘둘리며 개화정책을 중단했다. 죽을 고비를 넘긴 후로 그녀에게 가장 중요한 것은 자신의 안위와 지위였다.

개화파의 배신, 갑신정변

무속에 집착하는 고종과 명성황후 그리고 보수파로 돌아선 민영익까지, 개화파의 앞날은 캄캄했다. 개화파의 수장 김옥균은 민영익을 설득하고자 했으나 그럴수록 사이가 멀어졌다. 김옥균은 일본을 개화의 파트너로 삼고자 했고 민영익은 외세의 균형을 위해 러시아와의 수교를 주장했다. 고종과 명성황후, 민영익의 마음을 돌리기 위해 김옥균은 뭔가 보여주어야 했다. 고종20년(1883년) 호조참판 김옥균은 차관을 얻기 위해 일본에 갔다. 김옥균은 자신만만했으나 일본은 시간만 끌고 끝내 차관을 주지 않았다. 고종과 명성황후, 민영익은 빈손으로 귀국한 김옥균을 보며 실망했다. 김옥균은 고종과 독대하고자 했으나 고종은 항상 명성황후와 동석했다.

고종을 설득하는 데 실패한 김옥균의 선택은 쿠데타였다. 고종21년(1884년) 개화파의 쿠데타 결행 날짜가 결정됐다. 거사 실행일은 우정국이 개국하는 날이었고, 장소는 이를 축하하는 연회였다.

이날 연회에 참석한 이들은 청나라에서 추천한 독일 출신 외교 고문 묄렌도르프[26]를 비롯해 청나라, 미국, 영국, 일본 공사 등이었다. 김옥균은 그중 일본과 거사 계획을 공유하고 있었다.

밤 10시, 우정국 북쪽 민가에서 폭탄이 터졌다. 원래대로라면 창덕궁 옆 별궁에 불을 지르려 했으나 폭탄이 불발되는 바람에 부득이 민가에 불을 지른 것이다. 방화는 거사의 신호탄이었다. 김옥균을 비롯한 개화파의 계획은 연회에 참석한 명성황후 쪽 보수 세력을 일시에 제거하고 고종과 명성황후의 신변을 확보해 인질로 삼는 것이었다. 이를 위해 자객도 섭외한 상태였다.

가장 먼저 희생된 사람은 폭탄 소리와 치솟는 불길을 보고 놀라서 뛰어나가던 민영익이었다. 칼을 맞은 민영익은 연회장에서 쓰러졌고, 축하연은 아수라장이 됐다. 김옥균 등은 곧바로 고종과 명성황후가 있는 창덕궁으로 달려가 일본에게 도움을 청하라고 협박한 뒤 경우궁으로 거처를 옮기도록 했다. 명성황후는 일이 어떻게 진행되는지 알 수가 없었다. 얼마 전까지 김옥균이 고종의 신뢰를 회복하기 위해 전전긍긍했던 것을 알기에 그가 쿠데타를 일으킬 것이라고는 생각지 못한 것이다. 하지만 이튿날 새벽, 위조된 왕명을 듣고 경우궁으로 입궁한 민태호, 민영목, 조영하 등이 눈앞에서 처참하게 살해당하자 그제야 정신이 번쩍 들었다. 일본 군사의 무례함

---

26 독일 사람으로 구한국의 외교 고문. 한국 이름은 목인덕(穆麟德)이다. 청나라 주재 독일영사관에서 근무하던 중 고종19년(1882년) 이홍장의 추천으로 조선의 통리아문에서 근무하며 외교와 세관업무를 맡았다. 고종21년(1884년) 갑신정변 때는 김옥균의 개화파에 반대했고, 같은 해 러시아 공사 베베르와 협조해 조로수호통상조약을 맺는 데 기여했다.

을 지적하며 호통을 친 내관 유재현도 그 자리에서 목숨을 잃었다.

고종과 명성황후는 자신들을 보호한다던 일본 군사들이 실은 도적이나 다름없다는 사실과 개화파가 이들과 손을 잡았다는 사실을 알고는 분노했다. 2년 전에는 구식군인들이 창덕궁에 난입해 자신을 죽이려 하더니 지금은 개화파 인사들이 자객을 동원해 칼부림을 하고 있었다. 명성황후는 배신감에 치를 떨면서도 냉정하게 현실을 파악했다. 이미 죽을 고비를 넘겨본 경험이 있던 그녀는 수라상을 이용해 궁궐 밖에 있는 민영환과 밀서를 주고받는 기지를 발휘했다. 외부와 연락을 취한 명성황후는 경우궁이 너무 좁고 불편하다며 짜증을 부린 끝에 창덕궁으로 돌아갔다.

셋째 날, 1,500명에 달하는 청나라 군대가 조선군과 함께 창덕궁으로 진입하자 300여 명의 일본군은 김옥균과의 약속을 저버리고 물러났다. 김옥균은 고종에게 일본으로 망명해 후일을 도모하자고 설득했으나 고종은 거절했다. 고종과 명성황후를 인질 삼아 정변을 일으킨 개화파에게 남은 것은 역모죄로 처형되는 것뿐이었다. 김옥균은 간신히 창덕궁을 탈출해 일본으로 망명했다. 이것이 바로 삼일천하로 끝난 갑신정변이다.

갑신정변 당시 칼에 맞아 사경을 헤매던 민영익은 미국인 선교사 겸 의사인 알렌의 치료로 겨우 회복했다. 두 번이나 백성들 손에 죽을 뻔했으나 청나라 군대의 개입으로 회생한 명성황후는 청나라에 더욱 의지했다.

청나라 군대가 창덕궁에 오기 전, 개화파가 공표한 14개 조의 정강 정책을 살펴보던 명성황후는 헛웃음을 터트렸다. 그 첫 번째 조항이 청나라 톈진에 있는 대원군을 최대한 빨리 모셔온다는 것이었기 때문이다. 임오군란을 일으킨 구식군인도, 갑신정변을 일으킨 개화파도 그녀를 죽이려 했고 동시에 대원군의 재집권을 요구했다. 대원군도, 군인들도, 개화파 신하들도 명성황후에게는 모두 원수였다.

실패한 국제관계와 동학농민혁명

갑신정변 이후 명성황후는 현실보다 미래에, 정치보다 권력에 집착했다. 신하들을 믿지 못하게 된 그녀는 무당 진령군이 추천하는 사람들을 등용했다. 진령군이 거주하는 북관묘 앞에는 선물을 든 양반들로 북적거렸다. 대신들은 앞다투어 진령군과 의남매가 되기를 바랐고 젊은 관리들은 진령군의 양자가 되고자 했다. 매관매직과 뇌물이 성행한 당시의 상황을 〈매천야록〉은 이렇게 기록했다.

"초시를 매매하기 시작할 때에는 이백 냥 또는 삼백 냥을 받았다. 오백 냥을 달라면 혀를 내밀었다. 갑오년(1894년)에 가까워져서는 천 냥으로도 거래됐다."

조선을 둘러싼 국제정세는 복잡해졌다. 청나라의 위세는 더욱 커졌고, 초조해진 일본은 본격적으로 야욕을 드러냈으며, 무너져버린 왕실의 위엄을 목격한 서구 열강은 호시탐탐 기회를 노렸다.

고종22년(1885년) 3월, 임오군란과 갑신정변으로 이미 두 차례 조선에서 대치한 청나라와 일본은 조선을 두고 자기들끼리 조약을 체결했다. 이를 톈진조약이라 하는데, '청·일 양국 군대는 조선에서 동시 철수하고, 조선에 변란이나 중대한 사건이 발생하면 동시에 파병한다'는 내용이었다.

조약 체결 후 청나라와 일본은 조선에서 군대를 철수했다. 조선과의 관계에서 일본과 동등해진 것이 못마땅했던 청나라는 흥선대원군을 조선으로 귀국시켜 명성황후를 더욱 압박했다.

귀국 이듬해, 흥선대원군은 청나라의 위안스카이와 손을 잡고 열여섯 살이 된 손자 이준용을 왕위에 세우려는 쿠데타를 계획했다가 실패했다. 고종과 명성황후가 청나라와 일본, 흥선대원군과 개화파와 맞서 오직 왕위를 지키기 위해 고군분투하던 고종22년(1885년)에서 고종30년(1893년) 사이 전국 곳곳에서는 무려 32차례의 민란이 일어났다. 그중에서도 가장 심각한 곳은 곡창지대인 전라남도 고부(정읍)였다. 고부 군수 조병갑의 착취와 횡포를 견디다 못한 백성들은 고종31년(1894년) 2월 봉기해 관아의 무기를 탈취했다. 그리고 수탈에 앞장선 아전들을 처단했으며, 그동안 부패한 관리들이 강제나 불법으로 징수한 세곡을 빈민과 농민군에게 나누어주었다.

고부 민란은 곪았던 문제가 터져 나온 것이었으나 명성황후의 생각은 달랐다. 봉기를 이끈 인물인 고부 지역의 동학접주[27] 전봉준은 동학에 막 입교했던 1890년 즈음 흥선대원군의 문객으로 운현궁에 머문 적이 있었다. 고종30년(1893년) 교조 최제우의 신원을 탄원하며 동학교도들이 경복궁 앞에서 상소를 올리고 시위를 했을

---

27 동학에서 교구 또는 포교소, 즉 접의 책임자. 포주(包主) 또는 장주(帳主)라고도 한다.

때, 전봉준은 흥선대원군과 다시 만났다. 이들이 어떤 이야기를 나누었는지는 알 수 없으나, 그 후 흥선대원군은 또다시 손자 이준용을 임금으로 추대하려 시도했고, 전봉준은 고부에서 민란을 일으켰다. 고종과 명성황후의 눈에 전봉준과 농민군은 흥선대원군과 결탁한 역도일 뿐이었다.

고부 봉기 이후 전라도와 충청도에서도 동학농민군이 봉기했고, 영광, 함평, 무안, 나주 등을 점령한 농민군은 기세를 타고 조선 왕실의 본관인 전주로 진격했다. 토벌을 결정한 고종과 명성황후는 임오군란 이후 가장 신임해온 무정 홍계훈을 초토사로 임명해 800명의 정예병을 출병시켰으나 결과는 관군의 패배였다. 사흘 후, 고종과 명성황후는 청나라에 파병을 요청했다. 하지만 이는 성급한 판단이었다. 두 번째 전투에서는 관군이 대승을 거두었던 것이다. 처음부터 역도가 되는 것을 원치 않았던 동민군은 폐정개혁안을 제시하고 전주성에서 물러났고, 관군은 이를 수렴했다. 화해 분위기 속에서 동학농민군과 관군 사이의 협상은 아름답게 마무리됐으나 이미 청나라 군대가 아산만에 도착한 것이 문제였다.

청나라가 군대를 파병하자 일본은 텐진조약을 근거로 재빨리 한양에 군사를 파견했다. 고종과 명성황후로부터 요청을 받은 청나라 군대가 동학농민군을 토벌하기 수월한 아산만으로 간 것과 달리, 일본 군사들은 처음부터 한양으로 왔다. 일본군 2대대는 경복궁을 장악해 고종과 명성황후를 인질로 삼았고, 흥선대원군을 내세워 내정을 개편했다. 흥선대원군은 재집권을 위해 일본과 손을 잡았으나, 일본은 약속한 권력을 주지 않았다.

청일전쟁과
명성황후의 죽음

개화파 친일 인사들로 내각을 개편한 일본은 군사를 아산만으로 돌려 청나라 함선을 격침했다. 조선 땅에서 청나라와 일본의 전쟁이 벌어지려는 순간, 영국이 중재에 나섰다. 협상 자리에 나온 청나라의 이홍장은 조선을 반으로 나눠 북쪽은 청나라가, 남쪽은 일본이 다스리자고 제안했으나 일본은 거절했다. 전쟁에서 승리하면 조선을 통째로 지배할 수 있는데 반쪽만 가질 이유가 없었기 때문이다.

협상이 결렬되면서 청일전쟁이 시작됐다. 무대는 조선이었다. 평양을 함락한 일본은 백성들을 살육했고, 압록강을 넘어 청나라 본토를 공략하는 한편 청나라 함대를 격파했다. 전쟁은 일본의 일방적인 승리로 끝났다.

청일전쟁에 승리한 일본은 관군과 손을 잡고 동학농민군 토벌에 나섰다. 공주에 집결한 3만 명에 육박하는 동학농민군은 우금치 전투에서 처절하게 패배했고, 충북 보은에서는 2,600여 명의 동학교도가 살해됐으며, 전봉준은 체포됐다. 고종32년(1895년) 패전국 청나라는 일본의 배상요구를 모두 받아들여 시모노세키에서 조약을 맺었다. 이때 일본은 조약의 제1조에서 조선이 완전한 자주독립국임을 선언했는데, 청나라의 눈치를 보지 않고 조선을 침략하기 위해서였다. 또 전쟁에 대한 배상으로 청나라에게 요동반도와 대만을 받았다. 그러나 시모노세키조약이 체결된 지 며칠이 채 지나기도 전에 러시아와 독일, 프랑스가 나서서 일본을 압박했고, 이들을 상대로 전쟁을 치를 자신이 없었던 일본은 어쩔 수 없이 요동반도를 포기했다. 이른바 삼국간섭이었다.

러시아의 힘을 확인한 고종과 명성황후는 묄렌도르프를 중재자로 내세워 러시아 공사 베베르에게 협조를 구하며 수교를 준비했다. 베베르는 호의적이었고, 청나라를 대신할 러시아라는 돌파구를 발견한 고종과 명성황후는 희망을 찾았다.

요동반도에 이어 조선까지 잃을 위기에 놓인 일본은 명성황후를 제거할 계획을 세웠다. 고종을 움직이는 사람이 명성황후임을 알았기 때문이다. 청일전쟁에서 승리한 일본이 친일 개화파 인사들로 내각을 개편할 때 '홍범 14조'의 강령으로 '임금은 정전에 나와 정무를 보되 직접 대신들과 의논해 결정하며, 비빈, 종친, 외척은 정치에 관여하지 못한다'는 조항을 넣었다. 그러나 고종과 명성황후는 늘 함께였고, 결국 일본은 명성황후를 제거하기로 했다.

고종32년(1895년) 9월, 일본 공사에 임명된 군인 미우라 고로가 '왕비 시해'라는 전대미문의 범죄를 목적으로 한양에 도착했다. 경복궁으로 향하기 전, 미우라 고로는 흥선대원군의 신변을 확보했다. 새벽, 흥선대원군이 경복궁에 도착하자 일본군들은 홍계훈을 비롯한 수문병을 사살하고 대궐에 난입했다. 명성황후와 고종은 아직 잠자리에 들기 전이었다. 총성과 함께 몰려오는 일본군을 본 명성황후는 몸을 피했으나 이내 붙잡히고 말았다.

일본군은 고종과 세자 부부 앞에서 명성황후를 난도질해 죽였고 시신을 불태웠다. 동이 터올 무렵, 대원군과 함께 나타난 미우라 공사는 고종을 협박해 왕비를 폐서인했다.

이튿날 왕세자(순종)가 세자 자리에서 물러나겠다는 상소를 올리며 항의하자, 고종은 명성황후에게 후궁의 직첩 중에서 가장 지위가 높은 정1품 '빈'의 칭호를 주고 다시 왕후로 복위했다.

고종34년(1897년) 1월, 경복궁에서 도망쳐 러시아 공사관에 머물던 고종은 왕비의 시호를 '문성'으로 정하고, 3월에 다시 '명성'으로 수정했다. 같은 해 고종은 대한제국을 선언하고 황제로 즉위했고, '명성왕후'는 '명성황후'로 추존됐다. 그리고 세상을 떠난 지 3년 만에 드디어 왕비의 예로 장례가 치러졌다.

망국의
희망이 되다

"부디 종사를 생각하셔야 합니다. 무슨 일이 있어도 살아남으셔야 합니다."

일본군의 총칼에 살해되기 직전, 명성황후는 고종에게 이렇게 말했다. 그녀의 마지막 말은 마치 망국의 세월을 살아가게 될 조선의 백성들에게 전하는 말처럼 들린다.

왕비 시해 소식에 백성들은 분노했고, 격렬한 반일 감정이 순식간에 전국을 강타했으며, 곳곳에서 의병이 일어났다. 살아서 백성들에게 사랑받지 못했던 왕비는 죽음으로써 항일의 상징이 됐다. 그녀의 죽음을 통해 백성들은 자각했고, 조선은 스스로 자주국가로 나아갈 동력을 얻었다.

화려한 듯 불행했고 안락한 듯 고통스러웠던 명성황후의 삶은 모순으로 가득했다. 그녀가 고종에게 사랑받지 못하고 왕비로서의 존재감이 없었던 10년이 대원군에게는 황금기였다. 고종의 사랑을 받으며 정치 감각을 빛냈던 10년 동안에는 폭도로 변한 군인들과 테러를 저지른 개화파에게 죽을 고비를 겪었다. 그 후 고종21년(1884년) 갑신정변부터 고종31년(1894년) 을미사변까지 10년간의 명성황후는 백성과 신하들을 외면한 채 사치스럽게 살았고, 끝내 왕비로서의 존엄을 지키지 못한 채 비참한 죽음을 맞았으나 황후로서 숭고함을 얻었다.

조선의 마지막도 비슷했다. 고요한 아침의 나라에서 역동적인 개화기를 지나 국권을 빼앗기는 치욕을 겪었으나 결국 자주국가로서 우뚝 섰다. 그런 의미에서 자랑하고픈 고귀함과 감추고 싶은 민낯이 공존하는 명성황후는 조선의 마지막을 닮은 왕비이다.

명성황후와 역사적 사건

철종2년(1851년)	명성황후 탄생
철종3년(1852년)	고종 탄생
1863년	철종 승하, 고종 즉위
고종3년(1866년)	고종과 민황후 가례, 민승호 이조참의, 민겸호 알성시 장원
고종5년(1868년)	고종 첫아들 탄생(母 영보당 이씨)
고종7년(1870년)	첫 임신, 유산
고종8년(1871년)	첫아들 출산(요절)
고종10년(1873년)	첫딸 출산(요절), 대원군 실각
고종11년(1874년)	원자 출산, 민승호 일가 폭탄 테러 사망
고종12년(1875년)	세자 책봉, 민영익 민승호 양자 입적, 운요호 사건
고종13년(1876년)	강화도조약 체결, 1차 수신사 파견
고종14년(1877년)	민영익 급제, 이재선(대원군 서장자, 고종 이복형) 역모, 처형
고종17년(1880년)	2차 수신사 파견, 통리기무아문 설치, 별기군 창설
고종18년(1881년)	조사시찰단(신사유람단) 파견
고종19년(1882년)	임오군란, 민겸호, 이최응(대원군 친형) 사망 대원군 재집권, 왕비 사망 선언 대원군 텐진 억류, 왕비 환궁
고종21년(1884년)	갑신정변
고종22년(1885년)	청나라와 일본 텐진조약 체결
고종23년(1886년)	대원군 귀환
고종31년(1894년)	동학농민혁명, 대원군 재집권, 청일전쟁
고종32년(1895년)	시모노세키조약, 을미사변, 명성황후 사망

임오군란
갑신정변
동학혁명

고종 즉위 후 흥선대원군은 섭정의 명분으로 10년 동안 무소불위의 권력을 휘둘렀다. 서원을 철폐하고 양반에게도 군역의 책임을 지게 함으로써 견고한 신분제 안에서 수백 년 동안 단단하게 쌓아온 공자와 주자의 보호벽을 단숨에 무너뜨렸다. 통쾌한 일이었다.

하지만 고종10년(1873년) 흥선대원군은 예고 없이 권력을 잃었고, 고종은 친정을 선언했다. 흥선대원군은 강제 하야했고, 고종의 시대가 시작됐다.

① 실패의 시작, 임오군란

고종과 명성황후의 실패는 친정 10년째 되던 고종19년(1882년) 임오군란에서 시작됐다. 그전까지 이들은 내외 우환에 시달렸다.

내환은 목숨을 위협받는 일들의 연속이었다. 경복궁에는 두 번이나 불이 났고, 명성황후의 친정 일가는 폭탄 테러로 사망했으며, 고종의 이복형이자 흥선대원군의 서자인 이재선의 역모가 드러났다. 이 사건들의 배경에는 흥선대원군이 있었다.

외환은 강화도 앞바다에 나타난 일본 군함 운요호의 무력시위부터 시작됐다. 고종과 명성황후는 전쟁을 피하고자 불평등 조약인 강화도조약을 체결하고 부산항을 개항했다.

이를 시작으로 본격적인 개화 정책을 추진했는데, 일본에 수신사를 파견했고, 청나라에는 영선사를, 미국과 서양 국가들에는 보빙사를 파견해 외교를 넘어 선진 문화를 배워오도록 했다.

고종과 명성황후는 개화의 필요성을 절감했고, 개화에 찬성하는 젊은 관료들을 발탁해 정책 진행의 동력으로 삼았다. 서양 국가 중 미국과 가장 먼저 수교를 맺었고, 고종은 사비를 들여 김옥균을 비롯한 개화파 관료들을 일본에 보냈다. 일본의 발전된 모습을 배우고 돌아와 조선의 부국강병을 이룰 대책을 제시해주길 기대한 것이다. 외교를 담당하는 통리아문을 설치하고, 신식 무기와 군복을 갖춘 군대도 만들었다.

변화된 모습이 눈에 보이자 고종과 명성황후는 만족했다. 모든 것이 순조로워 보였고, 개화 정책은 성공적으로 진행되는 것 같았다. 하지만 개화 과정에는 많은 돈이 들었고, 구식군인들의 대우는 점점 나빠졌다.

유난히 가뭄이 심해 흉작이 예고되어 있었던 고종19년(1882년), 13개월째 월급을 받지 못한 구식군인들은 겨와 모래가 잔뜩 섞인, 먹을 수조차 없는 쌀을 월급 대신으로 받고는 결국 분노를 참지 못했다.

이들은 불량 쌀을 지급한 민겸호를 때려죽이고 탐관의 대명사이자 흥선대원군의 형인 흥인군 이최응도 때려죽였다. 나아가 눈엣가시 같았던 일본 공사에 불을 지르고 교관을 때려죽였다. 신식 군인을 가르치는 교관이 일본인이었기 때문이다.

대원군은 자신을 찾아온 이들을 창덕궁으로 보내 왕비를 죽일 것을 명했으나 명성황후는 극적으로 도피했다. 고종은 흥선대원군에게 전권을 넘겼고, 흥선대원군은 서둘러 왕비의 죽음을 선언하고 장례 절차를 밟았다.

② 개화파의 몰락, 갑신정변

임오군란이 쏘아 올린 공은 개화파의 좌절로 이어졌다. 목숨을 위협받은 고종과 명성황후가 청나라 군대에 지나치게 의존하는 모습을 보인 것이다.

게다가 일본에 대한 반발 여론이 심해지는 바람에 일본의 도움을 받아 개화를 추진하려 했던 개화파들은 초조해졌다. 임오군란 이후 제물포조약의 재협상을 위해 일본에 파견된 김옥균을 위시한 개화파들은 일본의 거절로 차관 도입에 실패하면서 고종의 신임까지 잃게 됐다.

좌절을 겪어본 적 없는 명문가 자제들이었던 김옥균, 박영효, 홍영식 등 급진 개화파는 이런 상황을 타개하고자 쿠데타를 계획했으니, 바로 갑신정변이다.

갑신정변은 삼일천하로 막을 내렸으나 다시 한번 목숨을 위협받은 고종과 명성황후는 신하들을 더 이상 믿지 않게 됐다. 김옥균을 비롯한 급진개화파 인사들은 일본으로 망명했고, 일본은 갑신정변의 수습을 요구하며 한성조약을 체결했다. 배상금은 10만 원이었고, 일본은 조선에 군사를 주둔시킬 명분을 얻었다.

고종과 명성황후는 갑신정변 당시 자신들을 살린 청나라에 더욱 의존하였고, 개화 정책을 실패한 정책으로 여기기 시작했다. 이때 청나라와 일본은 톈진에서 조약을 맺어 조선에 대해 두 나라가 동등한 권리를 가졌음을 선언했다. 청나라는 호시탐탐 조선을 노리는 일본을 경계했고, 일본은 고종과 명성황후가 청나라에 의존하는 것을 경계한 것이다.

③ 백성의 자각, 동학농민혁명

갑신정변 이후 고종과 명성황후는 10년 가까이 내정이나 외교에 있어 별다른 모습을 보이지 않았고, 그 사이 탐관오리들이 조선을 장악했다. 이 시기를 '잃어버린 10년'이라 부른다.

전라도 고부 군수 조병갑의 횡포에 농민이 봉기하면서 시작된 동학농민운동은 순식간에 전라도와 충청도로 번져 나갔다. 이들을 진압하기 위해 명성황후는 청나라에 도움을 청했고, 청나라가 군사를 파견하자 톈진조약에 따라 일본도 군사를 보냈다. 이때 일본 군사들은 한양으로 와 고종과 명성황후를 인질로 삼았다.

이후 청나라와 일본은 조선의 지배권과 내정 간섭권을 두고 조선 땅에서 전쟁을 벌였고, 일본이 승리했다. 이 전쟁이 바로 청일전쟁이다.

일본군을 몰아내고 자강을 이루고자 봉기한 동학농민군은 관군과 연합한 일본군에게 몰살됐다. 일본은 청나라에 배상금과 더불어 요동반도를 요구했고, 청나라는 수용했다. 그러나 이를 과하다 여긴 영국과 프랑스, 러시아가 나서서 요동 할양을 취소시켰다.

이 과정에서 러시아가 상당한 역할을 하는 것을 지켜본 고종과 명성황후는 러시아와 수교를 맺어 일본을 견제하고자 했다. 이에 일본 정부는 낭인들을 고용했고, 이들은 흥선대원군 등을 포섭해 대궐에 난입한 후 끝내 왕비를 찾아내 죽이고 시신을 불태웠다.

이후 조선 정부는 일본의 감시에 놓이게 됐고, 이를 두려워한 고종은 이듬해 세자와 함께 옥새를 들고 러시아 공사관으로 몸을 피했다. 이를 아관파천이라 한다.

조선시대 주요 사건 정리

연도	왕실·인물 관련	역사적 사건	청나라 및 일본
숙종4년 (1678년)		초량왜관 건립	
숙종9년 (1683년)		약조제찰비 건립	
철종3년 (1852년)	제26대 고종 탄생		메이지 천황 탄생
철종5년 (1854년)			에도막부 개항 및 개화 일·미 화친조약 체결
철종11년 (1860년)	최제우 동학 창시		청, 영국· 프랑스·러시아와 베이징조약 체결
고종 즉위년 (1863년)	고종 즉위		
고종1년 (1864년)	흥선대원군 섭정	서원 철폐	
고종2년 (1865년)	익종, 헌종, 철종 추존	경복궁 중건	
고종3년 (1866년)	신정왕후 수렴청정 거둠 고종과 명성황후 가례	병인박해, 병인양요 제너럴셔먼호 사건	
고종4년 (1867년)			메이지 천황 즉위

고종5년 (1868년)	서1남 완왕 탄생 (母 영보당 이씨)	오페르트 도굴 사건	메이지 유신 국서 전달
고종7년 (1870년)	명성황후 유산	김옥균 등 개화파 탄생	국서 전달 실패
고종8년 (1871년)	원자 탄생, 사망	호포제 시행 신미양요 척화비 건립	국서 전달 실패 난출
고종9년 (1872년)	박영효 부마 간택 김옥균 장원급제		일본의 초량왜관 접수 대일본군 공관으로 개칭
고종10년 (1873년)	공주 탄생, 사망	흥선대원군 하야 고종 친정 선언	
고종11년 (1874년)	순종 탄생	민승호 일가 폭사	
고종12년 (1875년)	세자 책봉 대군 탄생, 사망	운요호 사건	
고종13년 (1876년)		강화도조약 체결 부산 개항	김기수 등 1차 수신사 파견
고종14년 (1877년)	이재선(대원군 서자) 역모, 처형 박규수 사망		
고종17년 (1880년)	서1남 완왕 사망(13세)	원산 개항 별기군 창설 김홍집 〈조선책략〉 소개	김홍집 등 2차 수신사 파견
고종18년 (1881년)		조사시찰단 파견 영남 유생 1만 명 상소 위정척사운동 강세	김윤식 등 영선사 파견 (청나라로 유학생 파견)

고종19년 (1882년)	세자빈 간택, 책봉 이최응, 민겸호 사망 대원군 재집권 텐진 억류 명성황후 도피, 환궁	조미수호통상조약 체결 임오군란 제물포조약 체결 (배상금 55만 원) 청상민수륙무역장정	김옥균 등 3차 수신사 파견 (차관 300만 원 도입, 실패)
고종20년 (1883년)		인천 개항	민영익 등 보빙사 파견 (미국 등 서방 외교사절단)
고종21년 (1884년)		갑신정변 한성조약 체결(배상금 10만 원)	
고종22년 (1885년)	경복궁 환궁		청·일 텐진조약 체결
고종23년 (1886년)	대원군 귀환		
고종31년 (1894년)	대원군 재집권, 은퇴	동학농민혁명 전봉준 체포 제1, 2차 김홍집 내각 갑오개혁 홍범 14조 발표	청일전쟁 (일본 승리)
고종32년 (1895년)	명성황후 시해	전봉준 사형 을미사변 제3차 김홍집 내각 단발령	시모노세키 조약
고종33년 (1896년)	김홍집 사망	아관파천 독립협회 창설	
광무1년 (1897년)	고종 경운궁으로 환궁 시위대(호위대) 양성 귀인 엄씨 황자 출산 명성황후 홍릉에 장사	대한제국 선언 광무개혁 대한제국군 창설	
광무2년 (1898년)	여흥부대부인 민씨 사망 흥선대원군 승하	육군무관학교 창설	

광무5년 (1901년)	황자 이은 영왕 책봉 (母: 귀인 엄씨)		
광무6년 (1902년)	귀인 엄씨, 황귀비 승격		
광무7년 (1903년)			
광무8년 (1904년)	효정왕후(헌종 계비) 승하 황태자비 민씨 승하	제1차 한일협약	러일전쟁
광무9년 (1905년)		제2차 한일협약 (을사늑약)	대한제국 외교권 박탈
광무10년 (1906년)	소의 이씨, 숙원 이씨 숙원 장씨 귀인 승격		
융희1년 (1907년)	고종 퇴위, 순종 즉위 영왕 황태자 책봉	헤이그 밀사 파견 신민회 (항일비밀결사) 창립 국채 보상 운동 전개	영친왕 일본 유학 태자태사 이토 히로부미 태자소사 이완용
융희3년 (1909년)		육군무관학교 폐지 (졸업생 282명 배출)	안중근, 하일빈에서 이토 히로부미 저격
1910년 (메이지43년)		한일병합(경술국치) 순종 서명 거부, 이완용 서명 안중근 사망	
1912년	덕혜옹주 탄생		
1919년	고종 승하 3·1 만세운동	대한민국임시정부 수립	

5장

조선 밖의 세상은 조선을 삼키려 하고, 조선의 백성은 왕실을 증오하던 시대. 욕을 먹고 오명을 남길 것을 알면서도 누군가는 책임을 지고 몰락 하는 조선의 수장이 되었다.

권력과 책임

국가의 몰락 편

김홍집

**"조선의 마지막 영의정이자
최초의 총리대신"**

이름 **김홍집**

당적 **중도파**(위정척사와 급진개화)

인생을 바꾼 순간 **을미사변**

결정적 실수 **"왕비가 시해되셨는데 일국의 국무대신이 적을 처결하지 못하고
죽지도 못하다니, 한심하도다!"**

애증의 대상 **일본 놈들!**

한 줄 평 **망해가는 조선을 위해 일하고 성난 조선 백성들 손에 죽다**

1895년 10월 8일 늦은 밤

두 손에 하얀 비단을 받쳐 든 김홍집은 만감이 교차하는 얼굴로 눈을 감았다. 일본 자객들이 대궐에 난입해 왕비를 난도질해 죽이고 시신을 태웠다. 총칼로 무장한 이들은 왕세자를 구타하고 임금을 겁박했다. 어처구니없는 일이었다. 일본 자객들 뒤에 대원위 대감이 있다는 것을 알게 된 순간, 김홍집은 망연자실했다.

'이게 나라란 말인가? 500년 종묘사직이 이렇게 무너지는구나!'

김홍집의 눈에서 뜨거운 눈물이 흘러내렸다. 죽음이 두렵거나 삶에 미련이 남은 것은 아니었다. 조선의 대신으로서 가졌던 일말의 자긍심은 이미 오래전에 사라져버렸다. 그가 목숨을 부지하고 있는 이유는 아직 할 일이 남아서였다.

고종19년(1882년) 미국과 체결한 조미수호조약과 일본과 체결한 조일강화조약, 조일수호조규에 이름을 올렸고, 고종21년(1884년) 인천 제물포 각국 조계장정과 한성조약에도 이름을 올렸다. 굴욕을 막지 못했으니 죽어 마땅한 일이었다. 수십 번도 넘게 사직 상소를 올렸으나 고종은 때로는 화를 내고 때로는 어르고 달래며 만류했다.

"나는 흉금을 터놓고 경에게 도움을 구해 매번 중요한 일을 묻곤 했다. 오늘날 다시 경에게 정승을 시키는 것도 내가 오늘에 와서야 생각한 것이 아니다. 경을 생각하고 경을 믿는 것이 언제 조금이라도 마음속에서 떠난 적이 있었겠는가? 경을 기다리는 마음이 급해 한가하게 말할 겨를이 없으니 경은 이 지극한 뜻을 받들어 즉시 조정에 나오도록 하라."

"나의 마음을 헤아렸으리라 생각했는데 이제 이렇게 사직을 청하는 글이 올라왔으니 이전에 기대하던 것과는 일체 어긋났다. 현재의 근심스럽고 위태로운 형편은 경이 지난날 사임했을 때와 비교해 더욱 고질화되고 심각해져 날로 수습할 수 없는 상황이 되어가고 있으니, 내가 어찌 지난날 경에게 기대하던 것을 오늘날 기대하지 않을 수 있겠는가? 경은 속히 상소 올리기를 단념하고 즉시 나와서 명을 받아들여 나의 간절한 뜻에 부응하라."

위정척사파에게 온갖 욕을 먹고, 대원군의 사람들에게 협박을 당하고, 친일파 매국노 소리를 들으면서도 조정에 남은 이유는 하나였다. 자신이 조정을 떠나면 저 승냥이 같은 이들이 임금을 가만두지 않을 터. 두려워하는 얼굴로 간절히 자신을 잡는 임금을 도저히 외면할 수가 없었다. 하지만 조선의 조정은 이미 정상이 아니었다. 아니, 정상이 아닌 지는 오래됐으나 이제는 회생 자체가 불가능한 지경이었다.

감았던 눈을 번쩍 뜬 김홍집은 대들보에 비단을 걸었다. 더 비참한 꼴을 보느니 하루빨리 죽는 편이 나을 것 같았다.

비단에 목을 매려는 순간, 방문이 벌컥 열렸다.

"대감, 고정하십시오! 대감께서 지금 돌아가신다고 모든 일이 수습되겠습니까? 왕비는 이미 참변을 당했습니다. 우리는 이 사태를 수습해야 합니다. 그것이 신하로서의 충절입니다. 죽고 사는 문제는 이 사태를 수습한 후에 정해도 늦지 않으니 제발 고정하십시오!"

김홍집을 바라보는 유길준의 부릅뜬 두 눈에 핏발이 서 있었다. 혹시나 해서 따라와 보았더니 예상대로였다. 왕비를 잃을 수는 있어도 김홍집을 잃을 수는 없었다. 하지만 김홍집은 모든 것을 내려놓은 듯 분노와 체념이 어린 얼굴에 희미한 미소를 지으며 그를 바라보았다.

"유공, 그대가 말하는 바를 모르는 것은 아니오. 우리는 지금껏 나라를 보전하기 위해, 개혁해 더 나은 나라로 만들기 위해 모든 치욕과 굴욕을 참고 견뎌왔소. 하지만 이번만은 저들을 용서할 수가 없소. 일국의 대신이 국모의 참변을 보고 어찌 살아서 전하와 백성의 얼굴을 다시 볼 수 있단 말입니까? 유공, 유공은 반드시 이 난국을 극복해낼 겝니다. 극복해 이 나라를 수렁에서 건져내야 합니다. 하지만 내게 남은 일은 죽음뿐입니다."

"대감!"

김홍집이 끝내 비단에 목을 걸자, 유긴준은 소매에 감춰 온 단도를 꺼내어 비단을 잘라버렸다. 아직은, 아직은 때가 아니었다.

방바닥에 주저앉은 김홍집은 허탈한 얼굴로 찢어진 비단을 바라보았다. 살아 있다는 것이 죽는 것보다 더 힘겨웠다.

김홍집은 흥선대원군, 명성황후와 함께 고종 시대를 살았던 인물이다. 기울어가는 나라에서 권력을 움켜쥐기 위해 서로의 목에 칼을 겨누었던 시대, 김홍집은 조선의 마지막 영의정이자 최초의 총리대신으로서 본분을 다하기 위해 부단히 노력했다. 하지만 결과는 참담했다. 왕비는 일본인의 손에 죽었고, 왕비를 시해한 일본인과 손을 잡은 것은 고종의 아버지 대원군이었다. 그리고 고종은 오직 자신의 신변만을 위해 상궁의 가마를 타고 러시아 공사관으로 도망쳤다.

힘이 없던 조선 조정이 부끄러운 결정을 할 때마다 나라의 대신으로서 책임을 진 것은 김홍집이었다. 그래서 그는 대신으로 있는 내내 만백성의 적이 됐고, 만백성으로부터 매국노라고 지탄받았다.

김홍집이 겪은 가장 비극적인 일은 고종의 배신이었다. 러시아 공사관으로 어가를 옮긴 고종은 총리대신 김홍집을 비롯한 내각 대신들을 전원 체포할 것을 명했다. 고종을 만나기 위해 러시아 공사관으로 갔다가 끝내 임금의 얼굴조차 뵙지 못하고 돌아오던 길, 김홍집은 분노한 백성들에게 맞아 죽었다. 몰려오는 백성들의 기세를 보고 겁을 먹은 수행원들이 일본 군대가 있는 곳으로 피신할 것을 권하자 김홍집은 이렇게 말했다고 한다.

"나는 조선의 총리대신이다. 다른 나라 군대의 도움을 받아 목숨을 부지하느니 차라리 조선 백성의 손에 죽는 것이 떳떳하다. 그것이 천명이다."

명성황후가 일본 낭인들의 손에 난자당해 시해된 을미사변 당일 끝내 자살하지 못했던 김홍집은 아관파천이 있던 날 스스로 선택한 죽음을 맞았다.

15년 후, 대한제국 순종황제는 한일병합조약을 체결하고 통치권을 일본에 양여했다. 국권을 완전히 상실한 1910년, 시인이자 역사학자인 매천 황현은 스스로 목숨을 끊으며 이런 절명시(絶命詩)를 남겼다.

"나라의 녹을 받은 적이 없으니 내게 꼭 죽어야 할 의리는 없다. 하지만 조선이 선비를 기른 지 500년이 됐는데도 나라가 망하는 날 한 사람도 목숨을 끊는 이가 없다면 가슴 아픈 일이다."

선비 황현은 나라의 녹을 받은 적이 없어 죽어야 할 의리는 없었으나 나라가 망하자 스스로 목숨을 끊었다. 조선의 총리대신 김홍집은 조정과 임금을 지키지 못하자 백성의 심판을 받았다. 망국의 책임을 져야 할 자리에 있던 인물 중 김홍집보다 떳떳한 죽음을 맞은 사람은 없었다.

메이지 유신

철종4년(1853년) 아메리카 동인도 함대 사령관인 페리 제독이 군함 4척을 이끌고 일본에 나타나 개항을 요구하고 미국 대통령의 국서를 받을 것을 강요했다. 당시 태평양에 진출한 미국은 포경사업 등의 장기간 원거리 조업과 중국 공략을 위한 중간 기지가 필요했기에 군함을 내세워 무력으로 일본을 위협한 것이다. 에도막부는 일단 미국의 국서를 받고 페리 제독을 돌려보냈다. 하지만 철종5년

(1854년) 정월, 페리 제독은 재차 7척의 군함을 이끌고 무력시위를 하며 일본에 개항과 통상 조약 체결을 강요했다. 일본은 결국 불평등 조약인 '일미화친조약(가나가와 조약)'을 체결했다. 이 사실이 열강에 알려지면서 일본은 영국, 러시아, 네덜란드 등과도 연달아 불평등 조약을 체결해야 했다.

무력에 의한 강제 개항은 일본의 정세를 완전히 바꿔놓았다. 분노한 하급 무사들은 에도막부에 대항해 무력 충돌을 일으켰고, 다시 천황을 중심으로 뭉쳐야 한다는 왕정복고가 대두됐다. 에도막부는 나라를 팔아먹었다는 비난을 받았고, 천황을 중심으로 서양 오랑캐를 몰아내자는 존왕양이운동이 일본 전역에서 펼쳐졌다. 막부파와 천황파의 전쟁은 천황파의 승리로 막을 내렸다. 에도막부는 역사 속으로 사라졌고 천황은 세속의 권력을 갖게 됐다.

내전에 이어 정권의 갑작스러운 변화로 인한 혼란이 있었으나 서구 열강의 수탈은 없었다. 미국을 비롯한 서구 열강은 일본과 유리한 조건으로 통상 조약을 맺은 것에 만족했고, 당면한 이익을 챙기느라 바빴기에 말하자면 일본은 잠시 방치된 것이다. 덕분에 국력을 키울 시간을 얻은 일본은 미국 군함을 통한 강제 개항 경험에서 깨달은 바를 토대로 해군과 함대를 양성하는 데 힘썼다.

그 무렵 조선에서는 민족종교 동학이 백성들 사이에서 빠르게 퍼져나갔다. 철종11년(1860년) 최제우가 창시한 동학은 '사람이 곧 하늘'이라는 인본주의를 바탕으로, 열강과 제국주의의 침략과 수탈이 본격적으로 시작되기 전에 백성들을 자각시켰다.

1863년 철종이 승하하고 열두 살의 고종이 즉위하면서 흥선대원군의 개혁이 시작됐다. 흥선대원군의 서원 철폐는 백성들의 지지를 얻었고, 병인양요와 제너럴셔먼호 사건에 이어 오페르트 도굴 사건 등을 계기로 서구 열강을 배척하는 척화운동이 전국적으로 전개됐다.

고종3년(1866년) 12월, 일본의 121대 고메이 천황이 세상을 떠나고 고종4년(1867년) 1월, 122대 메이지 천황이 즉위했다. 새로 즉위한 천황의 나이는 열여섯 살로 고종과 같았고, 둘 다 격동의 시대에 어린 나이로 군주가 됐다는 점도 비슷했다.

고종4년(1867년) 12월, 200년에 걸친 막부의 시대가 끝나고 정식으로 왕정복고가 시작됐다. 이 사건을 '메이지 유신'이라고 한다. 에도막부가 역사 속으로 완전히 사라진 후 메이지 천황은 에도에 행차했고, 이를 기념해 에도는 '도쿄'라는 새 이름을 갖게 됐다. 쇼군[1]의 도시였던 에도가 천황의 도시 도쿄로 다시 태어난 것이다. 메이지 정부는 일본의 최고 권력자가 쇼군이 아니라 천황임을 알리기 위해 조선에 국서를 보냈다.

> 일본국 좌근위소장 대마수 평조신 의달은 조선국 예조참판 공 합하에게 글을 올립니다.
>
> (…중략…)
>
> 우리나라의 황조(皇祚)가 면면히 이어져 온 지 2,000년이 넘었습니다.
>
> 중세 이래 병마의 권한이 모두 쇼군에게 위임됐고 외국과의 교제 역시 쇼군이… (…중략…)
>
> 이에 우리 황상 메이지 천황이 등극해… (…중략…)

---

1   일본의 역대 무신정권인 막부의 수장을 가리키는 칭호

귀국은 우리에게 교의가 이미 오래됐으니, 마땅히 정성을 더욱 돈독히 하여 만세토록 변치 않아야 합니다. 이는 우리 황상의 성의입니다.

(…하략…)

제이오4년(1868년) 무진 9월, 좌근위소장 대마수 평조신 의달

— 〈조선외교사무서〉

쇼군이 아니라 천황의 명으로 보낸 이 국서는 메이지 정부의 공식적인 첫 외교활동이었다.

일본의 국서를 접한 훈도[2] 안동준은 황제만이 사용할 수 있는 '황실', '칙서' 등의 용어에 당황했다. 안동준은 관례에 맞지 않는다는 이유로 국서를 접수하지 않았고, 부산 첨사와 동래 부사 모두 국서를 무시했다.

조선과 일본의 외교는 대마도를 통해 진행해 왔는데, 이때 국서를 접수하러 대마도에서 온 이들은 1년 넘게 초량왜관에 머물며 노력했으나 실패했다. 이에 메이지 천황과 일본 정부는 자신들의 체면이 크게 떨어졌다고 생각했다.

초량왜관에서 대일본군 공관으로

고종5년(1868년) 천황의 이름으로 조선에 보낸 국서가 접수되지

---

2   조선 후기 동래 왜관과의 통역 및 왜학 생도의 일본어 교육을 담당한 관리

않자 메이지 정부는 고종7년(1870년)과 고종8년(1871년) 대마도가 아닌 본토에서 외교관을 파견해 거듭 국서를 보냈다.

초량왜관에 머물며 국서가 접수되길 기다리던 일본 관리와 상인들은 조선이 국서 접수를 계속 거부하자 동래부사에게 직접 전달하겠다며 왜관의 문을 부수고 나와 동래부로 향했다. 이는 약조체찰비[3]의 조약을 어긴 것이었기에 원칙대로라면 왜관을 나온 일본인 모두를 사형에 처해야 했다. 하지만 이런 상황을 처음 겪는 동래부 관리들은 일단 처벌을 미룬 채 타이르고 설득했다. 초량왜관을 나온 56명의 일본인은 동래부 관리들의 제지를 받으면서도 끝내 동래부까지 왔다. 동래부사는 나흘에 걸쳐 30리 길을 걸어온 이들을 동래부 안에 머물게 해주긴 했으나 공식 접견은 거절했고 끝내 국서를 접수하지 않았다.

장장 5년에 걸친 세 번의 국서 전달이 모두 실패하자 외교관들은 다시 일본으로 귀국했고, 이듬해인 고종9년(1872년) 메이지 정부는 무력을 앞세워 부산 초량왜관의 이름을 '대일본군 공관'으로 바꾸고 일본 외무성이 접수하게 했다. 이는 조선과 일본의 관계 변화를 알리는 매우 중요한 사건이었으나 조선은 대수롭지 않게 생각했다.

---

3   임진왜란 이후 조선과 일본 상인의 접촉이 잦아지면서 일본 상인에 의한 밀무역, 잠상 행위 등 범법행위가 빈번해지자 숙종9년(1683년) 통신사(通信使)로 일본에 간 동래부사 윤지완이 대마도주와 왜관에서 발생하는 문제에 대해 체결한 5개조 약조를 간추려 공시한 비. 조약 내용은 '출입을 금한 경계를 넘어 나온 자는 크고 작은 일을 논할 것 없이 사형으로 다스린다. 노부세(통행수수료)를 주고받은 것이 발각되면 준 자와 받은 자 모두 사형으로 다스린다. 개시(開市)했을 때 각 방에 몰래 들어가 암거래를 하는 자는 피차 사형으로 다스린다' 등이다.

초량왜관을 일본이 관리하기 시작하자 대마도 출신이 아닌 상인들도 자유롭게 왕래하기 시작했다. 조선에서 볼 때 이것은 명백한 위법이었으나 비문을 세웠을 때와는 상황이 달라졌음을 인정하지 않을 수 없었다.

점점 과감해진 일본은 상인들의 자유로운 왕래를 막지 않았고, 조선은 대마도 출신이 아닌 상인들을 처벌하는 대신 '잠상 출입금지 명령'을 내렸다. 이때 조선이 황실이나 칙서 등 받아들일 수 없는 용어 때문에 메이지 정부의 국서 접수를 거부했던 것처럼, '잠상 출입금지 명령'에 등장한 '무법지국'이라는 문구가 일본인들을 자극했다.

근일 피아(일본과 조선)의 사람들이 서로 버티니, 일언으로 타파할 수 있다. 우리는 300년 조약(약조체찰비)에 의지한다. 그런데 저들은 바꿀 수 없는 법을 변경하려 하니 무슨 마음인가? 일이 만약 전례를 어긴다면 그것을 본국에서 행하려 해도 또한 강요하기 어려운데, 하물며 이웃나라에 행하면서 자기 마음대로 행할 수 있단 말인가? (…중략…) 그러므로 그들이 우리나라 경계에 왕래하는 것을 허락할 수 없다. (…중략…) 잠상이 법을 무릅쓰는 것은 또 양국에서 같이 금하는 것이다. 요사이 저들이 하는 것을 보니 가히 무법지국이라 할 만하다. 또한 이를 수치로 여기지 않는다. 우리나라는 법령이 스스로 있으니 우리나라 경계 안에서 시행한다. (…중략…) 비록 하나의 물건을 몰래 매매하고자 해도 이 길은 끝내 열리지 않을 것이다. (…중략…) 너희는 더불어 여러 교활한 짓을 기찰해 낮에는 비밀히 염탐하고 밤에는 수륙의 여러 곳을 순행해 근무지에서 이전 같은 해이의 폐단이 없도록 하라. 만약 잘 거행하지 않다가 발각되면 당당한 나라의 법이 먼저 너희에게 시행할 것이다. 진실로 너희의 목을 보존하고자 하면 각별히 조심할 것이다.

— 〈메이지 천황기〉 메이지6년(1873년, 고종10년) 8월 17일

일본은 국서 접수 거부에 이어 조선이 자신들을 '무법의 나라'로 표현하자 모욕감을 느꼈고, 이 소식이 본토에 전해지자 전쟁을 불사하겠다는 여론이 들끓었다.

바로 이런 상황에서 10년 동안 조선의 외교 정책을 주도해온 흥선대원군이 실각하고 고종이 친정을 시작했다. 고종이 친정을 시작하자마자 일본과의 관계가 안 좋아진 것은 이런 복잡한 이유들 때문이었다.

박규수와
개화파 신진 관료

헌종8년(1842년)에 태어난 김홍집은 고종 시대 개화파의 대표적인 인물이다. 그의 어머니는 우계 성혼의 후손이었고 아버지 김영작은 박규수 등과 친분이 깊었다. 김홍집은 개화파의 선구자이자 스승이라 할 수 있는 박규수 문하에서 공부하며 개화사상을 키웠고, 고종4년(1867년) 스물여섯의 나이로 진사시에 급제해 성균관에 들어간 후 바로 이듬해 전시에 합격해 승정원 사변가주서[4]에 임명

---

4   조선시대 임금의 비서 기관인 승정원의 정7품 관직

됐다. 하지만 얼마 후 아버지의 초상을 치르기 위해 벼슬에서 물러났고, 삼년상을 마칠 때쯤 어머니가 돌아가시는 바람에 연달아 상을 치러야 했다.

김홍집이 부모의 초상을 치르는 동안 흥선대원군이 실각하고 고종이 친정을 시작했다. 고종12년(1875년) 김홍집이 조정에 돌아왔을 때, 고종과 명성황후는 개화 정책을 추진 중이었다. 그렇다고 개화에 대한 청사진이나 계획이 있었던 것은 아니다. 고종11년(1874년) 청나라는 일본의 침략을 막기 위해 미국, 프랑스와 통상을 맺을 것을 조선에 권유했는데, 당시 고종과 명성황후는 그 조언을 참고만 했을 뿐 서양과 통상을 맺는 데 경계심이 있었다. 그러나 얼마 후 민승호 일가가 폭탄 테러로 몰살당하자 이들은 흥선대원군 세력에 맞서 꾸준히 개화를 주장해온 박규수와 오경석 등의 의견에 귀를 기울이기 시작했다.

북학파[5]의 영수 박지원의 손자인 박규수는 개화파 신진 관료들을 키워낸 인물로, 고종의 법적 아버지인 효명세자와 각별한 사이였다. 순조28년(1828년) 대리청정을 시작한 효명세자는 아직 벼슬에 오르지 않은 박규수를 아껴 곁에 두었다. 순조32년(1832년) 효명세자가 갑작스럽게 승하하자 박규수는 무려 20년 가까이 칩거하며 할아버지 박지원이 남긴 북학사상의 정수를 깨우쳤고, 할아버지의 친구와 문인들을 찾아다니며 가르침을 청했다.

그가 헌종14년(1848년) 마흔두 살의 나이로 문과 증광시에 합격

---

5   청나라의 학술·문물·기술을 적극 받아들여 조선의 물질 경제를 풍요롭게 하고 삶의
     질을 높일 것을 주장한 학풍으로, 이용후생지학(利用厚生之學)이라고도 한다.

했을 때, 합격자 명단에서 박규수의 이름을 발견한 헌종은 크게 기뻐하며 '일찍이 부왕의 사랑을 받던 너를 내가 너무 늦게 알아보았다. 앞으로 크게 쓸 것이니 진력하라'고 했다 한다. 하지만 이듬해 박규수가 외직에 나간 사이 헌종이 승하하고 철종이 즉위하면서 박규수는 또 뜻을 펼칠 기회를 잃고 말았다.

철종11년(1860년) 청나라에 사신으로 간 박규수는 제2차 아편전쟁[6]에 따른 베이징조약[7]의 체결을 목격하며 처음으로 제국주의의 실체를 만났다.

전쟁에서 승리한 영국은 주룽(현재 홍콩 중심부)을 차지하고 각종 이권을 약탈하듯 가져갔고, 프랑스는 청나라 영토 내에서 천주교 전파 등 포교 활동의 자유를 인정받았다.

박규수는 형식과 관습에 의존한 외교에 한계가 있음을 깨닫고 조선도 변화해야 한다고 생각했다. 이후 철종이 승하하고 고종이 즉위하자 신정왕후는 '박규수는 벼슬길에 오르지 않았을 때도 익종께서 크게 쓰려던 인물이다. 그가 벼슬한 뒤 이제까지 그의 재주를 마음껏 발휘할 자리에 앉아본 적이 없는데 한번 써보는 것이 좋겠다'며 그를 흥선대원군에게 천거했다. 덕분에 박규수는 승정원 도승지로 임명됐다.

박규수는 흥선대원군은 물론 고종과 명성황후로부터도 신임을

---

6 1856년부터 1860년까지 벌어진 청나라와 영국·프랑스 연합군 사이의 전쟁. 제1차 아편전쟁 이후 원하는 만큼 개방이 이루어지지 않자 영국은 애로호 사건을 구실로 프랑스와 연합해 청나라를 공격했다. 이 전쟁에서 청나라가 완패하면서 서구 열강은 본격적인 침략을 시작했다.

7 1860년 10월 18일, 제2차 아편전쟁의 결과로 청나라가 영국, 프랑스, 러시아 제국과 체결한 조약

개화파의 계보

시대	영조~ 정조 시대	순조~ 고종 초기	고종과 명성황후	
학파	북학파 (이용후생학파)	초기 개화파	온건 개화파	급진개화파 (충의계)
주요 인물	박제가, 박지원 홍대용, 이덕무 등	박규수 오경석 유대치 강위 이동인 등	김홍집 (고종4년 과거 급제) 어윤중 (고종6년 과거 급제) 김윤식 (고종11년 과거 급제) 유길준	김옥균 (고종9년 과거 급제) 홍영식 (고종9년 과거 급제) 박영효 (고종9년 철종부마 간택) 민영익 (고종14년 과거 급제) 서광범 (고종17년 과거 급제) 서재필 (고종20년 과거 급제)

받은 인물이었다. 흥선대원군의 섭정 당시에는 경복궁 중건 공사의 실무를 총괄했고, 고종3년(1866년) 평안도 관찰사로 근무할 때는 제너럴셔먼호 사건을 지휘했다. 이 사건으로 박규수는 조선 전역에 이름을 알렸고, 흥선대원군의 신임을 받게 됐다. 하지만 천주교 박해와 쇄국정책에 반대하면서 정치적으로 고립됐다. 이 시기 홍문관과 예문관의 대제학에 임명된 박규수는 자신의 개화사상을 계승할 제자들을 만났다. 바로 김옥균, 홍영식, 박영효, 유길준 등이다.

박규수가 제자들을 양성한 것은 역관 오경석 때문이었다. 박규수와 함께 개화를 주장했던 오경석은 '북촌(서울의 양반 사대부 거주지)의 양반 자제 중 인재를 구해 혁신의 기운을 일으켜야 한다'고 여겼고, 그렇게 박규수의 사랑방은 곧 명문가 자제들로 구성된 개화파의 요람이 됐다.

고종7년(1870년)을 전후해 박규수에게 학문을 배운 김옥균, 홍영식, 박영효, 유길준 등은 그를 통해 유대치, 오경석 등 개화 사상가들과 만나 친분을 쌓았다. 그 후 흥선대원군이 실각하고 고종이 친정을 시작하자 김옥균(고종9년, 1872년 과거 급제), 박영효(고종9년, 1872년 철종 부마 간택), 홍영식(고종11년, 1874년 문과 급제) 등 박규수의 가르침을 받은 개화파 신진 관료들이 주목받기 시작했다. 김홍집(고종4년, 1867년 문과 급제)은 이들의 선배였던 셈이다.

강화도조약과 수신사

고종12년(1875년) 강화도 앞바다에 일본 군함 운요호가 나타났다. 이는 20년 전 페리 제독에 의한 강제 개항을 일본이 조선에 재현한 사건으로, 조선을 개항하고 자신들에게 유리한 조약을 체결하기 위해 벌인 것이었다.

미국으로부터 강제 조약 체결을 당한 경험이 있었기에 일본의 계획은 치밀했다. 부산에서 서해안을 따라 강화도까지 올라온 운요호는 식수를 구한다는 핑계로 작은 배를 보내 접근 금지 경고를 무시한 채 강화도 초지진에 접근했다. 강화도 수군이 포를 쏘자 일본군은 대응사격을 했고, 운요호에서 함포를 쏘며 전투를 벌였다. 조선군이 무너지자 영종도에 상륙해 백성들을 죽이고 약탈했으며, 관청까지 불태우는 만행을 저질렀다. 그러고는 오히려 피해보상을 요구했다. 무력을 앞세워 강경하게 나온 것이다. 이 사건을 구실로 고종13년(1876년) 조선은 일본과 최초의 근대적 조약이자 불평등 조약인 조일수호조규, 일명 강화도조약을 체결했다.

회담은 강화도에서 세 번에 걸쳐 진행됐다. 일본은 시종 전쟁을 불사하겠다는 뜻을 드러냈고, 조선은 양국의 우호 관계를 회복하는 것에 주력했다. 조선이 전쟁을 원치 않음을 확인한 일본은 국서를 접수하지 않았던 문제부터 끄집어내 해명과 사과를 요구하고 추궁했다. 변명부터 해야 했던 조선은 일본에게 끌려갈 수밖에 없었다. 청나라의 북양대신 이홍장 또한 사신을 통해 개화와 개항을 권고했다. 일본과 무력 충돌이 벌어지면 조선을 도와주기 어려운 상황이었기 때문이다.

여러 의견을 종합해 고종과 명성황후는 조약 체결을 결심했고, 마침내 개화가 시작됐다.

그러나 운요호 사건과 강화도조약은 시작에 불과했다. 이를 해결하고 극복하려면 조정이 힘을 하나로 합쳐야 했으나 어려운 일이었다. 흥선대원군은 하루빨리 권력을 되찾을 생각에만 빠져 있었고, 고종과 명성황후는 밤낮이 바뀐 생활을 하고 있었다. 무엇보다 일본의 상황과 속내를 제대로 아는 사람이 없었다. 일본 또한 조선의 권력자가 언제 다시 흥선대원군으로 바뀔지 알 수 없었기에 고종이 친정을 할 때 빨리 조약을 체결하고자 했다. 고종과 명성황후는 조약 체결 후 곧바로 일본에 수신사[8]를 파견했다. 총 12개 조항으로 구성된 강화도조약의 내용 중 제2관에 있는 사신 파견 관련 내용은 이러했다.

제2관. 일본국 정부는 지금부터 15개월 뒤에 수시로 사신을 파견해 조선국 경성에서 직접 예조판서를 만나 교제 사무를 토의하며, 해당 사신이 주재하는 기간은 그때의 형편에 맞게 정한다. 조선국 정부도 수시로 사신을 파견해 일본국 도쿄에 가서 직접 외무경을 만나 교제 사무를 토의하며, 해당 사신이 주재하는 기간은 그때의 형편에 맞게 정한다.

조약 체결 직후 수신사를 파견한 조선과 달리 일본은 15개월이 지난 후에야 사신을 파견했다. 1차 수신사로 파견된 김기수는 일본이 제공한 메이지 천황의 전용 화륜선[9]을 타고 75명의 수행원과 함께 일본으로 갔다.

조선에서는 수신사를 파견하면서 '은혜로 회유하고, 의리로 제재하며, 정도로 굴복시키고, 신의로 화호를 맺는다면' 일본이 서구 열강으로부터 조선을 지키는 우방이 되어줄 것이라고 기대했다. 물론 이는 조선의 기대일 뿐이었다. 처음부터 무력 도발로 불평등 강제 조약을 체결한 일본에 그런 기대를 한 것은 지나치게 순진한 것이었다.

수신사 김기수는 일본에 20여 일을 머물며 메이지 천황과 주요 인물들을 만나고 군사 훈련장, 공장, 학교 등을 두루 살펴본 후 귀국했다. 궁금한 것이 많았던 고종은 귀국한 김기수를 붙들고 여러 질문을 했으나 원하는 만큼 상세한 답을 들을 수가 없었다. 조선의

---

8 개항 이후 일본에 파견한 외교사절. 강화도조약 이전에 일본에 파견된 사신단의 명칭은 통신사(通信使)로 '신의를 소통하는 사절'이라는 의미를 담고 있다. 수신사(修信使)는 '신의를 다시 닦는 사절'이라는 뜻이다.
9 근대적인 증기선의 옛 이름. 당시 조선에는 증기기관선이 없었다.

여론은 위정척사와 개화로 나뉘어 있었고, 김기수 역시 일본을 배워야 할 대상으로 바라보아야 할지 배척의 대상으로 여겨야 할지 갈피를 잡지 못했기 때문이다.

이에 고종17년(1880년) 고종과 명성황후는 2차 수신사를 파견했는데, 이때 2차 수신사를 이끈 인물이 바로 예조참의 김홍집이었다. 김홍집은 58명의 사절단을 이끌고 일본으로 향했다. 고종이 김홍집에게 내린 임무는 강화도조약의 조건을 재협상하는 것이었다. 하지만 일본은 김홍집을 위시한 수신사 일행을 환영하고 극진하게 대접하면서도 재협상에는 응하지 않았다.

재협상에는 실패했으나 김홍집은 일본에 머무는 동안 청나라 공사(일본 주재 청나라 외교관)들과 만나며 조선을 둘러싼 열강의 정세를 제대로 파악했고 마침내 개화에 대한 구체적인 밑그림을 가지고 귀국했다.

일본의 발전은 무시할 만한 수준이 아니었다. 고종은 김홍집과의 대화를 통해 일본의 상황과 청나라의 속내 그리고 국제 정세의 흐름을 비로소 파악할 수 있었다.

돌아온 수신사 김홍집을 소견했다. 하교하기를,

(…중략…)

"일본에서 각국의 말을 배우는 학교를 널리 설치해 가르친다고 하는데, 그 학교의 규모는 어떠하던가?"

하니, 김홍집이 아뢰기를,

"신이 일찍이 그곳에 가보지는 못했지만 각국의 언어를 모두 학교를 설치해 가르친다고 합니다."

했다.

(…중략…)

하교하기를,

"육군을 조련하는 것은 그 방법이 어떠하던가?"

하니, 김홍집이 아뢰기를,

"모든 동작이 자못 군사 규범에 맞았습니다."

했다. 하교하기를,

"저 나라는 과연 러시아를 몹시 두려워하던가?"

하니, 김홍집이 아뢰기를,

"온 나라에 그것을 위급하고 절박한 걱정거리로 여기지 않는 자가 없었습니다."

했다. 하교하기를,

"저들이 통상하는 것이 17개국이라고 하던가?"

하니, 김홍집이 아뢰기를,

"전하는 말이 그렇습니다."

했다. 하교하기를,

"저들의 무기가 지금 서양 각국을 대적할 수 있다고 하던가?"

하니, 김홍집이 아뢰기를,

"저들이 배운 것이 서양의 병법이므로 스스로 서양에 미치지 못한다고 합니다."

했다. 하교하기를,

"그 병법에는 마땅히 다시 네덜란드를 따라야 한다고 했는데, 이는 어떤 나라인가?"

하니, 김홍집이 아뢰기를,

"네덜란드는 서양에서도 가장 작은 나라로서 면적이 우리나라의 4분의 1에 지나지 않는다고 합니다."

했다. 하고하기를,

"나라는 그처럼 작은데 무슨 방법으로 능히 이와 같은가?"

하니, 김홍집이 아뢰기를,

"나라가 크건 작건 관계없이 무기가 정예한 것은 또한 스스로 강하게 하고 실제에 힘쓰는 것에 달려 있을 따름입니다."

했다.

(…중략…)

하고하기를,

"저 나라에서는 각기 그 재주에 따라서 사람을 가르치기 때문에 비록 부녀자와 어린아이라도 모두 공부시키니, 그렇다면 한 사람도 버릴 만한 사람이 없을 것이다."

하니, 김홍집이 아뢰기를,

"그렇기 때문에 한 사람도 놀고먹는 백성이 없었습니다."

했다.

(…중략…)

하고하기를,

"그들의 동정을 살피건대, 저 나라는 우리나라에 대해 과연 악의가 없던가?"

하니, 김홍집이 아뢰기를,

"지금 본 바로는 우선 가까운 시일 안으로는 걱정할 것이 없습니다. 신이 이 일에 대해서 청나라 사신에게 물어보니, 또한 실정은 그러하다고 했습니다."

했다. 하교하기를,

"그렇다면 영원히 별일이 없으리라는 것을 보장할 수 있겠는가?"

하니, 김홍집이 아뢰기를,

"이 일은 신이 감히 확정지어 대답할 수 없지만 향후에 우리가 그들을 응접하는 것에 옳은 방도를 얻는 데에 달려 있을 따름입니다. 이 때문에 청나라 사신도 스스로 힘쓰라는 말로 권면했습니다."

했다. 하교하기를,

"스스로 힘쓴다는 것은 바로 나라를 부강하게 만드는 것을 이르는 것인가?"

하니, 김홍집이 아뢰기를,

"나라를 부강하게 만드는 것만 스스로 힘쓰는 것일 뿐 아니라 우리의 정사와 교화를 잘 닦아 우리의 백성과 나라를 보호함으로써 외국과의 관계에서 불화가 생기지 않도록 하는 것, 이것이 바로 실로 스스로 힘쓰는 데에 제일 급선무일 것입니다."

했다. 하교하기를,

"청나라 사신도 또한 러시아 때문에 근심하고 있는데, 우리나라 일을 많이 도와줄 의향이 있던가?"

하니, 김홍집이 아뢰기를,

"신이 청나라 사신을 몇 차례 만났는데 말한 것이 다 이 일이었으며, 우리나라를 위한 정성이 대단했습니다."

했다. 하교하기를,

"저 사람들이 비록 우리나라와 한마음으로 힘을 합치고자 하나 이것이 어찌 깊이 믿을 만한 것이겠는가? 요컨대, 우리도 또한 부강해질 방도를 시행해야 할 뿐이다."

하니, 김홍집이 아뢰기를,

"저들의 마음을 참으로 깊이 믿을 수는 없지만, 오직 우리나라가 바깥 일을 모르고 있는 것을 안타깝게 여기고 있었습니다."

했다. (…하략…)

― 〈고종실록〉 17권, 고종17년 8월 28일

〈조선책략〉이 일으킨 파장과 조사시찰단의 파견

2차 수신사로서 임무를 마치고 귀국한 김홍집은 고종과 명성황후의 신임을 받았다. 이때 김홍집은 고종에게 주일청국공사 참사관 황준헌이 쓴 〈사의조선책략〉(이하 〈조선책략〉)을 소개했다. 고종은 영의정 이최응(흥선대원군의 형)과 차대한 자리에서 2차 수신사에 대한 만족감을 표했고, 서구와 관련된 모든 것을 사학이라며 배척하는 위정척사파에 불만을 토로했다.

(…상략…)

하교하기를,

"수신사의 말을 들으니, 일본 사람들이 매우 다정하고 성의가 있었다고 한다."

하니, 이최응이 아뢰기를,

"신도 역시 들었습니다. 병자년(1876년)에 김기수가 갔을 때는 그들의 실정을 알지 못했는데 이번에는 자못 특별한 우대를 받았으니 호의를 믿을 수 있습니다."

했다.

(…중략…)

하교하기를,

"우리나라 사람들은 공연히 믿지 않고 근거 없는 말을 많이 한다."

(…중략…)

하교하기를,

"수신사 편에 가지고 온 책자는 청나라 사신이 전한 것이니, 그 후한 뜻이 일본보다 더하다. 그 책자(《조선책략》)를 대신도 보았는가?"

(…중략…)

하교하기를,

"일본 사람들의 말을 보면, 그들이 두려워하는 바는 러시아로서 조선이 대비하기를 요구하는 듯하지만, 사실은 조선을 위한 것이 아니라 그들 나라를 위한 것이다."

(…중략…)

하교하기를,

"우리나라의 풍습이 본래부터 이러하므로 세계의 웃음거리가 된다. 비록 서양 나라들에 대해 말하더라도 본래 서로 은혜를 입은 일도 원한을 품은 일도 없었는데 애당초 우리나라의 간사한 무리들이 그들을 끌어들임으로써 강화도(병인양요)와 평양(신미양요)의 분쟁을 일으켰으니, 이는 우리나라가 스스로 반성해야 할 바이다. (…중략…) 대체로 양선이 우리 경내에 들어오기만 하면 대뜸 사학을 핑계 대는 말로 삼지만, 서양 사람이 중국에 들어가 사는데도 중국 사람들이 모두 사학이라고 말하는 것은 아직 들어보지 못했다. 이른바 사학이란 배척해야 마땅하지만 불화가 생기게까지 하는 것은 옳지 않다."

했다.

고종은 2차 수신사 김홍집의 귀국 이후 비로소 일본과 청나라의 상황과 속내를 파악하고 개화를 준비할 수 있게 된 셈이다. 고종과 명성황후는 김홍집을 총애하고 신뢰해 이조참의로 임명했다. 위정척사파의 반대를 우려한 김홍집이 사직을 청하자 오히려 그를 예조참판으로 승진시키기까지 했다. 하지만 고종18년(1881년) 경상도 유생 이만손 등 만 명이 넘는 영남지방 유생들이 〈조선책략〉을 비난하고 개화에 반대하는 내용을 담은 집단 상소를 올렸다.

"수신사 김홍집이 가져온 황준헌의 〈조선책략〉이 유포되는 것을 보고 머리카락이 곤두서고 쓸개가 흔들리며 통곡하고 눈물을 흘리지 않을 수 없습니다."

영남 유생 만여 명의 연명 상소를 계기로 전국적으로 위정척사운동[10]이 다시 거세졌으나 김홍집은 흔들리지 않았다. 박규수(1807~1877)와 오경석(1831~1879)의 죽음 이후 개화파의 수장이 된 김홍집은 고종과 명성황후에게 서양의 근대 문명과 일본의 문물제도를 배워야 한다며 시찰단 파견을 건의했다. 고종은 김홍집의 건의를 받아들였으나 당시 위정척사운동 열기가 너무 뜨거웠던 터라

---

10 이항로, 기정진 등 보수적인 유학자를 중심으로 형성된 반침략·반외세 정치 사상. 성리학적 세계관과 지배 체제를 강화해 일본과 서구 열강의 침략에 대응하려 했다.

고종18년(1881년) 한양에서 출발한 시찰단은 공식사절이 아닌 민간 사절 자격으로 일본에 갔다. 또한 부산에 도착할 때까지는 암행어사 자격으로 내려갈 만큼 은밀하게 움직였다. 단체의 이름도 눈속임을 위해 '여행하는 선비들'이라는 뜻에서 '신사유람단'이라 붙였다.

2차 수신사가 귀국한 이듬해 일본에 파견된 관리와 수행원 집단인 조사시찰단의 '조사(朝士)'는 조선의 선비라는 뜻이다. 65명으로 구성된 시찰단에는 급진개화파의 수장인 김옥균 등이 포함됐다. 고종은 특별 내탕금 5만 냥[11]을 내려 시찰단의 운영비를 충당해주었다. 개화파는 고종이 친정을 시작한 후 처음으로 양성한 인재였고, 그 인재들이 처음으로 조선을 위해 큰일을 하러 가는 것이었기에 시찰단에 대한 고종의 기대는 매우 컸다.

비장한 마음으로 일본에 간 조사시찰단은 4개월 가까이 도쿄와 오사카 등을 다니며 일본의 근대시설과 정부의 여러 부처, 육군, 세관, 무기 공장, 산업시설, 도서관, 박물관 등을 견학했다. 그리고 개화에 대한 열망을 가득 안은 채 부산을 거쳐 한양으로 돌아왔다. 그러나 이들이 귀국한 후에도 위정척사를 지지하는 민심과 여론은 변하지 않았다. 달라진 것은 개화파였다. 개화파는 온건파와 급진파로 분열했다. 김홍집은 온건 개화파를 대표하는 인물이 됐고, 김옥균은 급진 개화파의 수장이 됐다.

---

11 1냥은 당시 쌀 1섬(144kg)의 가격. 오늘날 쌀 20kg을 5만 원으로 계산해 환산하면, 당시 고종이 내린 5만 냥은 35억 원이 넘는 금액이다. 65명이 교통비와 약 4개월간의 일본 체류 비용으로 1인당 평균 5,400여 만 원을 쓴 셈이다.

조미조약과
제물포조약

위정척사파의 반발이 극심해지자 고종은 김홍집을 잠시 파직하고 귀양 보냈으나 얼마 후 특별 석방했다. 백성들 사이에서 아무리 위정척사운동이 거세게 일어나고 있다 해도 개화를 피할 수는 없었고, 서양 국가들과 통상조약을 체결해야 하는 상황에서 김홍집보다 더 적임자를 찾을 수 없었기 때문이다.

고종19년(1882년) 4월, 조선은 미국과 조약을 체결했다. 총 14개 조항으로 구성된 조미조약은 한자와 영문으로 각각 3통씩 작성했는데, 신헌이 전권대신으로, 김홍집은 전권부관으로 조약에 이름을 올렸다. 한 달 후 독일 사신과의 협상에서는 김홍집이 전권대신으로 임명됐다. 강화도조약과 조미조약의 현장에서 전권부관으로 이름을 올리고 외국 사신 접대를 담당하게 된 김홍집은 점차 그 어떤 조정 대신보다 조약 체결이나 외국과의 협상에 능한 인재가 되어 갔다. 같은 해에 사신으로서 청나라에 다녀온 김홍집은 고위관리는 외직에 부임하던 관례에 따라 경기도 관찰사로 임명됐다.

김홍집이 외직에 나가 있고 개화파 신진 관료들이 조사시찰단 신분으로 일본에서 몇 달을 지내는 사이, 고종과 명성황후는 여흥 민씨 가문 인물들을 적극적으로 기용하고 높은 벼슬을 내렸다. 능력보다는 고종과 명성황후의 뜻을 얼마나 잘 따르느냐가 더 중요했다. 고종의 총애에 의지해 지탱하고 있던 개화파는 인재 한 명이 아쉬웠기에 여흥 민씨 가문 인물들과 손을 잡았다. 그러다 보니 개화정책이 진행될수록 관리의 기강은 무너지고 여흥 민씨 일족이 요직을 독점하는 모습이 두드러졌다.

　권력을 얻은 사람이 늘어났다는 것은 권력을 잃은 사람도 늘어났다는 뜻이기도 했다. 권력을 잃은 쪽은 흥선대원군이 키워온 세력들로 특히 군무를 담당하던 삼군부[12]는 하루아침에 찬밥신세가됐다.

　고종17년(1880년) 고종은 삼군부를 폐지하고 그 기능을 통리기무아문으로 옮겼다. 삼군부 소속 관리와 군인들의 불만은 컸으나 고종과 명성황후는 이를 무시했고, 고종18년(1881년) 창설한 신식 군대인 별기군만 우대했다.

　선혜청 제조 민겸호는 일본 공사 하나부사와 접촉해 별기군 훈련을 위해 일본인 교관을 초빙했다. 별기군은 무위영 소속으로 일본인 교관에 의해 훈련되면서 '왜별기(倭別技)'라 불렸는데, 우리나라 최초의 근대적 군대였다. 총책임자로는 명성황후의 조카인 민영익이 임명됐다. 별기군의 창설과 운영에는 민겸호, 민영익 등 왕비의 친인척이 깊숙이 관련돼 있었다.

　급료와 군복 등 모든 대우가 흥선대원군이 정비한 구식 군대보다 좋았다. 신식 군복을 입고 신식 무기를 사용하는 별기군은 눈에 보이는 개화의 성과였으나, 그 과정에서 급료와 군복 등 모든 면에서 차별받고 거의 실직 상태가 된 구식군인들이 임오군란을 일으키는 계기가 되기도 했다.

12　조선 초기 군무를 담당하던 관청으로 세조 때 오위도총부로 명칭이 바뀌었다. 임진왜란 이후 비변사의 기능이 강화되자 자연스럽게 권한이 사라졌으나 고종2년(1865년) 흥선대원군이 비변사를 폐지하면서 부활했다. 고종3년(1866년)부터는 정1품아문으로 규정되어 일체의 변정(邊政)과 국방 관계 업무를 담당했다.

임오군란으로 고종에게서 전권을 받은 흥선대원군은 곧바로 별기군을 혁파하고 삼군부를 원상복구한 뒤 '모든 체제를 문호개방 이전으로 환원한다'고 선언했다. 또한 민씨 일족에게서 벼슬을 빼앗았고, 자신의 장남이자 고종의 이복형인 이재면을 훈련대장 겸 호조판서로 임명해 군권과 재정을 장악했다.

하지만 흥선대원군의 재집권은 33일 만에 끝났다. 흥선대원군은 일본이 임오군란으로 인한 피해보상을 요구하자 김홍집에게 협상을 맡겼다. 그러는 사이 청나라 군대가 들어왔고, 명성황후는 환궁했으며, 흥선대원군은 톈진에 억류됐다. 김홍집은 일본과 조약을 체결하고 대원군을 톈진으로 압송한 청나라 관리들과 협상을 해야 했다. 임오군란 이후 체결된 일본과의 조약을 흔히 제물포조약이라 한다.

제물포조약 내용 전문

일본력 7월 23일, 조선력 6월 9일의 변고 때 조선의 흉도가 일본 공사관을 습격해 사무를 보는 인원들이 난을 당했고 조선에서 초빙한 일본 육군 교사도 참해를 입었다.

일본국은 화호를 타당하게 협의 처리하고, 조선은 아래의 6개 조관 및 따로 정한 속약 2개 조관을 실행할 것을 약속해 징벌과 뒷마무리를 잘 한다는 뜻을 표했다. 이에 양국 전권대신은 이름을 기입하고 도장을 찍어서 신용을 밝힌다.

제1관. 지금부터 20일을 기한으로 해 조선국은 흉도들을 잡아 그 수괴를 엄격히 심문해 엄하게 징벌하고, 일본국이 파견한 인원과 공동으로 조사해 처리한다. 기한 내에 잡지 못할 경우 일본국에서 처리한다.

제2관. 해를 당한 일본 관서(官胥)는 조선국에서 후한 예로 매장해 장례를 지낸다.

제3관. 조선은 5만 원(圓)을 지출해 해를 당한 일본 관서의 유족들과 부상자들을 특별히 돌보아 준다.

제4관. 흉도들의 포악한 행동으로 인해 일본국이 입은 손해와 공사(公使)를 호위한 해군과 육군의 비용 중 50만 원을 조선국에서 보충한다(매년 10만 원씩 지불해 5개년에 모두 청산한다).

제5관. 일본 공사관에 군사 약간을 두어 경비를 서게 한다.【병영을 설치하거나 수선하는 일은 조선국이 맡는다. 조선의 군사와 백성들이 규약을 지킨 지 1년이 되어 일본 공사가 직접 경비가 필요치 않다고 할 때에는 군사를 철수해도 무방하다.】

제6관. 조선국 특파 대관이 국서를 가지고 일본국에 사과한다.

대일본국 메이지 15년 8월 30일

대조선국 개국 491년 7월 17일

일본국 변리 공사 하나부사 요시타다

조선국 전권대신 이유원

전권부관 김홍집

— 〈고종실록〉 19권, 고종19년 7월 17일

임오군란을 일으킨 구식군인들을 몰살한 청나라는 흥선대원군을 인질로 잡고 있었다. 일본은 막대한 피해보상을 요구하며 또다시 조선 침략에 유리한 조약을 체결했다. 고종과 명성황후는 자신들을 구해준 청나라에 의존했고, 개화 정책은 정체를 맞았으며, 청나라와 일본의 내정 간섭은 심해졌다.

임오군란이 일어난 가장 큰 원인은 탐관오리와 부정부패로 인한 내정의 문란이다. 관리의 기강이 무너진 것이 조선의 운명을 바꿔놓은 셈이다.

갑신정변과
한성조약

임오군란 당시 김옥균을 비롯한 조사시찰단은 일본에 머물고 있었다. 변화된 일본의 모습보다도 임오군란 소식이 더욱 충격이었다. 서둘러 귀국한 시찰단의 급진개화파 눈에 비친 한양과 왕실의 현실은 암담했다. 임오군란은 고종과 명성황후에게 평생의 트라우마를 안겨주었다. 명성황후는 안전을 위해 청나라에 의존했고, 여흥 민씨 일족을 더욱 중용했으며, 피난 시절에 도움을 주었던 이들에게 엄청난 대우를 해주었다. 그 결과 탐관오리는 더 늘어났고 부정부패는 더 심해졌다.

그래도 김옥균을 위시한 조사시찰단의 귀국 이후 고종은 개화와 개혁 의지를 다시금 다져나갔다. 하지만 제물포조약으로 인해 조정의 여론은 반일로 기울어갔다. 이에 고종은 김옥균, 박영효, 민영익 등으로 구성된 3차 수신사를 일본에 파견했다.

3차 수신사는 고종의 밀명을 받들고 일본으로 향했다. 고종의 밀명은 크게 세 가지였다. 제물포조약에서 제시한 배상금 50만 원의 지급을 연장하는 것, 300만 엔의 차관을 얻는 것, '조선은 청나라로부터 독립하고자 한다'는 왕명을 은밀하게 전하는 것이었다.

급진 개화파가 가장 중요하게 생각하는 것은 조선이 청나라의 영향에서 벗어나는 것이었고, 이를 위해 조선이 도움을 청하면 일본이 당연히 도와주리라 생각했기에 김옥균은 성공을 자신했다. 그는 일본의 도움으로 친청파와 위정척사파를 몰아내면 조선이 단숨에 개화를 이루어 선진국으로 발전하리라 믿었다.

하지만 일본은 제안을 받아들이지 않았다. 조선을 위해 청나라를 공식적인 적으로 돌리는 것은 위험부담이 너무 컸기 때문이다. 일본 내부에서는 고종의 밀명을 받아들이지 않기로 했으나 이를 수신사 일행에게 알리지는 않았다. 대신 배상금 50만 엔의 지급을 10년 연기해주었고, 요청한 금액에 비해 한참 부족하지만 17만 엔의 차관을 주었다.

수신사 일행은 차관 중 임오군란 당시 사망한 일본인 교관의 유족에게 지급할 5만 엔을 제외한 12만 엔만을 받았고, 그중 10만 엔 가까운 돈을 일본에서 활동비로 사용했다. 사실상 빈손으로 돌아온 셈이었다. 이에 책임을 느낀 김옥균은 홀로 일본에 남아 일본인 유력자들을 만나서 친분을 쌓으며 어떻게든 차관을 얻어 보려 했으나 소득은 없었다.

고종20년(1883년) 1월, 조선으로 돌아온 김옥균은 일본의 힘을 빌리면 청나라를 견제할 수 있다고 고종을 설득했으나 반응은 냉담했다. 김옥균은 고종의 신임을 회복하기 위해 다시 일본으로 향했고 차관을 얻기 위해 1년 가까이 동분서주했으나 역시 소득이 없었다. 개화파의 입지도 점점 줄어갔다.

그 무렵, 개화파였던 민영익이 변해버렸다. 보빙사로 미국에 가서 세계 곳곳을 돌아본 후 오히려 개화의 의지를 잃고 보수의 가치에 집착하기 시작한 것이다. 고종과 명성황후의 절대적인 신임과 총애를 받아 개화파의 마지막 희망이었다가 이제는 적이 되어버린 민영익을 김옥균은 '사대수구당'이라 비난했다.

고종의 신임을 잃은 김옥균과 급진 개화파는 최후의 수단으로 쿠데타를 통한 입헌군주제를 추구하려 했다. 이들은 한양에 주둔 중인 일본군에 협조를 부탁했다. 그리고 고종21년(1884년) 10월 17일, 고종과 명성황후, 민영익, 미국과 영국 공사, 청나라 상무위원 등이 참석하는 우정국 낙성식 축하 연회에서 거사를 진행하기로 계획했다.

거사, 즉 갑신정변이 성공해 민영익은 크게 다쳤고, 일본 군사들은 고종과 명성황후가 피신한 경우궁(덕수궁)을 장악했다.

임오군란에 이어 또다시 고종과 명성황후를 구한 것은 청나라였다. 한양에 주둔하던 청나라 군사에 수적으로 밀린 일본군은 철수했고, 김옥균은 일본으로 망명했으며, 개화파는 역적의 오명을 얻었다. 갑신정변은 단 3일 만에 끝났고, 고종과 명성황후를 두 번이나 구원한 청나라의 입김은 더욱 커졌다.

"요사이의 변고는 옛날에 듣지도 보지도 못한 일이다. 생각하면 기가 차서 차라리 말하고 싶지도 않다. 차자에서 거론된 역적들에 대해서는 처분할 것이다."

— 〈고종실록〉 21권, 고종21년 10월 22일

고종은 김옥균을 위시한 개화파에 깊은 배신감을 느꼈고, 김홍집에게 갑신정변의 수습을 맡겼다. 심각한 상황 속에서 김홍집은 우의정에 임명됐고 곧이어 좌의정으로 승진했다. 고종은 김홍집에게 명했다.

"일본 전권대사가 협상을 하자고 하니 사세가 이전과는 매우 다르다. 전권대신을 좌의정 김홍집으로 삼아 속히 해결하게 하라."

─ 〈고종실록〉 21권, 고종21년 11월 21일

11월 24일, 조선은 일본과 한성조약을 체결했고, 김홍집은 전권대신으로 조약에 이름을 올렸다.

한성조약 전문

이번 경성의 사변(갑신정변)은 작은 문제가 아니어서 대일본 대황제는 깊이 생각하고 이에 특별히 전권대사 백작 이노우에 가오루를 파견해 대조선국에 가서 편리한 대로 처리하게 한다. 대조선국 대군주는 돈독한 우호를 진심으로 염원해 김홍집에게 전권을 위임해 토의·처리하도록 임명하고 지난 일을 교훈으로 삼아 뒷날을 조심하게 한다. 양국 대신은 마음을 합해 상의하여 아래의 약관을 만들어 우의가 완전하다는 것을 밝히며, 또한 장래의 사건 발생을 방지한다. 이에 전권 문빙(증거가 될 만한 문서)에 근거해 아래와 같이 각각 서명하고 도장을 찍는다.

제1조. 조선국에서는 국서를 일본에 보내 사의를 표명한다.
제2조. 이번에 살해당한 일본국 인민의 유가족과 부상자를 구제하며,

상인들의 화물을 훼손·약탈한 것을 보상하기 위해 조선국에서 11만 원(圓)을 지불한다.

제3조. 이소바야시 대위를 살해한 흉악한 무리를 조사·체포해 종중정형한다.

제4조. 일본 공관을 새로운 자리로 옮겨서 지으려 하는데, 조선국에서는 택지와 건물을 공관 및 영사관으로 넉넉히 쓸 수 있게 주어야 하며, 그것을 수리하고 중축하는 데에 다시 조선국에서 2만 원을 지불해 공사비용으로 충당하게 한다.

제5조. 일본 호위병의 병영은 공관 부근에 택해 정하고 임오속약 제5관에 의해 시행한다.

대조선국 개국 493년 11월 24일
특파전권 대신 좌의정 김홍집
대일본국 메이지 18년 1월 9일
특파전권대사 종3위 훈1등 백작 이노우에 가오루

별단(另單)

1. 약관 제2조, 제4조의 금액은 일본 은화로 환산해 3개월 내에 인천에서 지불을 끝낸다.

2. 제3조의 흉악한 무리에 대한 처리는 조약을 체결한 후 20일을 기한으로 한다.

대조선국 개국(開國) 493년 11월 24일
특파전권 대신 좌의정 김홍집

대일본국 메이지 18년 1월 9일

특파전권대사 종3위 훈1등 백작 이노우에 가오루

제물포조약 당시 조선이 배상해야 할 금액은 55만 원이었다. 그 중 5만 원을 갚긴 했으나 이는 일본에서 얻은 차관 17만 원에서 변제된 것이었다. 여기에 한성조약으로 일본에 배상해야 할 금액은 13만 원이 늘었다. 조선이 변제할 능력이 없음을 알고 있었던 일본은 한성조약에서 배상금 지불 기한을 3개월로 정했다. 게다가 조선은 일본이 영사관을 지을 땅까지 제공해야 했다.

조약 체결을 마친 김홍집은 불평등 조약을 막을 수 없는 현실에 좌절했고, 좌의정에서 물러났다.

텐진조약과 동학농민혁명

갑신정변은 조선의 문호개방에 대한 청나라와 일본의 힘겨루기로 끝이 났다. 일본은 개화파와 손을 잡고 정변을 지지해 초반에 우세를 점했으나, 청나라 병력에 밀려날 수밖에 없었다. 청나라는 조선에 대한 영향력을 재확인했고, 조선의 문제는 청나라 소관임을 일본에게 확실하게 알렸다.

갑신정변 이후, 조선을 두고 서로의 충돌을 최소화하기 위해 청나라와 일본은 텐진조약을 맺었고, 이로 인해 두 나라는 조선의 내정에 개입할 수 있는 권리를 얻었다. 고종과 명성황후가 친정을 펼친 지 10년이 지났을 무렵으로, 개화 정책을 펼치고 문호를 개방하며 고군분투했으나 남은 것은 굴욕뿐이었다.

청나라는 톈진조약으로 조선에 대한 일본의 권리가 자신들과 동등해지자 톈진에 억류 중인 흥선대원군을 귀국시켜 고종과 명성황후를 압박했다.

왕권조차 강력하지 못했던 이 시기에는 탐관오리들이 권력을 휘둘렀다. 이들로 인해 백성들이 당하는 수탈은 도를 넘은 지 오래였으나, 이를 해결해야 할 조정은 분열되고 있었다. 이로 인해 동학농민군이 봉기했다. 소식이 전해지자 영광, 함평, 무안, 나주 등 수탈이 집중적으로 이루어졌던 곡창지대의 수령들은 도망쳤고, 동학농민군은 관아의 무기고에서 탈취한 무기를 갖추고 조선 왕실의 본관이 있는 전주로 향했다.

전봉준이 젊은 시절 흥선대원군의 문객이었고, 봉기를 일으키기 전 대원군과 접촉했다는 소식을 접한 고종은 동학농민군을 역도로 규정하고 토벌을 명했다. 관군이 패배하고 전주성이 점령당하자 고종과 명성황후는 서둘러 청나라에 파병을 요청했고, 고종31년(1894년) 5월, 청나라 군사가 아산에 도착했다. 일본 또한 톈진조약을 근거로 한양에 군사를 파견했고, 흥선대원군을 내세워 경복궁을 장악했다.

동학농민군의 봉기를 계기로 조선 땅에서 맞부딪힌 청나라와 일본은 청일전쟁을 벌였다. 그 얼마 전, 일본에서 망명 생활 중이던 김옥균은 조·중·일 세 나라가 힘을 합해 서양의 침략에 맞서자는 삼화(三和)주의 사상으로 청나라 이홍장을 설득하기 위해 상하이로 갔으나 고종이 보낸 자객 홍종우의 손에 암살됐고, 조선에 넘겨진 그의 시신은 양화진에서 능지처참 됐다.

청일전쟁에서 일본이 승리하자, 해산했던 동학농민군은 조선 땅에서 일본군을 몰아내기 위해 다시 집결했다. 자강이든 개화든 조선 스스로의 힘으로 해내야 한다는 것이 동학군의 신념이었기 때문이다. 하지만 낡은 무기를 손에 든 동학농민군은 신식 무기를 갖춘 일본군과 관군의 손에 섬멸당했고, 전라남도 순창에서 체포된 전봉준은 고종32년(1895년) 3월 한양으로 압송되어 처형됐다. 대역 죄인 김옥균의 암살과 역도의 수괴 전봉준의 처형, 이것은 친정 이후 고종과 명성황후가 거둔 유일한 승리였다.

갑오개혁과
김홍집 내각

청일전쟁에서 일본이 승리하자 청나라에 파병을 요청했던 고종과 명성황후는 당연히 권력을 빼앗겼고, 미리 일본과 손을 잡은 흥선대원군이 정권을 장악했다. 고종31년(1894년) 7월, 흥선대원군은 군국기무처[13]를 설치하고 김홍집을 영의정으로 임명해 사건 수습을 맡겼다. 고종과 명성황후를 배신한 것도, 흥선대원군과 손을 잡은 것도 아니었던 김홍집은 관직이 오히려 높아졌다. 고종도 흥선대원군도 일본도 청나라도 김홍집의 사건 수습 능력을 높이 산 것이다.

---

13 청일전쟁 때 관제를 개혁하기 위해 임시로 설치했던 관청. 갑오개혁의 중추적 역할을 한 기관으로, 정치·군사에 관한 일체의 사무를 관장했다.

또한 그는 '조선'에서 정식으로 '영의정'에 임명된 마지막 인물이기도 하다.

영의정 김홍집은 박정양, 김윤식, 유길준 등과 함께 일본으로부터 전달받은 내정개혁안 5개 조를 기반으로 내정 개혁에 착수했으니, 이것이 갑오개혁이다. 갑오개혁으로 개편된 관제에 따라 영의정 김홍집은 최초의 총리대신이 됐으니 이때를 '제1차 김홍집 내각'이라 한다.

흥선대원군과 손을 잡은 제1차 김홍집 내각은 민심을 안정시키는 데 약간의 효과를 거두었다. 하지만 총리대신 김홍집이 일본의 압박과 협박을 막아내기 위해 온몸을 던져 개혁을 실천하자 일본은 군국기무처를 해산해 버렸다. 그리고 갑신정변 당시 김옥균과 함께 일본으로 망명했던 친일 성향의 박영효를 귀국시켰다. 이때를 '제2차 김홍집 내각' 또는 '김홍집-박영효 연립내각'이라 부른다.

고종31년(1894년) 12월, 제2차 김홍집 내각은 우리나라 최초의 헌법 성격을 띤 '홍범 14조'를 발표했다.

고종32년(1895년) 시모노세키조약을 체결한 일본은 애국 성향의 김홍집이 아닌 친일 성향의 박영효를 내각의 수장으로 삼을 계획이었다. 시모노세키조약은 청일전쟁의 배상문제를 놓고 시모노세키에서 이홍장과 이토 히로부미가 체결한 조약으로, 청나라는 일본에 막대한 배상금과 요동반도를 내어주어야 했다. 그러나 러시아와 영국, 독일이 나서면서 일본은 요동반도를 갖지 못했고, 고종과 명성황후는 이를 기회 삼아 러시아와 수교를 맺어 청·일을 견제하고자 했다. 이로 인해 박영효와 갈등을 빚은 김홍집은 결국 사임했다.

을미사변과
김홍집 내각

고종32년(1895년) 7월, 내각의 실질적인 단독 수장이 된 박영효는 일본이 아닌 러시아와 손을 잡고자 하는 명성황후의 존재에 압박을 느꼈다. 이에 명성황후 암살을 계획하고 일본에 도움을 청했으나 유길준의 밀고로 발각되었고, 박영효는 일본으로 다시 망명했다.

박영효의 명성황후 암살 계획을 밀고한 유길준은 갑신정변 당시 미국 유학 중이었다. 그는 개화파였으나 박영효와는 노선이 조금 달랐고, 이미 대원군과 손잡고 명성황후 암살을 준비해오던 차였다.

민영익과 함께 보빙사로 미국에 간 유길준은 각 기관을 시찰하는 임무가 끝나자 미국에 남았다. 독학으로 석 달 만에 일반회화가 가능해질 정도로 영어 공부에 매진한 그는 생계와 학업을 병행하며 우수한 성적을 받았다. 그는 개화된 일본과 미국의 모습에 충격을 받고 보수파로 변해버린 민영익이나 쿠데타를 계획한 급진 개화파와 달리 조선의 미래를 긍정적으로 생각했다. 하지만 갑신정변으로 인해 유길준의 생각은 바뀌었다.

고종22년(1885년) 유학 생활을 접고 귀국한 유길준은 개화파의 수장 김옥균 등이 일본으로 망명하고 관련자가 모두 처형된 현실에 좌절했다. 게다가 그는 고종29년(1892년)까지 김옥균, 박영효 등 갑신정변을 일으킨 개화파와 친하다는 이유로 가택연금 상태에 있었다. 유길준은 갑신정변의 실패 원인을 파악하는 한편 미국 유학 경험을 담은 〈서유견문〉을 집필했다.

고종31년(1894년) 암살된 김옥균의 시신이 조선에서 고종의 명으로 부관참시되고 고종32년(1895년) 박영효의 명성황후 암살이 실패로 돌아간 후 유길준은 흥선대원군과 손을 잡았다. 명성황후가 제거되어야 민씨 일족으로 인해 문란해진 국정이 바로 잡힐 것이라 생각했기 때문이다.

고종32년(1895년) 10월, 일본 낭인들이 제물포를 통해 조선에 입국했고 대궐에 난입해 명성황후를 시해했으니, 바로 을미사변이다.

을미사변 직후 총리대신 김홍집은 자결하려 했다. 하지만 그의 자결을 말린 유길준의 말처럼 누군가는 책임을 저야 했다. 을미사변이 일어난 다음 날 김홍집은 다시 총리대신에 임명됐다. 제3차 김홍집 내각이었다.

그러나 제3차 김홍집 내각은 사실상 일본의 명령을 처리하는 기관이나 마찬가지였다. 일본은 명성황후의 폐서인을 요구했고, 내각은 이를 따랐다. 고종은 김홍집에게 크게 실망했으나 자결을 하지 않는 이상 일본에 맞서기란 어려웠다.

고종의 처지는 더욱 처량했다. 을미사변 직후 총칼을 소지한 일본 군대가 경복궁에 들어와 고종을 유폐하고 신하들을 감시했다. 청나라와 러시아에 의지해 일본을 견제하고자 했던 고종은 국정에 대한 발언권을 잃었다. 왕비가 시해된 후 고종은 암살에 대한 공포에 시달렸다.

그해 11월, 단발령을 위시한 개혁이 강행됐고, 고종과 세자가 먼저 머리카락을 짧게 잘랐다. 백성들은 통곡했고, 일본에 대한 반발은 더욱 커졌다.

아관파천 이후

을미사변 이후 신하들을 믿지 못하게 된 고종은 서양 선교사들에게 의지했다. 외부인사와의 접촉은 제한됐고, 공식 접견은 일본의 감시하에 진행됐다.

일본을 경계한 미국과 영국, 러시아 공사들은 자주 고종을 만났다. 고종은 먼저 미국대사관으로 피신하려 했으나 사전에 발각되어 실패했다.

감시가 한층 삼엄해진 가운데 1896년 2월 11일 새벽, 고종은 후궁 엄씨의 가마를 타고 세자와 함께 러시아 공사관으로 피신했다. 야반도주나 다름없는 이 피신을 아관파천이라 한다. 극비리에 진행됐기 때문에 고종이 거처를 옮긴 사실을 아는 사람은 거의 없었다.

러시아 공사관에 도착한 고종은 신변의 안전이 확보되자마자 인사권을 발동했다. 김홍집, 김윤식, 이재면, 유길준 등 친일파 및 대원군파 대신들을 모두 해임하고 박정양을 내부대신, 이완용을 외부대신 겸 농상공부대신으로 임명했다.

러시아 공사관에서 고종이 새로운 내각을 구성하고 있을 때, 파천 소식을 접한 김홍집이 유길준과 함께 알현을 청했다. 김홍집은 두려움에 경복궁을 버리고 후궁의 가마에 몸을 실어 도망친 고종을 보며 무슨 생각을 했을까? 김홍집은 어떻게든 백성들과 외국 공사들이 이 사실을 알기 전에 고종과 세자를 모시고 경복궁으로 돌아가려 했다. 조선의 지존과 조정이 한낱 공사관에 의존한다는 것은 말도 안 되는 일이라 여겼기 때문이다. 하지만 고종은 김홍집의 알현을 거부했고, 오히려 그를 제거하라는 의견에 동의했다.

끝내 고종을 만나지 못하고 러시아 공사관에서 돌아오는 길, 김홍집은 자신의 마지막을 직감했다. 광화문에 이르렀을 때, 성이 난 백성들이 소식을 듣고는 몽둥이를 들고 몰려온 것이다. 왕비는 일본인의 손에 난자당해 죽고 임금은 러시아 공사관으로 피난을 갈 동안 총리대신은 도대체 무엇을 하고 있었느냐고 백성들의 눈빛이 묻고 있었다. 그 물음에 답을 하기 전, 김홍집은 백성들에게 짓밟혔고 그것이 그의 마지막이 됐다.

"나라의 녹을 먹는 자는 항상 나랏일에 정성을 기울여 그 책임을 저버려서는 안 된다."

고종5년(1868년) 김홍집이 처음 출사했을 때 그의 아버지는 아들에게 이렇게 말했다. 명문가 출신으로 젊은 나이에 과거에 급제한 김홍집은 실력도 빼어났고 정세에 대한 판단력과 대처 능력도 탁월했다. 그는 엘리트 관료로서 고종과 왕비의 총애를 받으며 승승장구했으나 권력을 추구하지 않고 맡은 바 책임을 다하기 위해 노력했다. 망국으로 접어드는 혼란의 시대, 조선의 마지막 영의정이자 최초의 총리대신으로서 임금과 왕비를 지키지 못하고 나라를 지키지 못한 그의 마지막 선택은 백성들의 손에 처분을 맡긴 것이었다. 그는 백성의 손에 맞아 죽은 유일한 영의정이 됐다.

아관파천 1년 후인 1897년 2월, 고종은 경운궁(덕수궁)으로 환궁했다. 반년 후에는 대한제국을 선포하고 황제 즉위식을 올렸다. 그렇게 조선은 역사 속으로 사라지고 대한제국이라는 찬란한 국호가 생겨났다.

그로부터 10년이 지난 1907년 고종황제는 일본에 의해 강제 양위를 당했고, 황태자로 승격된 세자가 대한제국 제2대 순종황제로 즉위했다. 며칠 후에는 귀비로 승격된 고종의 후궁 엄씨가 낳은 아들이자 순종황제의 이복동생인 영친왕이 황태자에 책봉됐다. 그해 12월, 열한 살의 영친왕은 태자태사(황태자의 스승)인 이토 히로부미를 따라 일본으로 출국했다.

3년 후인 1910년 대한제국 황실과 일본은 "한국 황제 폐하는 한국 정부에 관한 일체의 통치권을 완전하고도 영구히 일본국 황제 폐하에게 양여한다"는 내용의 한일합병조약을 맺었다. 이로써 대한제국은 지도에서 사라지고 일본의 속국이 됐다. 나라가 망한 것이다.

황실은 '이왕가(李王家)'로 불리며 기존의 특권을 누렸으나 백성들은 나라를 되찾기 위한 독립운동을 본격적으로 시작했다. 1919년 1월, 고종이 세상을 떠나자 고종의 장례식을 계기로 조선의 백성들은 전 세계에 독립을 선언하고 3·1운동을 일으켰다.

김홍집과 역사적 사건들

연도	주요 사건	비고
헌종5년 (1839년)	제1차 아편전쟁 발발	
헌종8년 (1842년)	김홍집 탄생, 청나라와 영국 난징조약 체결	
철종5년 (1854년)	에도막부, 가나가와조약(일·미 화친조약) 체결 일본 문호 개방	김홍집 13세
철종11년 (1860년)	최제우 동학 창시	김홍집 19세
고종4년 (1867년)	일본, 메이지 유신	김홍집 26세
고종5년 (1868년)	김홍집 과거 급제, 오페르트 도굴 사건, 척화비 건립 메이지 천황, 외교관 파견 및 국서전달(전달 실패)	김홍집 27세
고종7년 (1870년)	메이지 천황, 외교관 파견 및 국서전달(전달 실패)	김홍집 29세
고종8년 (1871년)	메이지 천황, 외교관 파견 및 국서전달(전달 실패)	김홍집 30세
고종9년 (1872년)	일본, 초량왜관 접수, 대일본공사로 개칭	김홍집 31세
고종10년 (1873년)	대원군 실각, 고종 친정	김홍집 32세
고종12년 (1875년)	운요호 사건	김홍집 34세
고종13년 (1876년)	강화도조약 체결, 1차 수신사 파견	김홍집 35세
고종17년 (1880년)	2차 수신사 파견, 김홍집 〈조선책략〉 소개 통리기무아문 설치	김홍집 39세

고종18년 (1881년)	조사시찰단(신사유람단) 파견, 별기군 창설	김홍집 40세
고종19년 (1882년)	임오군란, 대원군 재집권 및 톈진 억류, 제물포조약	김홍집 41세
고종20년 (1883년)	보빙사 파견, 김옥균 일본으로부터 차관 도입 실패 개화파 위기	김홍집 42세
고종21년 (1884년)	갑신정변, 한성조약, 김옥균 일본 망명	김홍집 43세
고종22년 (1885년)	청나라와 일본 톈진조약 체결	김홍집 44세
고종23년 (1886년)	대원군 귀환	김홍집 45세
고종30년 (1893년)	전라남도 고부군(정읍) 농민 봉기	김홍집 52세
고종31년 (1894년)	동학농민혁명, 청일전쟁, 김옥균 암살, 전봉준 체포 대원군 재집권, 김홍집 영의정 임명, 군국기무처 설치 김홍집 초대 총리대신 임명(제1차 김홍집 내각) 홍범 14조 발표	김홍집 53세
고종32년 (1895년)	전봉준 처형, 시모노세키조약, 삼국간섭 김홍집-박영효 연립 내각(제2차 김홍집 내각), 사임 을미사변, 김홍집 복귀(제3차 김홍집 내각), 갑오-을미개혁	김홍집 54세
고종33년 (1896년)	고종 아관파천, 김홍집 사망	김홍집 55세

『조선의 2인자들』에 이어 마침내 『조선의 권력자들』을 완성했다.

조선의 2인자들과 권력자들은 역사 속 그 자리에 그대로건만, 두 권의 책을 쓰는 동안 내가 사는 세상은 많이 바뀌었다. 세상이 변해가는 것을 보고 듣고 느끼면서 역사 속 인물들을 바라보는 시선도 달라졌다. 이해의 폭은 넓어졌고, 이해도는 깊어졌으며, 결코 공감할 수 없는 부분이 더욱 또렷해졌다.

역사 속 인물이 된다는 것, 나아가 역사적 인물이 된다는 것은 양날의 검과도 같다. 우리 선조들은 역사에 이름을 남기는 데 큰 의미를 두었다. 하지만 역사에 이름이 새겨진 사람이 모두 명예로운 삶을 살고 정의로운 선택만을 했던 것은 아니다. 막연히 이름만 알던 역사 속 인물들의 속내를 들여다보고, 그들의 본심을 헤아리고, 그들의 선택을 확인하면서 말문이 막히기도 하고 만감이 교차했다. 그리고 고민했다. 만약 당시 그의 본심을 알아주는 사람이 있었다면, 그의 폭주를 막아줄 사람이 있었다면, 그의 선택을 돌이킬 수 있는 순간이 있었다면 역사가 조금은 달라졌을까?

책을 완성한 후 비슷하지만 다른 질문을 던졌다. 본심을 알아주는 사람이 있었다면 그가 다른 길을 걸었을까? 폭주를 막아줄 사람이 있었다면 욕망을 포기했을까? 돌이킬 수 없다는 것을 알았다면 권력을 놓을 수 있었을까? 쉽게 답을 내릴 수 없었다. 다만 한 가지, 권력과 명예는 적이자 동지라는 것만은 분명히 알게 됐다. 권력을 갖기 위해 명예롭지 못한 선택을 한 이들도 권력을 얻고 나면 명예를 원한다. 권력을 이용하여 떳떳하지 못했던 과거를 지우고, 그 과거를 아는 자의 입을 막으려 한다. 그렇게 대대손손 물려줄 수 있는 영예를 추구한다.

권력자는 항상 후대에 영예롭게 평가받기를 원한다. 그러나 후대의 평가는 현재의 권력으로 살 수 없기에 이는 오롯이 후대인 우리의 몫이다. 우리는 당시 그가 권력을 이용해 교묘하게 감춰두었던 비열한 수단과 방식을 들춰낼 수도 있고, 당대에는 비난받았던 행동과 선택을 찾아내 재평가할 수도 있다. 권력자의 삶은 혼자 감춰두고 생각날 때마다 꺼내 보며 흐뭇해할 수 있는 앨범이 아니다. 권력자의 삶은 곧 역사이기에 공개되고 공유되어 수백 혹은 수천 년이 지난 후까지 평가의 대상이 된다. 후대의 손에 평가를 받음으로써 그들의 삶은 시간이 지나도 가치를 갖는다.

권력자가 된다는 것, 권력을 갖는다는 것은 매력적인 일이다. 권력은 불가능해 보이는 것들을 가능하게 만든다. 하지만 권력자로 기록되는 것은 두려운 일이다. 역사는 거의 모든 답을 가지고 있다. 권력자는 자신이 쟁취한 권력을 대대손손 누리길 원하고, 이를 위해 더 큰 권력을 원한다. 그러나 그런 욕심으로 인해 후손들이 대대손손 손가락질을 받기도 하고, 선조의 이름을 부끄러워하기도 한다. 모두가 알고 있는 이 단순한 사실을 당사자만 모른다. 그래서 역사는 정의롭다.

조선의 멸망, 망국으로 막을 내리게 되는 『조선의 권력자들』을 읽고 나면 가슴이 콱 막힌 듯 답답해질 수도 있다. 나 역시 그랬다. 몇 번이나 퇴고를 거듭하면서 권력자들의 이야기에 매혹되고 매달렸던 이유를 알게 됐다. 이 책을 쓰는 내내 나는 역사의 정의로움을 확인했다. 역사가 정의를 말해준다는 사실을 깨닫자 행복했다. 『조선의 권력자들』을 읽는 독자들도 역사가 품고 있는 무한한 가치와 정의로움을 확인하고 조금이라도 행복해지면 좋겠다.

조민기

오늘을 살고 있고
내일을 살아갈 우리의 거울

이성계

정도전을 발굴한 혜안과 타고난 인품으로
조선의 건국 시조가 된 고려의 2인자

정도전

조선왕조 500년간 '간악한 신하'로 묘사된,
그러나 새로운 왕조를 만든 천재 혁명가

이방원

버림받은 왕자, 그러나 놀라운 정치력으로
강력한 왕권을 구축한 조선의 '창업 군주'

하륜

'섬김의 자세'를 통한 탁월한 처세로
태종과 함께 조선의 기틀을 다진 성공한 경세가

조선을 풍미한 2인자들의 역사
『조선의 2인자들』

수양대군

세종과 문종 같은 성군이 될 수 없었던,
계유정난으로 조카의 왕위를 찬탈한 야심가

한명회

탁월한 권모술수로 정적들을 제거하고
척신정치의 원형을 만든 세도가

임사홍

조선 최악의 절대 간신으로 기록된,
갑자사화의 주도자이자 중종반정의 희생자

김안로

잔인한 숙청으로 권력을 장악한,
선비의 겉모습을 한 괴물 같은 권신

권력을 향한 뜨거운 욕망으로
역사를 뒤흔든 2인자들은 누구인가!

이준경

율곡 이이가 감탄한 통찰력으로
혼군의 시대를 이끌며 당쟁을 예측한 명신

송익필

서인 세력의 배후 책략가로서
당쟁의 역사를 만든 산림의 종주

조선의 권력자들

그들은 어떻게 시대를 만들었는가

© 2020 조민기

1판 2쇄 2020년 8월 13일
ISBN 979-11-87400-51-6 (03910)

지은이. 조민기
펴낸이. 조윤지
P   R. 유환민
편   집. 노준승
디자인. 최우영 박인규
일러스트. 신영훈(blue-muk@hanmail.net)

펴낸곳. 책비
출판등록. 제215-92-69299호
주   소. 13591 경기도 성남시 분당구 황새울로 342번길 21 6F
전   화. 031-707-3536
팩   스. 031-624-3539
이메일. readerb@naver.com
블로그. blog.naver.com/readerb

'책비' 페이스북
www.FB.com/TheReaderPress

책비(TheReaderPress)는 여러분의 기발한 아이디어와 양질의 원고를 설레는 마음으로 기다립니다.
출간을 원하는 원고의 구체적인 기획안과 연락처를 기재해 투고해 주세요.
다양한 아이디어와 실력을 갖춘 필자와 기획자 여러분에게 책비의 문은 언제나 열려 있습니다.
readerb@naver.com

책값은 뒤표지에 있습니다. 잘못된 책은 구입처에서 교환해 드립니다.